Effektives Kostenmanagement

Methoden und Implementierung

herausgegeben von

Dr. Christof Schulte

1992
Schäffer-Poeschel Verlag Stuttgart

Die Deutsche Bibliothek – CIP-Einheitsaufnahme

Effektives Kostenmanagement: Methoden und Implementierung / hrsg. von Christof Schulte. – Stuttgart: Schäffer-Poeschel, 1992
ISBN 3-8202-0687-6
NE: Schulte, Christof [Hrsg.]

© 1992 Schäffer Verlag, Stuttgart

Umschlaggestaltung: Atelier Reichert, Stuttgart
Schrift: 10/12 p. Palatino
Satz: Utesch Satztechnik GmbH, Hamburg
Papier: Salabulk, 90g/qm
Druck und buchbinderische Verarbeitung:
Freiburger Graphische Betriebe, Freiburg

Vorwort

Die zunehmende Differenzierung und Dynamik auf den Absatzmärkten, die steigende Exportorientierung vieler Unternehmen, die Automatisierung in Produktion und Montage sowie kürzere Produktlebenszyklen haben in den vergangenen Jahrzehnten zu wesentlichen Veränderungen beim Ressourceneinsatz geführt. So erhöht sich mit zunehmender Automatisierung der Maschineneinsatz und damit das Abschreibungsvolumen, während der Personalbedarf im unmittelbaren Produktionsbereich sinkt. Die Mitarbeiter übernehmen verstärkt Aufgaben der Planung, Steuerung und Überwachung. Diese umfassen beispielsweise Produkt- und Verfahrensentwicklung, Arbeitsvorbereitung, Programmierung, Anlagenwartung und -instandhaltung, Qualitätssicherung etc. Durch die zu beobachtende hohe Arbeitsteilung sind viele Schnittstellen im Arbeitsprozeß entstanden. Die hiermit einhergehende Funktionsoptimierung führt vielfach zu einer aus Gesamtunternehmenssicht suboptimalen Aufgabenerfüllung und Kostensituation. Durch die Segmentierungsstrategien im Absatzbereich und die Zunahme von Ländervarianten kommt es zu einer kaum noch beherrschbaren Anzahl von Erlös- und Kostenträgern.

Mit den skizzierten Entwicklungen ist insbesondere eine *drastische Veränderung der Kostenstrukturen* verbunden, die gekennzeichnet ist durch

- den abnehmenden Anteil an Einzelkosten und die gestiegene Bedeutung der Gemeinkosten,
- die Zunahme des Anteils fixer Kosten zu Lasten der variablen Kosten.

Vielfach stellen nur noch die Materialkosten für Erzeugniseinsatzstoffe, Teile der Energiekosten und die Sondereinzelkosten der Fertigung variable Produkteinzelkosten dar. Bei den Gemeinkosten verhalten sich kurz- und mittelfristig nur noch unbedeutende Teile beschäftigungsabhängig. Der Block der fixen Kosten übersteigt dementsprechend in der Regel die Grenze von 50 % der Gesamtkosten deutlich.

Gleichwohl erfolgt die Verteilung der Gemeinkosten in den meisten Unternehmen mit Methoden, die teilweise aus den Anfängen der Kostenrechnung stammen, unter heutigen Verhältnissen aber kein Maßstab für die Kostenverursachung sind. Ebenso leisten traditionelle Kostenrechnungssysteme kaum Hilfestellung für ein aktives Fixkosten-Management.

Für ein erfolgreiches Kostenmanagement ist künftig eine stärkere Verknüpfung mit der Unternehmens- und Wettbewerbsstrategie erforderlich. Ein ausschließlich operatives Kostenmanagement ist über kurz oder lang zum Scheitern verurteilt. Das Kostenmanagement ist in seiner Gesamtheit strategisch auszurichten. Neben

Vorwort

der *Strategieorientierung* ist der Erfolg des Kostenmanagements stark abhängig von der Gestaltung der *Organisationsstruktur*. Nur durch die Übereinstimmung von Aufgabe, Kompetenz und Verantwortung läßt sich ein zielführendes Handeln der verantwortlichen Führungskräfte sicherstellen.

Das vorliegende Sammelwerk will auf diese und weitere aktuelle Fragen des effektiven, zukunftsgerichteten Kostenmanagements eingehen. Das Buch ist in sechs Kapitel untergliedert.

Im *ersten Teil* liefert der Beitrag von BÄURLE und SCHULTE einen Überblick über die Anforderungen an ein effektives Kostenmanagement sowie neue Ansätze hierzu. Als Voraussetzungen für ein effektives Kostenmanagement werden eine aktive Handlungsorientierung, die richtige und brauchbare Abbildung des Ressourcenverbrauchs im Berichtswesen sowie ein strategisch orientiertes Ressourcenmanagement herausgearbeitet. Nach der Darstellung traditioneller Ansätze zur Reduzierung variabler und fixer Kosten werden aktuelle Konzepte wie die Industriekostenkurve, das Target-Costing, die Prozeßkostenrechnung sowie die Lebenszykluskosten diskutiert. Prinzipien für die Gestaltung eines Controlling- und Berichtssystems schließen den Beitrag ab.

Gegenstand des *zweiten Teils* sind strategische und organisatorische Ansätze für das Kostenmanagement. Eine der wesentlichen Voraussetzungen für effektives Kostenmanagement ist die Strukturierung des Unternehmens nach Aufgabenbereichen mit definierter Kompetenz und Verantwortung. VON EIFF untersucht hierzu in seinem Beitrag das Cost-Center Prinzip. Ein Cost-Center Leiter hat sowohl die Verantwortung für die Sicherstellung der bedarfsgerechten und wirtschaftlichen Durchführung seiner Aufgaben als auch für die permanente Optimierung der Kosten-/Leistungsstruktur des Cost-Center Geschäftsfeldes zu tragen. Neben den verschiedenen Cost-Center-Arten werden controlling- und organisationsbezogene Charakteristika herausgearbeitet. RAU zeigt in seinem Beitrag zunächst auf, wie das Kostenmanagement in der Fertigung erfolgreich in die strategische Unternehmensplanung eingebunden werden kann und welche Merkmale ein Controlling-Konzept für die Fertigung zu erfüllen hat. Im zweiten Teil seines Berichtes wird dargestellt, wie die zur Führung und Steuerung eines Unternehmens notwendigen EDV-Dienstleistungen betriebswirtschaftlich optimiert werden können. Mit dem Problem des Komplexitätsmanagements setzt SCHULTE sich in einem Beitrag auseinander. Zunächst werden Ursachen und Kosten der Komplexität analysiert, um anschließend Instrumente des Komplexitätsmanagements herauszuarbeiten. Diese umfassen zum einen Strategien zur Reduzierung der Komplexität und zum anderen Strategien zur besseren Beherrschung notwendiger Komplexität.

Der *dritte Teil* gibt einen umfassenden Überblick über realisierte Praxisbeispiele zum Prozeßkostenmanagement, das eine verursachungsgerechte Erfassung und Verteilung der Gemeinkosten im indirekten Bereich und damit einhergehend eine

Erhöhung der Kostentransparenz zum Ziel hat. Dycke greift in seinem Beitrag den in der produktionsorientierten Kostenrechnung vielfach vernachlässigten Verwaltungsbereich auf. Auf der Basis eines aktivitätsorientierten Ansatzes zeigt er auf, wie auf Abteilungsebene ein effektives Kostenstellen-Controlling im Servicebereich gestaltet werden kann. Zentrale Elemente seines Ansatzes sind die Schaffung von Leistungstransparenz (nach Art, Menge und Qualität) und Kostentransparenz (durch die Steuerung der Kostenschwerpunkte, -treiber und -elastizität). Lock stellt in seinem Beitrag das bei Lufthansa entwickelte Standardkostensystem vor. Dieses ermöglicht auf der Basis einer „betriebswirtschaftlichen Stückliste" bzw. einer überschaubaren Anzahl von Kostentreibern eine verursachungsgerechte Verrechnung von Kosten auf die erbrachten Leistungen. Hiermit wurde ein Instrument geschaffen, die bei Dienstleistungsunternehmen in besonderem Maße relevante Anforderung an das Controlling „Schnelligkeit vor Genauigkeit" zu realisieren. Lohmann berichtet über seine Erfahrungen bei der Einführung der Prozeßkostenrechnung, wobei er für eine schrittweise Einführung plädiert. Er arbeitet relevante Kostentreiber heraus und analysiert die Auswirkungen der Prozeßkostenrechnung auf Make-or-Buy-Entscheidungen, Investitionsplanungen etc. Wäscher macht in seinem Beitrag die zunehmende Bedeutung des Gemeinkostenmanagements deutlich, mit dessen Hilfe die gemeinkostentreibenden Faktoren und die ihnen zugrundeliegenden komplexen Aktivitäten und Prozesse identifiziert, quantifiziert und beeinflußt werden können. Es wird die Methode der prozeßorientierten Kalkulation und deren Implementierung als wesentlicher Bestandteil des prozeßorientierten Gemeinkostenmanagements vorgestellt. Ferner werden erprobte Instrumente zur Kontrolle und ständigen Verbesserung der Produktivität in den Gemeinkostenbereichen unter besonderer Berücksichtigung des Prozeßmanagements diskutiert.

Im *vierten Teil* geht es um das Fixkostenmanagement. Rick-Lenze macht die zunehmende Bedeutung der Fixkosten bei gleichzeitigem Rückgang der variablen Kosten zum Ausgangspunkt seiner Überlegungen. Es wird die in einem Unternehmen der Elektroindustrie praktizierte integrierte Fixkostenrechnung vorgestellt, die eine Weiterentwicklung der bekannten stufenweisen Fixkostendeckungsrechnung darstellt. Hierbei wird detailliert eingegangen auf die Strukturierung der Kosten des Leistungspotentials in Vorhalte-, Vorleistungs-, Dispositions- und Sozialpotentialkosten sowie die Zuordnung und Auflösung der Kostenschichten.

Die Notwendigkeit zur Ergänzung des Kostenmanagements um eine Messung der operativen Leistung findet ihren Niederschlag im *fünften Teil*. Barth greift hierzu Aspekte der permanenten Leistungsmessung zur Verbesserung der Planungs- und Steuerungsabläufe im Produktionsbereich auf. Er stellt insbesondere ab auf eine strukturierte Planungshierarchie und die Gestaltung der Leistungsmessung als Personalführungsinstrument.

Vorwort

Mit dem Spezialproblem des Kostenmanagements bei komplexen Großprojekten setzt sich das *sechste Kapitel* auseinander. WÜBBENHORST zeigt mit dem Konzept der Lebenszykluskosten einen Ansatz auf, der sich nicht allein mit der Kostenprognose beschäftigt, sondern eine Abstimmung und aktive Gestaltung der Variablen Leistung, Zeit und Kosten beinhaltet.

In vorliegendem Sammelwerk berichten Vertreter namhafter Industrie- und Dienstleistungsunternehmen sowie Vertreter eines Beratungsunternehmens vor dem Hintergrund konkreter Fälle und praktischer Erfahrungen. Mit dem Buch wenden sich Herausgeber und Autoren vor allem an den Praktiker; gleichwohl ist der wissenschaftliche Bereich ebenfalls angesprochen.

Den Autoren, die für dieses Werk gewonnen werden konnten, danke ich an dieser Stelle sehr herzlich. Mein Dank gilt auch Frau ILSE SCHRADER für die intensive Unterstützung bei der Koordination und Druckvorbereitung.

München, im Februar 1992   CHRISTOF SCHULTE

Inhaltsverzeichnis

Vorwort V
Abkürzungsverzeichnis XI

1. Teil
Effektives Kostenmanagement. Überblick

ROLF BÄURLE/CHRISTOF SCHULTE
Effektives Kostenmanagement: Anforderungen und neue Ansätze 3

2. Teil
Organisatorische und strategische Ansätze für ein effektives Kostenmanagement

WILFRIED VON EIFF
Cost-Center-Management. Controlling von Leistungs-, Informations- und Entscheidungsprozessen nach dem Cost-Center-Prinzip 31

HANS-PETER RAU
Kostenmanagement im Bereich Fertigung und Informationswesen 61

CHRISTOF SCHULTE
Komplexitätsmanagement 83

3. Teil
Prozeßkostenrechnung

AXEL DYCKE
Kostenstellen-Controlling im Servicebereich – Ein aktivitätsorientierter Ansatz – 97

GERHARD LOCK
Marktorientiertes Handeln fordert schnelle Information 115

ULRICH LOHMANN
Leistungsorientiertes, antizipatives Gemeinkostenmanagement 127

DIETER WÄSCHER
Management der gemeinkostentreibenden Faktoren am Beispiel eines Maschinenbau-Unternehmens 163

4. Teil
Fixkostenmanagement

ROLAND RICK-LENZE
Fixkostenmanagement in einem Unternehmen der Elektroindustrie 195

Inhaltsverzeichnis

5. Teil
Leistungsmessung

REINHOLD BARTH
Permanente Leistungsmessung zur Verbesserung der Planungs- und Steuerungsabläufe *229*

6. Teil
Kostenmanagement bei Großprojekten

KLAUS L. WÜBBENHORST
Lebenszykluskosten *245*

Autorenverzeichnis *273*

Abkürzungsverzeichnis

Abb.	Abbildung
AK	Anfangskosten
BAB	Betriebsabrechnungsbogen
BDE	Betriebsdatenerfassung
BFuP	Betriebswirtschaftliche Forschung und Praxis
BG	Baugruppe
CA	Computer Aided
CAD/CAM	Computer Aided Design/Computer Aided Manufacturing
CD	Compact Disc
CIM	Computer Integrated Manufacturing
DB	Deckungsbeitrag
DBU	Deckungsbeitrag in Prozent vom Umsatz
DBW	Die Betriebswirtschaft
DCF	Discounted Cash Flow
DV	Datenverarbeitung
EDV	Elektronische Datenverarbeitung
EF	Eigenfertigungsteil
EK	Einkaufsteil
F+E	Forschung und Entwicklung
FK	Folgekosten
GEKO	Gemeinkosten
GHK	Grenzherstellkosten
GWA	Gemeinkostenwertanalyse
IV	Informationsverarbeitung
KST	Kostenstelle
lmi	leistungsmengeninduziert
lmn	leistungsmengenneutral
LZ	Lebenszyklus
MA	Mitarbeiter
MbO	Management by Objectives
MIS	Management-Informations-System
MIZF	Modifizierter interner Zinsfuß
Org	Organisation
OVA	Overhead-Value-Analysis

Abkürzungsverzeichnis

PC	Personal Computer
PKR	Prozeßkostenrechnung
PLS	Produktionsleistungssystem
POK	Prozeßorientierte Kosten(rechnung)
PPS	Produktionsplanung und -steuerung
PS	Potentialsystem
ROI	Return on Investment
SOP	Standards of Performance
Tab.	Tabelle
TRICOS	TRILUX-Informations- und Controlling-System
TV	Television
VLS	Vertriebsleistungssystem
WE	Wareneingang
ZBB	Zero Base Budgeting
ZfB	Zeitschrift für Betriebswirtschaft
ZfbF	Zeitschrift für betriebswirtschaftliche Forschung

1. Teil
Effektives Kostenmanagement. Überblick

Effektives Kostenmanagement: Anforderungen und neue Ansätze

von

Rolf Bäurle/Christof Schulte

Gliederung

1. Notwendigkeit zu neuen Wegen im Kostenmanagement
1.1 Situatives Kostenmanagement
1.2 Anforderungen an ein effektives Kostenmanagement
1.2.1 „Die Dinge tun"
1.2.2 „Die Dinge richtig tun"
1.2.3 „Die richtigen Dinge tun"
1.3 Traditionelle Ansätze des Kostenmanagements
1.3.1 Reduzierung variabler Kosten
1.3.1.1 Variable Beschaffungskosten
1.3.1.2 Variable Fertigungskosten
1.3.1.3 Wertanalyseansätze
1.3.2 Fixkostensenkung
2. Ansätze für ein effektives Kostenmanagement
2.1 Strategisch orientiertes Kostenmanagement
2.2 Industriekostenkurve
2.3 Target-Costing
2.4 Prozeßkostenrechnung zur Berücksichtigung der wahren Kostentreiber
2.5 Lebenszykluskosten
3. Kostenmanagement als Teil des Controlling
3.1 Determinanten des Controlling-Systems
3.2 Prinzipien für die Gestaltung eines Controlling- und Berichtssystems
Literatur

1. Notwendigkeit zu neuen Wegen im Kostenmanagement

1.1 Situatives Kostenmanagement

Kostenmanagement hat je nach Unternehmenssituation sehr unterschiedliche Inhalte, die sich auch in der täglichen Praxis deutlich beobachten lassen. Sie sind nach unserer Auffassung abhängig vom *Geschäftsverlauf* sowie der *Phase*, in der sich der Management-Prozeß bzw. dessen Führungsmaßnahmen gerade befinden, z. B. Planung oder Realisierung. Je nach Situation ergibt sich daraus ein anderes Verhalten der agierenden Führungskräfte. Die Merkmale dieses situativen Kostenmanagements sind in Abb. 1 dargestellt.

Abb. 1: Situatives Kostenmanagement			
Situation des Geschäftes / Phase des Management-Prozesses	1. Status-Quo-Entwicklung	2. Aktive Veränderungen	3. Passive Reaktionen
Planungsphase	Wie im Vorjahr; proportionale lineare Verlängerung	Zielsetzung Neue Ansätze Neue Lösungen	Von außen aufgezwungene Ziele; zuerst konventionelle alte Ansätze und Methoden, später kreative neue Ansätze.
Beginn der Realisierungsphase	Kosten und Erträge laufen wie geplant; geringe Überraschungen und Aktivitäten	Naturgemäß viele Planabweichungen, deren Interpretation noch nicht sicher vorzunehmen ist.	Konventionelle Maßnahmen der Kostenanpassung reichen nicht aus. Erkenntnis setzt sich langsam durch.
Ende der Realisierungsphase	Planung ist hochgradig erfüllt, keine Defizite	Planabweichungen verringert oder verstärkt und entsprechendes Nachsteuern. Evtl. grundsätzliche Korrekturen.	Erkenntnis reift, daß in der 1. Runde Maßnahmen zu spät kommen. Eine 2. Runde mit schärferen und kreativeren Ansätzen wird vorbereitet.

Der banale Fall einer Status-Quo-Entwicklung braucht hier nicht weiter behandelt zu werden. Der vom Führungsaspekt her interessante Fall der selbst im Unternehmen neu definierten Ziele und Veränderungen ist im Prinzip, bezogen auf die konventionellen Kostenmanagement-Methoden, ein Sonderfall der dritten Situation, wenngleich die individual- und gruppenpsychologische Befindlichkeit der verantwortlichen Manager natürlich sehr unterschiedlich ist.

Wie laufen nun typischerweise die gruppendynamischen Prozesse im Fall 3 (passive Reaktion) ab? Durch Veränderungen bei der Nachfrage und/oder im Wettbewerb der Anbieter kommt das Unternehmen A plötzlich bzw. schon seit längerer Zeit zunehmend in Schwierigkeiten. Das Ergebnis wird schlechter und kippt ins Negative, in Teilbereichen oder im Ganzen. Die oberste Führungsebene kommt langsam zu der Erkenntnis, daß eine neue Situation eintreten wird, möchte jedoch nicht in Panik verfallen und wartet noch ab, bevor die Situation offiziell verkündet wird und zu größeren Gegenmaßnahmen gestartet wird. Die mittlere Führungsebene kann inzwischen die Situation viel lockerer analysieren und Maßnahmen inoffiziell diskutieren – noch steht sie nicht unter Druck.

Inzwischen sind Monate oder Jahre vergangen, je nach Unternehmensgröße. Der Erwartungsdruck angesichts der sich verschlechternden Situation steigt. Nun entscheidet die oberste Führungsebene selbst oder angeregt durch Fragen in der Gesellschafterversammlung bzw. im Aufsichtsrat, daß die Zeit des Handelns reif ist. Es wird die Durchführung eines *Kostensenkungsprogramms* beschlossen: Einstellungsstop, Ausgabenkürzung, Personalabbau, Standortüberprüfung etc.

Nun sind alle Führungskräfte in einer Streßsituation, die insbesondere durch die unerquicklichen Zukunftsaussichten und die Angst vor unangenehmen Maßnahmen inklusive der eigenen Position bestimmt wird. Hinhaltende Taktik ist die Folge, denn im Grunde ist die Einsicht noch nicht gereift, daß es vielleicht doch noch Möglichkeiten zur Kostensenkung gibt, obwohl man früher schon alle Reserven mobilisiert hat.

Der Erwartungsdruck steigt weiter, da der Trend sich nicht von allein umkehrt und die Ergebnisse sich laufend verschlechtern. Jetzt ist *Führung* gefragt sowie die Bereitschaft zur *Übernahme der Verantwortung*. Die Führung benötigt nun die Konfliktfähigkeit und die Kompetenz, zu sagen, wer was bis wann zu leisten hat. Es entstehen starke soziale Spannungen und ein erheblicher Gegendruck aus den Bereichen, die von den Maßnahmen berührt zu werden drohen.

Erfahrungsgemäß ist in dieser Phase des Veränderungsprozesses nicht nur Methode und Inhalt gefragt, sondern vor allem Fähigkeiten, den schwierigen Prozeß positiv zu beeinflussen, d. h. Durchsetzungskraft gepaart mit sozialer Kompetenz und die Überwindung der Angst, daß eine maßgebliche Rolle in dieser Phase eventuell karriereschädlich sein kann, denn viele Kollegen und Mitarbeiter werden in dieser Phase durch die entsprechenden Maßnahmen u. U. empfindlich tangiert.

Die Einschaltung einer Beratungsgesellschaft als Katalysator sowie Maßstabs- und Methodenlieferant in diesem schwierigen Prozeß ist in vielen Fällen zweckmäßig. Dadurch wird u. U. die Verantwortung der Führung, aber auch das Arbeitsvolumen günstiger verteilt, und in der Regel ist viel Zeit einzusparen. In aller Regel ist auch die Möglichkeit, dadurch den Prozeß zu objektivieren und von persönlichen Interessen weitestgehend zu befreien, sehr hoch einzuschätzen.

Der oben geschilderte Prozeß ist objektiv schwierig zu bewältigen und zusätzlich mit vielen negativen Erscheinungsformen in Klima und Beziehungsgeflecht einer Organisation verbunden. Jede Führungskraft, die diesen Prozeß einmal erlebt hat, hat entsprechend negativ gepolte Erfahrungen.

Es ist also nicht verwunderlich, daß bei der Summe der *negativen Belegung des Begriffs Kostenmanagement* das ganze Thema kaum unter positiven Aspekten gesehen wird, und demzufolge möglichst in eine untergeordnete Handlungspriorität der Führungskräfte fällt. Daraus folgt, daß fähige Führungskräfte im Normalfall andere Aufgaben präferieren.

Die Aufgabe einer Lehre oder Bewegung des Kostenmanagements im eigentlichen Sinne müßte es also sein, einen *positiv besetzten Oberbegriff* wie z. B. „Ressourceneinsatz-Management" oder „Input-Management" zu schaffen im Gegensatz zu Begriffen wie „Kostenschneiden" und „Personalabbau", die in der Regel mit dem Begriff des Kostenmanagements einhergehen.

Dies gilt insbesondere für das strategisch orientierte Kostenmanagement, den zielorientierten Ressourceneinsatz, die Prozeßkosten und die Lebenszykluskostenrechnung. Diese Konzepte haben einen besseren Oberbegriff als den negativ besetzten Begriff Kostenmanagement verdient.

1.2 Anforderungen an ein effektives Kostenmanagement

1.2.1 „Die Dinge tun"

Der Grundsatz lautet, daß jedes reaktive Handlungssystem im Vergleich zu einem aktiven Handlungssystem schlechter abschneiden wird. Bezogen auf das Kostenmanagement bedeutet reaktives Handeln naturgemäß einen großen Verlust an Handlungspotential in der Zeit, wo reaktives Handeln nicht zwingend gefordert ist. Daraus ergibt sich automatisch eine Kostenkurve mit geringerem Reduktionswinkel.

Aus vielen strategischen Untersuchungen ist ja bekannt, daß bei gleichen Technologien und Produktionsmengen nicht automatisch gleiche oder vergleichbare Kosten folgen, sondern daß je nach dem *Verhalten des Managements* sehr unterschiedliche Stückkosten entstehen.

So ist es auch zu erklären, daß bei Wegfall oder Reduzierung des Wettbewerbs durch Zölle etc. in bestimmten Märkten die Stückkosten relativ zum ausgeschlossenen Wettbewerber immer schlechter werden und damit die Wettbewerbsfähigkeit abnimmt, obwohl es dafür außer der mentalen Einstellung des Managements an sich keine Ursachen gibt.

1.2.2 „Die Dinge richtig tun"

Ein weiterer Aspekt in diesem Zusammenhang ist die *richtige und brauchbare Abbildung des Ressourcenverbrauches im Berichtswesen*, damit Aktionen und Reaktionen auf ein sicheres Informationsfundament aufbauen können. Nichts ist schlimmer, als eine Führungssituation, in der ein bestimmtes Problem mit einer negativen Zahl abgebildet wird, der Verantwortliche jedoch zu Recht mit richtigen Argumenten die Korrektheit der Zahlen bezweifelt und damit die Diskussion über eine notwendige Handlung ins Leere läuft.

Daher ist ein funktionierendes und richtig informierendes Kostenrechnungs- und Berichtswesen eine grundsätzliche Voraussetzung für das richtige Handeln jedes Führungsgremiums.

1.2.3 „Die richtigen Dinge tun"

Gleichgültig, wie gut und schnell das Berichtswesen funktioniert und gleichgültig, wie perfekt und unablässig die Führungskräfte mit konventionellen Kostenverbesserungsmethoden an den direkten und indirekten Kostenblöcken feilen, wenn die strategische Situation, in der das Geschäft abgewickelt wird, nicht richtig ist, so ist die profitable Betätigung unmöglich, weil Erlöse und Kosten nicht in Übereinstimmung zu bringen sind.

Diese Situation verlangt *neu orientiertes Ressourcenmanagement als Teil einer neuen Strategie*, reines Kostenmanagement bleibt hier ohne Erfolg.

Die Entscheidung und das Timing zu untermauern, welche Situation in einem konkreten Fall gegeben ist, ist nicht immer einfach. Doch bevor wir auf die neuen Ansätze zu sprechen kommen, hier noch ein Blick auf die traditionellen Anwendungen des Kostenmanagements.

1.3 Traditionelle Ansätze des Kostenmanagements

In einer gegebenen Marktsituation bei gegebener optimaler Nutzung des vertrieblichen Absatzinstrumentariums bleibt zur vielleicht notwendigen Ergebnisverbesserung vielfach nur die Verbesserung der Kostensituation.

Im Prinzip geht es dabei einerseits um spezifische Ansätze, die *variablen Kosten* zu reduzieren und andererseits um die Reduktion der *Fixkosten* des Unternehmens.

1.3.1 Reduzierung variabler Kosten

1.3.1.1 Variable Beschaffungskosten

Das Methodenspektrum, variable Einkaufskosten in den Unternehmen zu senken, ist je nach Geschäftstyp unterschiedlich wichtig und daher auch unterschiedlich ausgeprägt. Daß hier bei vergleichbarer Einkaufssituation unterschiedliche Einkaufspreise realisiert werden, ist unbezweifelt und durch Einkaufsanalysen zweier verschiedener Unternehmen, z. B. nach erfolgter Fusionierung oder Übernahme, leicht zu erhärten. Die Frage ist, mit welchen Methoden das bestehende Einkaufsergebnis einer Gruppe von Einkäufern und ihres Einkaufsleiters in kurzer Zeit spürbar verbessert werden kann.

Die bekannten Methoden können durchweg als traditionell angesehen werden und bestehen im wesentlichen in der *Nutzung folgender Faktoren*:

– Wissen über Produkt und seine Wertschöpfung
– Wissen über Wettbewerbssituation und deren Entwicklung
– Wissen über die eigene Stärke und die aktuellen Schwächen des Anbieters
– Schaffung einer Vorteilssituation durch Kooperation oder neue Anforderungen
– Schaffung einer Konkurrenzsituation durch vorbereitete Alternativen
– Außerkraftsetzen des bisherigen Gleichgewichts zwischen den Verhandlungsführern durch Einführung neuer Verhandlungsteilnehmer
– Gute Verhandlungstaktik
– Starke mentale Verhandlungsposition.

Das Ergebnis dieser Bemühungen liegt in der Regel zwischen *1–3 % des Beschaffungsvolumens*. Es ist nicht immer ohne personelle Maßnahmen zu erzielen und ist natürlich nur in größeren Zeitabständen von 1–2 Jahren als zusätzliches Potential zur Kostenreduzierung erschließbar.

1.3.1.2 Variable Fertigungskosten

Untersuchungen haben ergeben, daß 70–80 % der Herstellkosten, und damit auch der variablen Material- und Fertigungskosten durch die Konstruktion bestimmt werden und im einzelnen durch notwendige Materialeigenschaften und Funktionseigenschaften sowie durch Fertigungseinrichtungen wie Vorrichtungen, Werkzeuge weitgehend zementiert sind.

Bleibt also nur, neben den Faktorkosten des Materials, die *Faktorkosten und Effizienz des Personaleinsatzes* zu untersuchen.

Meistens ist dieses Unterfangen äußerst unerfreulich und die Zustimmung der Belegschaft nicht zu jeder Zeit zu erhalten. Die Lösungsformel heißt: Verbesserte Einkommensmöglichkeiten bei stark gestiegenen Leistungsgraden und setzt voraus, daß die realen (nicht die nominalen) Leistungsgrade erheblich unter der Leistungsgrenze liegen.

1.3.1.3 Wertanalyseansätze

Die Erfahrung mit diesem methodischen Ansatz zur Senkung der variablen Produktkosten sind recht uneinheitlich. In vielen Fällen sind die Überwindung der Schwierigkeiten zur Realisierung einer Wertanalyse umfangreicher und zeitaufwendiger, als zunächst angenommen, und die Wertanalyseergebnisse, bezogen auf die Herstellkosten, niedriger als angestrebt.

Im Grunde sind Erfolge bei reinen „Abmagerungs"-Projekten und bei Klein- und Mittelserien am ehesten erzielbar. Bei Serienprodukten läuft die Aufgabenstellung im Grunde auf eine zweite Neuentwicklung hinaus, so daß das Resultat und naturgemäß das Verhältnis zwischen Aufwand und Ergebnisverbesserung eher enttäuschend verläuft.

1.3.2 Fixkostensenkung

In Zeiten guter Geschäfte wirken das Parkinsonsche Gesetz und vor allem die Wünsche von Kunden und Mitarbeitern ununterbrochen fixkostentreibend. In normalen Planungsrunden gibt es nur geringe Möglichkeiten bei steigenden absoluten Cash-Flow-Größen, die gut gemeinten Vorschläge zur Verbesserung und Ausweitung von Service und Organisation aus Motivationsgründen „abzuschmettern". Input- bzw. Ressourcen-Management wäre zu diesem Zeitpunkt u. U. leichter zu „verkaufen" als die üblichen Kostenmanagement-Ansätze.

Im Zyklusablauf kommt nach den erfreulichen Zeiten der „Ressourcenverschwendung" naturgemäß auch der Zeitpunkt für Umkehr mit den anschließenden negativ besetzten Maßnahmen im üblichen Rahmen der Kostensenkungsmaßnahmen. Die beiden bewährten Methoden zur Fixkostenbeeinflussung sind Zero-Base-Budgeting (ZBB) und Overhead-Value-Analysis (OVA) und ihre vielfältigen in der Praxis entwickelten Varianten.

Beide Methoden wurden in den 70er Jahren in den Vereinigten Staaten entwickelt und in den 80er Jahren vor allem in Europa und USA breit praktiziert.

Die Grundidee bei der *ZBB-Methode* ist die abteilungsweise Überprüfung der Gemeinkostenfunktion im Unternehmen mit der Fragestellung, welchen Umfang bei welchem erforderlichen Aufwand die Grundfunktion noch bieten muß, um die Leistungserstellung des Unternehmens weiterhin aufrechtzuerhalten. Darauf aufbauend werden Zusatzoptionen und deren Kosten ebenfalls als Funktions- und Kostenelemente bausteinmäßig gebildet. Alle Basis- und Zusatzfunktionen werden unternehmensweit in eine Prioritätsrangreihe gebracht und anschließend alle jene Funktionen eliminiert, die mit dem tragbaren Fixkostenvolumen nicht mehr abzudecken sind.

Theoretisch handelt es sich hierbei um einen rational stimmigen Ansatz, dessen praktische Verwirklichung aber viel Erfahrung bei der Vergabe der Prioritäten der einzelnen Funktionen verlangt.

Daher ist in der Praxis zu beobachten, daß der *OVA-Ansatz* häufiger verwendet wird, um das Gestrüpp der Fixkosten zu lichten.

Auch hier wird die Input-/Output-Relation in jeder Unternehmenseinheit qualitativ und quantitativ verdeutlicht. Die Empfänger der Leistung erfahren so die Kosten, die sie durch ihre Leistungswünsche verursachen. Zwischen Leistungsersteller und -empfänger wird vereinbart, welche Form und welcher Umfang der Leistungen in Zukunft noch benötigt wird und/oder, wie diese kostengünstiger zu produzieren sind oder durch andere Leistungsarten bzw. Leistungsersteller substituiert werden. Das Ergebnis sind bei Anwendung beider Methoden Einsparungen bei den Personal- und Sachkosten im Fixkostenbereich.

Sowohl bei der ZBB wie auch bei der OVA werden die Führungskräfte der Untersuchungseinheiten in die Lösungsfindung stark eingebunden, um die Realisierung in der Phase der Lösungsfindung bereits vorzubereiten. Der Anteil der Führungskräfte bei der Analyse und Lösungsfindung ist jedoch je nach Art des Projektmanagements und der vorhandenen Fähigkeiten sehr unterschiedlich.

Die Bandbreite der Anwendungsvarianten schwankt einerseits zwischen der reinen Moderation durch das Projektmanagement und andererseits der vollständigen Erarbeitung der Lösungsansätze gemeinsam mit den Leitern der Untersuchungseinheiten durch das Projektmanagement.

Die Nachteile beider Methoden liegen unseres Erachtens in einer *starken Funktionsorientierung*. Die abteilungsübergreifenden Aspekte, die Betrachtung der gesamten Wertschöpfungskette und die strategischen Unternehmensorganisations- und -Entwicklungsaspekte kommen zuweilen zu kurz, da die Projektleiter und Mitarbeiter nicht immer diese weit gespannte Sichtweise zu vertreten in der Lage sind.

Die *dauerhafte Wirkung* dieser Methoden ist nach unseren Erfahrungen *nicht gegeben*. Durch die stark negative Besetzung der Methoden ist ihre Anwendung außerhalb des Krisenfalls in den Unternehmen normalerweise nicht durchsetzbar.

Die im Gesamtrahmen der Methoden entwickelten Monitorsysteme, die die Entwicklung der Fixkosten widerspiegeln, um bei Abweichungen von der Sollentwicklung entsprechende Maßnahmen einleiten zu können, haben sich in der Praxis kaum bewährt.

Zusammenfassend sollte also der Ansatz des Ressourcen-Managements oder des Input-Managements so entwickelt werden, daß in jeder neuen Planungsrunde die begründeten Anliegen der ständigen Verbesserung der Kostensituation zum normalen Planungsprozeß hinzugefügt werden.

Dies darf jedoch nicht eine Forderung des Controlling gegenüber den Linien- und Funktionsverantwortlichen sein, sondern es muß *Bestandteil des Planungsdenkens* einer jeden Führungskraft werden, daß die kommende Periode nicht nur zusätzliche Mengen, sondern auch eine Verbesserung der Strukturen, nicht zuletzt der Wertschöpfungsstrukturen, mit sich bringen muß.

Die im folgenden geschilderten neuen Ansätze des Ressourcen-Managements sind nach unserer Auffassung in diesem Planungsdenken leichter zu integrieren als die üblichen Ansätze des konventionellen Kostenmanagements.

2. Ansätze für ein effektives Kostenmanagement

2.1 Strategisch orientiertes Kostenmanagement

Die Nachhaltigkeit von Maßnahmen wie Gemeinkostenwertanalyse oder Budgetreduzierungen ist in der Regel nicht sehr groß. Diese Aktivitäten zur Kostensenkung unterstellen, daß zu hohe Kosten lediglich Ausfluß operativer Schwächen sind. Hierbei wird häufig übersehen, daß es sich vielmehr um ein strategisches Problem handelt, das nur durch ein *Infragestellen* und eine anschließende *Neukonzeption der Wertschöpfungskette* gelöst werden kann. Die zu beantwortenden *Kernfragen* lauten hierbei:

- Über welche Wertschöpfungsstruktur verfügt das Unternehmen?
- Paßt die Kostenstruktur zur verfolgten Wettbewerbsstrategie?

- Auf welchen Stufen der Wertschöpfungskette lassen sich nachhaltige Kostenvorteile erzielen, auf welchen nicht?
- Welche Wertschöpfungsstufen ohne Potential zur Kostensenkung oder Differenzierung können nach außen verlagert werden?
- Welche dem eigenen Leistungserstellungsprozeß zur Zeit vor- und/oder nachgelagerte Wertschöpfungsstufen können kostengünstiger selbst realisiert werden (z. B. durch Integration oder engere Koordination)?

Das *Kostenmanagement* sollte stets *stimmig zur verfolgten Wettbewerbsstrategie* sein. So stellt die Kostenführerschaftsstrategie ganz andere Anforderungen an das Kostenmanagement als eine Differenzierungsstrategie. Die *Kostenführerschaftsstrategie* zielt darauf ab, das eigene Preisniveau unter dem der wichtigsten Wettbewerber zu halten. Über die Nutzung von Lernkurven-, Kostendegressions- und Rationalisierungseffekte wird versucht, Wettbewerbsvorteile zu realisieren. Der wichtigste Erfolgsfaktor für die Kostenführerschaftsstrategie sind die Produktkosten. Es stellt sich somit die Notwendigkeit, über eine sehr exakte Produktkalkulation zu verfügen und die Kostenrechnung als bedeutsames Instrument zur Erreichung einer hohen Wirtschaftlichkeit zu nutzen. Straffe Kostenplanung und -kontrolle stellen zentrale Aufgaben des Kostenmanagements dar (vgl. WEBER 1990).

Demgegenüber wird bei der *Differenzierungsstrategie* versucht, der Wettbewerbsintensität in bestimmten Marktsegmenten durch spezifische Merkmale wie hohe Produktqualität und Serviceleistungen zu entgehen und sich auf diese Weise bewußt von den Konkurrenten abzuheben. Kritische Erfolgsfaktoren können – je nach verfolgter Strategie – die Flexibilität, der Service oder die Qualität der Produkte sein. Da die zur Realisierung der Differenzierung erbrachten Zusatzleistungen oft sehr kostenintensiv sind (z. B. bei einem 24-Stunden-Service), kommt der kostenmäßigen Steuerung dieser Zusatzleistungen hohe Bedeutung zu.

Im traditionellen Rechnungswesen wird der Verlauf der Kosten in erster Linie als eine Funktion der Ausbringungsmenge gesehen (z. B. variable, fixe, sprungfixe Kosten). In einem strategisch orientierten Kostenmanagement sind Kosten als eine Funktion der strategischen Entscheidung über die Struktur des Vorgehens im Wettbewerb und der Managementfähigkeiten bei der Durchführung dieser strategischen Entscheidungen zu sehen (vgl. SHANK 1989, S. 62). Im einzelnen wird die strategische Kostenposition von Unternehmen determiniert durch Größe, Erfahrung, Komplexität, Synergie und die Leistungstiefe. (vgl. Abb. 2)

Die Realisierung von *Größenvorteilen* (Economies of Scale) ermöglicht es großen Unternehmen, ihre Leistungen zu relativ niedrigeren Stückkosten als die Wettbewerber zu erstellen. Wesentliche Ursachen für Economies of Scales sind die Fixkostendegression und Spezialisierungsvorteile bei den Produktionsfaktoren. In diesem Zusammenhang spielt die Wahl der optimalen Größe von Produktionseinheiten bzw. die Anzahl der Standorte eine wesentliche Rolle. Bei der Entscheidung

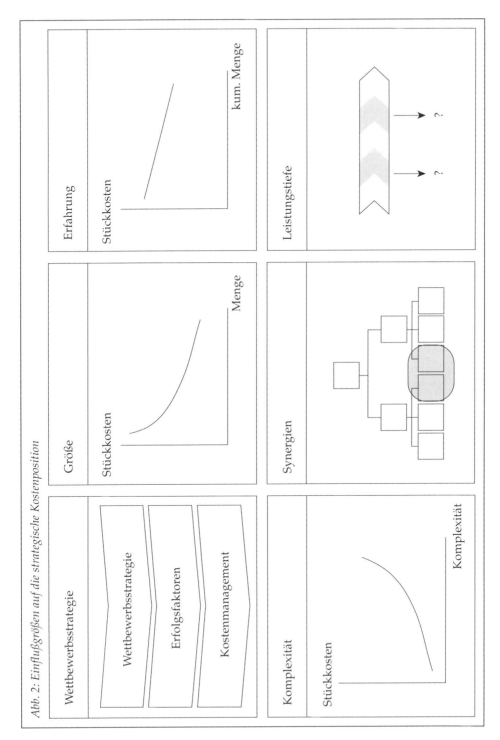

Abb. 2: Einflußgrößen auf die strategische Kostenposition

über die optimale Betriebsgröße sind neben Größeneffekten insbesondere auch die erforderliche Marktnähe und die anfallenden Logistikkosten ins Kalkül einzubeziehen.

Erfahrungs- und Lernkurve liefern Hinweise auf Kostensenkungspotentiale, die in Abhängigkeit steigender kumulierter Produktions- oder Absatzmengen erzielt werden können. Die Erfahrungskurve zeigt dem Management,

- ob im Kostenmanagement in der Vergangenheit alle Möglichkeiten genutzt worden sind,
- die Höhe des noch vorhandenen Kostensenkungspotentials,
- den möglichen künftigen Verlauf der Kostenposition,
- die relative Kostenposition des Unternehmens gegenüber dem Wettbewerb sowie
- die wahrscheinliche Preisentwicklung in der Zukunft.

Hierbei ist zu beachten, daß die Entwicklung der Kosten entsprechend der Erfahrungskurve keine Selbstverständlichkeit ist, sondern das Ergebnis systematischen Kostenmanagements.

Unternehmenswachstum und steigende Variantenvielfalt haben in vielen Unternehmen zu komplexen Strukturen geführt. Der Grad der *Komplexität* läßt sich hierbei messen an der Anzahl und Diversität der Systemelemente sowie der zwischen den Systemelementen bestehenden Verknüpfungen. Mit zunehmender Komplexität

- steigt der Koordinations- und Kontrollaufwand überproportional an,
- gelangen zunehmend formale Managementmethoden und -systeme zum Einsatz,
- wächst die Anzahl und die Bedeutung von unerwarteten und unvorhersehbaren Handlungskonsequenzen,
- verliert das Unternehmen an Flexibilität,
- steigt die Anzahl und Intensität von gefährdenden Einflüssen.

Im Ergebnis führen diese Konsequenzen zu einem Anstieg der Stückkosten bei zunehmender Komplexität. Einen erfolgversprechenden Ansatz zur Identifikation der „wahren" Stückkosten unter Berücksichtigung der Komplexität stellt die Prozeßkostenrechnung dar (vgl. Abschnitt 2.4).

Um die negativen Auswirkungen zunehmender Komplexität auf die Gemeinkosten zu begrenzen, sind deshalb Strategien zu entwickeln, mit denen die Komplexität reduziert werden kann bzw. sie gar nicht erst entstehen läßt. Vorbeugende Aktivitäten sind hierbei wirksamer als solche zur Handhabung der Komplexität (vgl. hierzu den Beitrag von SCHULTE in diesem Buch).

Synergieeffekte (1+1=3 Effekte) treten auf, wenn die gemeinsame Produktion eines heterogenen Leistungsprogramms günstiger ist als eine separate. Die Ursache für

Synergievorteile liegt in der gemeinsamen Nutzung begrenzt teilbarer Produktionsfaktoren (vgl. TEECE 1980). Entsprechend dem zugrundeliegenden Produktionsfaktor lassen sich unterscheiden (vgl. ALLEN 1970):

- Operative Synergien aufgrund markt- oder technologiebezogener Zusammenhänge zwischen Unternehmensteilbereichen.
- Managementsynergien infolge einer intensiveren Nutzung vorhandener Führungskapazitäten.
- Finanzielle Synergien, die aufgrund des internen Risikoausgleichs diversifizierter Unternehmen entstehen und die Kapitalbeschaffung zu relativ günstigen Konditionen ermöglichen.

Effektives Kostenmanagement darf deshalb nie isoliert auf einzelne Teilbereiche gerichtet sein, sondern muß ganzheitlich die Interdependenzen im Unternehmen berücksichtigen.

Höhe und Struktur der Kosten, insbesondere das Verhältnis zwischen Fix- und variablen Kosten und damit auch der Break-Even-Punkt werden wesentlich von der *Leistungstiefe* eines Unternehmens beeinflußt. Angesprochen ist hiermit das Verhältnis zwischen den unternehmensintern durchgeführten Eigenaktivitäten einerseits und den von Externen wahrgenommenen Teilaufgaben andererseits (vgl. PICOT 1991, S. 336).

Die Messung der Leistungstiefe erfolgt in der Regel mit Hilfe der Wertschöpfung, also der Differenz zwischen der Gesamtleistung (Umsatzerlöse, Bestandsveränderung) und den Vorleistungen (zugekauftes Material, fremde Dienstleistungen, Zinsen).

Eine suboptimale Abstimmung von Wettbewerbsstrategie und Leistungstiefe führt zu Strukturkosten, die auch durch ein noch so gutes operatives Kostenmanagement nicht ausgeglichen werden können. Den Beweis für diese Hypothese liefert ein Blick auf die Bereiche, die durch die Leistungstiefenentscheidung beeinflußt werden (vgl. PICOT 1991, S. 338 f.):

- die Bandbreite der internen Entwicklungs-, Produktions- und Vertriebsaufgaben sowie die benötigten Kompetenzen,
- das Einkaufsprogramm in quantitativer und qualitativer Hinsicht,
- die Höhe der Kapitalbindung im Unternehmen,
- die Anzahl der Mitarbeiter und das Beschäftigungsrisiko,
- die benötigten Fertigungsstandorte, Lager- und Fertigungsflächen sowie die Anforderungen an die Produktionsorganisation und Logistik,
- die erforderliche Flexibilität bei Umstellungen des Leistungsprogramms.

Der Fremdbezug von Leistungen bzw. deren Auslagerung ist in der Regel sinnvoll bei einfachen Leistungen, die gut strukturiert, standardisiert und gut planbar sind.

Die Eigenerstellung von Leistungen bietet sich dann an, wenn diese strategisch bedeutsam, innovativ und unternehmensspezifisch sind sowie oft anfallen. Dies setzt voraus, daß das benötigte Know-how im Unternehmen vorliegt oder mit vertretbarem Aufwand aufgebaut werden kann. Liegt hingegen bei unternehmensspezifischen und strategisch entscheidenden sowie oft anfallenden und unsicheren Leistungen eine deutliche Überlegenheit des unternehmensexternen Know-hows vor, so erweisen sich vielfach vertikale Kooperationen wie strategische Partnerschaften, Kapitalbeteiligungen oder Entwicklungskooperationen als effizient (vgl. PICOT 1991, S. 352 f).

2.2 Industriekostenkurve

Die *Industriekostenkurve* bildet die Kapazitäten und Stückkosten der Hersteller einer Branche ab (vgl. hierzu und zum folgenden DYCKE/SCHULTE 1991). Hierzu werden zunächst die Anbieter nach ihren gesamten Durchschnittskosten – in ansteigender Folge – geordnet. Auf der Abszisse werden danach ihre Kapazitäten aufgetragen, für die der momentane Output als Indikator herangezogen werden kann. Die Stückkosten sind ebenfalls für jeden Konkurrenten entlang der Ordinate einzuzeichnen. Der so beschriebenen Angebotssituation wird das aktuelle Preisniveau gegenübergestellt (vgl. Abb. 3).

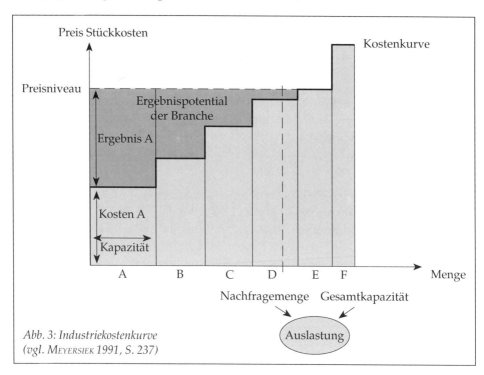

Abb. 3: *Industriekostenkurve*
(vgl. MEYERSIEK 1991, S. 237)

Mit der Industriekostenkurve lassen sich eine Reihe strategischer Entscheidungen unterstützen. Durch die *Anordnung der Wettbewerber nach ihrer Kostensituation* kann dasjenige Unternehmen identifiziert werden, das zum Betrachtungszeitpunkt *Grenzanbieter* ist. Würde der Marktpreis auf ein Niveau unterhalb der Kosten des Grenzanbieters fallen, sähe sich dieser mittel- bis langfristig veranlaßt, seine Kapazitäten abzubauen. Im Falle einer Erhöhung des Marktpreises über das Kostenniveau des Grenzanbieters wird auch das Unternehmen mit dem nächsthöheren Kostenniveau im Markt anbieten, wenn es die Kapazitäten bisher anderweitig genutzt hat und eine Produktionsumstellung sich lohnt. Bleibt gleichzeitig die Nachfrage konstant, kommt es zu Überkapazitäten und einer Senkung des Marktpreises. Die Fläche zwischen der Industriekostenkurve und der durch den Marktpreis gehenden Parallelen zur Abszisse repräsentiert das *Ergebnispotential der Branche*.

Die Darstellung der Kapazitätssituation im Rahmen der Industriekostenkurve erlaubt gleichzeitig Aussagen zu *potentiellen Stückkostenreduzierungen* der einzelnen Wettbewerber auf der Basis der Erfahrungskurve. Insbesondere Konkurrenten, die Kapazitätserweiterungen vornehmen, kann es gelingen, ihre Kostenposition zu verbessern und so trotz eines im Betrachtungszeitpunkt noch geringen Marktanteils künftig zu einem ernstzunehmenden Gegner zu werden.

In Verbindung mit einer Analyse der Kostenstruktur vermag die Industriekostenkurve aufzuzeigen, bei welchen Kostenarten gegenüber den Wettbewerbern Vorteile bzw. Nachteile bestehen. Die übersichtliche Darstellung im Kosten-Kapazitäts-Diagramm leistet somit einen Beitrag zur quantitativen Analyse der gegenwärtigen Stärken-/Schwächen-Situation. Hierauf aufbauend können dann in einer vertiefenden Untersuchung Kostensenkungspotentiale aufgezeigt und Ansatzpunkte für Rationalisierungsinvestitionen identifiziert werden.

Zur Vorbereitung strategischer Entscheidungen sind Wettbewerbsszenarien durchzurechnen, bei denen

- zu erwartende Kapazitäts- und Kostenstrukturveränderungen der Wettbewerber,
- alternative Nachfrageentwicklungen sowie
- alternative Strategien des eigenen Unternehmens hinsichtlich Kapazität und/oder Kostenstruktur der einzelnen Standorte

berücksichtigt werden.

2.3 Target-Costing

In einem strategisch orientierten Kostenmanagement ist der *mögliche Marktpreis* eines erst als Idee vorhandenen Produkts der Ausgangspunkt für weitere Aktivitäten. Die Kostenplanung beginnt bereits in der Entwicklungs- bzw. Konstruktionsphase eines neuen Produktes und setzt auf dem von der Marktforschung prognostizierten Marktpreis auf. Das in Japan in den 70er Jahren entwickelte Instrument des Target Costing ist vor allem in High-Tech-Unternehmen verbreitet (vgl. SAKURAI 1989) und ist ein effektives Instrument, eine enge Verbindung zwischen Markt und Unternehmen herzustellen.

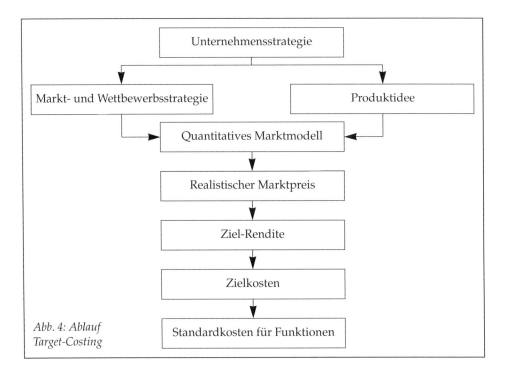

Abb. 4: Ablauf Target-Costing

Target Costing läuft in folgenden Schritten ab (vgl. Abb. 4):

- Generierung einer Produktidee auf der Basis einer Markt-/Wettbewerbsanalyse und einer Einbindung in die Unternehmensstrategie.
- Entwicklung eines quantitativen Marktmodells, das unter Einbeziehung des Käufer- und Wettbewerbsverhaltens zu einer Planung des realisierbaren Marktpreises führt.
- Ausgehend vom geplanten Marktpreis und einer vom Unternehmen geplanten Zielrendite werden die Zielkosten (target costs) ermittelt.
- Aufgabe der Konstruktion und technischen Planung ist es nunmehr, durch ent-

sprechende Produkt- und Prozeßgestaltung die aus den Zielkosten abgeleiteten Standardkosten für die Produktion und die übrigen Funktionen einzuhalten.

Die beschriebene Methode ist neben der Sicherstellung marktgerechter Kosten darüber hinaus auch ein Instrument, die *enge Zusammenarbeit* zwischen Marketing, Entwicklung, Fertigung, Controlling und der übrigen beteiligten Funktionen zu fördern. Unter Mitwirkung der verschiedenen Geschäftsbereiche wird in der Entscheidungs- und Planungsphase ein innovativer Prozeß in Gang gesetzt. Hierbei ist eine Zielerreichung meist nur dann möglich, wenn bisherige Strukturen und Technologien in Frage gestellt werden.

2.4 Prozeßkostenrechnung zur Berücksichtigung der wahren Kostentreiber

Ein verursachungsgerechtes Kalkulationsverfahren erfordert die Zurechnung aller für die Abwicklung eines Auftrages anfallenden Kosten. Kosten, die für die Steuerung von Prozessen anfallen und Gemeinkosten darstellen, werden *heute* in der Regel *pauschal als Zuschlag auf die Fertigungs- oder Materialeinzelkosten* verrechnet. Dies führt dazu, daß Produkten, die viele Fertigungsstellen durchlaufen oder die viele Fertigungsstunden beinhalten oder einen hohen Materialkostenanteil aufweisen, viele Gemeinkosten zugerechnet werden und umgekehrt. Mit dieser Vorgehensweise wird aber keine verursachungsgerechte Kalkulation erreicht. So sind beispielsweise die Kosten für die Disposition von Material nicht vom Wert des Materials abhängig. Auch die Kosten der Qualitätskontrolle hängen nicht vom Wert der Fertigungskosten ab, wie dies bei der Verrechnung dieser Kosten als Zuschlag zu Fertigungseinzelkosten unterstellt wird. Verschärft wird diese Problematik noch durch den infolge zunehmender Automatisierung abnehmenden Anteil beschäftigungsabhängiger Kosten.

Durch die Verteilung der Gemeinkosten, unabhängig von der tatsächlich in Anspruch genommenen Leistung, entsteht folgender Kreislauf, der zu einer ständigen Erhöhung der Vielfalt führt:

- Volumenprodukte werden zu teuer und Sonderprodukte zu billig kalkuliert.
- Hierdurch werden Sonderprodukte gefördert, sei es durch die gezielte Nachfrage der Kunden nach diesen günstigen Produkten oder sei es durch die aktive Nutzung der Möglichkeit zur Erstellung günstiger Kundenlösungen seitens des Vertriebs.
- Die Variantenvielfalt erhöht sich weiter, wodurch zusätzliche Aktivitäten anfallen, die ihrerseits zusätzliche Gemeinkosten erfordern. Die Konsequenz ist, daß Volumenprodukte mit zunehmender Variantenvielfalt nochmals teurer werden und die Absatzchancen sinken.

Neue Ansätze zum Gemeinkostenmanagement stellen zum einen die Entwicklung von Partial-Kostenrechnungen und zum anderen die Prozeßkostenrechnung dar. Die *Partial-Kostenrechnungen* richten (wie der Name bereits andeutet) ihr Augenmerk auf einen ganz bestimmten Ausschnitt der Gesamtkosten, wie z. B. die Instandhaltungskosten, Logistikkosten (vgl. SCHULTE 1991), F+E-Kosten, Qualitätskosten, Informationskosten etc. Demgegenüber ist die *Prozeßkostenrechnung* gesamtunternehmensbezogen und beinhaltet ein Denken in kostenstellenübergreifenden Prozessen.

Die Prozeßkostenrechnung knüpft an die *Darstellung des gesamten betrieblichen Geschehens als Abfolge von Aktivitäten* an. Gesucht werden jene Bezugsgrößen bzw. Aktivitäten, die den Anfall und die Höhe der Gemeinkosten tatsächlich beeinflussen (vgl. WÄSCHER 1987).

So werden die *Materialgemeinkosten* im einzelnen durch folgende Aktivitäten verursacht:

– Anzahl der Dispositionsvorgänge
– Anzahl der Bestellungen im Einkauf
– Anzahl der Wareneingänge und Transportvorgänge
– Anzahl und Art der Prüfungen im Wareneingang
– Anzahl der Rechnungsprüfungen, Buchungen, Zahlungen
– Anzahl der Einlagerungs- und Auslagerungsvorgänge.

Die genannten Aktivitäten sind fast ausschließlich vom Anfall einer Bestellung, nicht jedoch vom Wert einer Bestellung oder der zu bestellenden Stückzahl abhängig. Legt man als Summe für obige Bestellabwicklungskosten einen Betrag von 150,– DM zugrunde, so fällt dieser sowohl bei einer Bestellmenge von 1 als auch bei einer Bestellmenge von 300 oder 1000 Stück an. Demgegenüber werden bei der traditionellen Zuschlagskalkulation die Gemeinkosten jeder Bestellung aufgrund eines pauschalen Zuschlagssatzes, beispielsweise 25 % auf den Bestellwert, ermittelt. Dies führt folglich dazu, daß Bestellungen, denen ein niedriges Bestellvolumen zugrundeliegt, zu niedrig belastet werden und umgekehrt. Abb. 5 verdeutlicht diese Aussage. Lediglich für den Fall, daß die bestellte Menge bei 150 Stück liegt, entsprechen die nach traditioneller Methode ermittelten Materialkosten den tatsächlichen (vgl. Abb. 5).

Das für die Materialgemeinkosten Gesagte gilt analog für die *Fertigungsgemeinkosten*. Diese werden durch folgende Aktivitäten verursacht:

– Anzahl der zu bearbeitenden Fertigungsaufträge
– Anzahl der Arbeitsgänge in der Fertigung
– Anzahl und Art der Kontrollvorgänge in der Qualitätssicherung
– Anzahl der Ein- und Auslagerungsvorgänge
– Art und Zahl der Transportvorgänge.

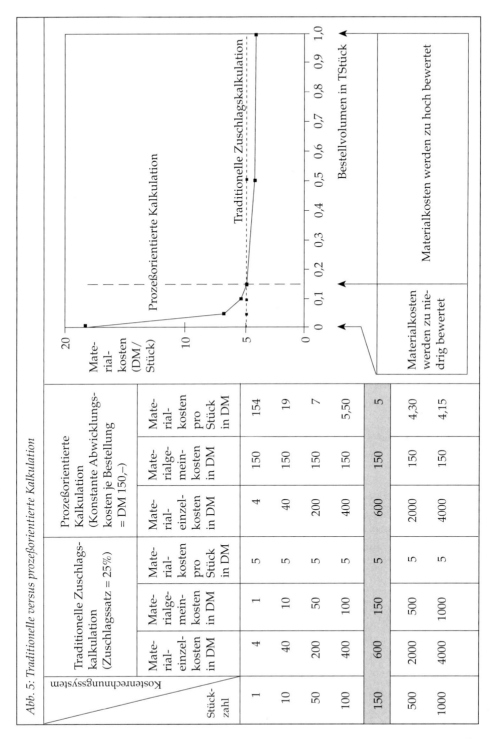

Abb. 5: Traditionelle versus prozeßorientierte Kalkulation

Bei Varianten mit kleinen Stückzahlen kommen die auflagefixen Kosten in den Stückkosten sehr stark zum Ausdruck. Gelingt es, durch eine Reduzierung der Variantenvielfalt die Stückzahlen zu erhöhen, lassen sich die Herstellkosten stark reduzieren.

Die Anwendung dieses verursachungsgerechten Kalkulationsverfahrens kann insbesondere dazu beitragen, die Kosten der Variantenvielfalt transparent zu machen. Das Unternehmen erhält eine strategisch wirksame Entscheidungsgrundlage, die dazu beiträgt, daß gemeinkostentreibende Vielfalt nur dann in Kauf genommen wird, wenn sie vom Markt honoriert wird.

2.5 Lebenszykluskosten

In der Vergangenheit wurde in den Kostenrechnungssystemen insbesondere großer Wert auf die Kostenerfassung und -kontrolle in der Produktionsphase von Produkten gelegt. Durch die höhere Komplexität der Produkte und den damit einhergehenden steigenden Schulungs- und Anpassungsaufwand, höhere Anforderungen an die Umweltsicherheit und Entsorgung etc. *steigt der Anteil der Kosten, der über die reinen Entwicklungs- und Produktionskosten des Produktes hinausgeht, ständig.* Das bei Großprojekten (z. B. im Anlagenbau) schon seit längerem verbreitete Konzept der Lebenszykluskosten (vgl. hierzu den Beitrag von WÜBBENHORST in diesem Buch) gewinnt deshalb auch im Konsum- und Investitionsgüterbereich mehr und mehr an Relevanz, da mit den Herstellkosten (aus Sicht des produzierenden Unternehmens) bzw. dem Kaufpreis (aus Kundensicht) von den Gesamtkosten über den Lebenszyklus eines Produktes oft nurmehr die Spitze eines Eisberges erfaßt wird (vgl. Abb. 6).

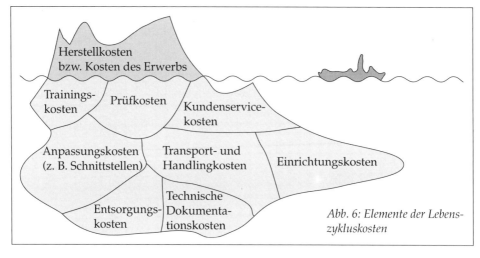

Abb. 6: Elemente der Lebenszykluskosten

Ungefähr 90 % der Lebenszykluskosten eines Produktes werden bereits durch Entscheidungen in der Produktentwicklungsphase festgelegt.

Eine Betrachtung der Kosten über den gesamten Lebenszyklus eines Produktes ist deshalb bereits in diesem frühen Stadium erforderlich, um

– minimale Kosten über den gesamten Lebenszyklus eines Produktes sicherzustellen,
– ein besseres Bild der langfristigen Produktrentabilität zu gewinnen und
– die kostenmäßigen Konsequenzen von technischen Alternativen aufzuzeigen.

Auch Entscheidungen über die Sortiments- und Preispolitik können durch die Betrachtung der Lebenszykluskosten besser fundiert werden. Dies ist vor allem dann entscheidend, wenn die Produktentwicklungskosten intern umgelegt werden oder die Produktlebenszyklen kurz sind.

Vereinfacht lassen sich für die Erfassung der gesamten Lebenszykluskosten drei Hauptphasen unterscheiden:

– Entwicklung und Konstruktion
– Produktion
– Vertrieb und Unterstützung.

Die in den einzelnen Phasen sowie während der gesamten Nutzungsdauer eines Produktes insgesamt anfallenden Kosten sind dabei sowohl aus Sicht des Herstellers als auch aus Sicht des Kunden zu planen. Hier besteht ein enger Zusammenhang zur Marketingstrategie, wie das Beispiel eines Herstellers von Leuchtstoffröhren zeigt. Der im Vergleich zu Wettbewerberprodukten höhere Kaufpreis einer neu entwickelten Leuchtstoffröhre wird mit einer wesentlich längeren Lebensdauer begründet, die die höheren Anschaffungskosten überkompensiert.

3. Kostenmanagement als Teil des Controlling

Im vorangegangenen Abschnitt dieses Beitrags wurden schwerpunktmäßig Konzepte diskutiert, die sicherstellen sollen, „die richtigen Dinge zu tun". Damit „die Dinge auch richtig getan werden", ist eine zielführende Abbildung der Ressourcenverbräuche im Controlling- und Berichtssystem erforderlich. Hiermit beschäftigen sich die folgenden Ausführungen.

3.1 Determinanten des Controlling-Systems

Effektives Kostenmanagement, verstanden als permanente Managementaufgabe, muß eingebunden sein in das Controlling-System. Bei der Gestaltung des Controlling-Systems sind folgende Zusammenhänge zu beachten:

- Das *Leitbild* und die *Unternehmensstrategie* bestimmen die *Organisationsstruktur*. Hierbei folgt die Organisation den Strategien des Unternehmens und bildet den Handlungsrahmen. Beide zusammen mit dem Führungsstil bestimmen das Informationssystem als Teil der Führungssysteme (vgl. Abb. 7).

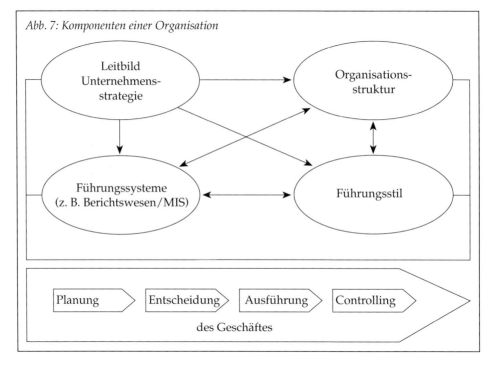

Abb. 7: Komponenten einer Organisation

- Planungssysteme, Entscheidungsregeln sowie Steuerungs- und Informationssysteme sind die Hauptwerkzeuge der Führung und des Controlling in der Geschäftsführung. Das Controlling hat die zielgerichtete Umsetzung der Ziele und Strategien in allen Ebenen des Unternehmens sicherzustellen.
- Ein dezentralisierter und delegierender *Führungsstil* verlangt ein auf die einzelnen verantwortlichen Führungskräfte (z. B. Profit-Center, Leiter einer Tochtergesellschaft oder Sparte, Leiter eines Ergebnisbereichs, Leiter einer strategischen Geschäftseinheit usw.) abgestimmtes Informationssystem, das pyramidenförmig angelegt sein muß.
- Die gesamten Planungs- und Steuerungsinformationen des Unternehmens werden von einer Gruppe von Fachleuten, den Controllern, konzipiert, gesam-

melt, verarbeitet und verteilt. Diese Informationen werden von den Führungskräften in ihrer Führungsarbeit genutzt.

3.2 Prinzipien für die Gestaltung eines Controlling- und Berichtssystems

Bei der Gestaltung eines Controlling- und Berichtssystems sollten folgende Prinzipien zur Anwendung gelangen:

1) *Konzentration auf Schlüsselgrößen*

Die Auswahl der in ein Berichtssystem aufzunehmenden Kennzahlen hat sich im Sinne einer ABC-Analyse auf die wichtigsten Werte zu konzentrieren. Besonders hohe Priorität kommt hierbei denjenigen Kennzahlen zu, die den Wirkmechanismus des jeweiligen Geschäfts am besten abzubilden vermögen.

2) *Interne und externe Orientierung*

Umsatz, Rohertrag, Cash-Flow und Kosten sind wichtige interne Führungszahlen, aber Frühwarngrößen (z. B. Angebotsstand), Marktdaten, Kundenstrukturen, der Erfüllungsgrad bei den Haupterfolgsfaktoren, Bilanzgrößen usw. werden im Management- und Informationssystem zunehmend wichtiger.

3) *Pyramidenförmiger Aufbau*

Der pyramidenförmige Aufbau des Zahlenwerks muß sicherstellen, daß die benötigten Informationen für alle Teilbereiche des Gesamtunternehmens nach relevanten Produktkategorien und/oder regionalen und/oder organisatorischen Einheiten und/oder nach strategischen Geschäftsfeldern, vor allem aber nach persönlichen Verantwortungsbereichen von Führungskräften gegliedert sind, so daß notwendige gezielte Führungs- und Steuerungsmaßnahmen schnell identifiziert, entwickelt und durchgeführt werden können.

4) *Jede Kennzahl hat ihren Verantwortlichen*

Die Ursachen von Soll-/Ist-Abweichungen müssen bis auf eine sinnvolle Detailebene verfolgbar und erklärbar sein; sie sollen einer verantwortlichen Führungskraft zugerechnet werden können.

5) *Handlungsorientierung*

Die effiziente Nutzung eines Controlling- und Berichtssystems setzt ein System von Management-Sitzungen (jour fixe) voraus, um die auffälligen Berichtsinhalte zu besprechen. In diesen Sitzungen sind die erforderlichen Gegensteuerungsmaßnahmen zu planen und zu verabschieden. Darüber hinaus kann der für bestimmte Kennzahlen persönlich Verantwortliche bereits nach Erhalt der Information agieren.

6) *Verknüpfung mit der Planung*

Berichtsinhalte sollen dort, wo sinnvoll und erforderlich Führungsmaßnahmen (von Bestätigung bis Gegensteuerung) auslösen. Die Möglichkeit, Handlungsbedarf zu erkennen, setzt voraus, daß man die Ist-Werte an Plan-Werten spiegeln kann.

7) *Aktualität*

Eine der Hauptfunktionen des Controlling, nämlich die frühzeitige Einleitung von Gegensteuerungsmaßnahmen bei Soll-/Ist-Abweichungen, setzt eine hohe Aktualität der erforderlichen Berichte voraus. Konkret bedeutet Aktualität, daß Monatszahlen etwa am 5. Werktag des Folgemonats verfügbar sein müssen. Aktualität ist entscheidender als die Genauigkeit bis zur letzten Stelle hinter dem Komma. Gewisse bilanzielle und strategische Kennzahlen können auch 4 Wochen später nachgeführt werden.

8) *Lesbarkeit und Klarheit*

Die Berichtsformate sollen einfach lesbar und weitgehend systematisch, logisch und gleichbleibend (auch für unterschiedliche Betätigungsfelder) aufgebaut sein, grafische und symbolische Unterstützungen sind wünschenswert. Zur „Sauberkeit" eines Berichtssystems gehört auch der Verzicht auf die Angabe von Pfennigbeträgen sowie von %-Angaben bis auf 2 Stellen hinter dem Komma.

Bis zu einem gewissen Grad muß ein geeignetes Berichtssystem standardmäßige Analysen vorwegnehmen.

9) *Kontinuität*

Durch die monatliche Darstellung auf einem Jahresblatt gewinnt das Berichtssystem den Charakter eines kontinuierlichen, rollierenden Plan-/Istvergleichs.

Gleichbleibende Definitionen bei der Ermittlung der Kennzahlen helfen unnötige Diskussionen über „Systembrüche" und das Zustandekommen von Zahlen vermeiden.

10) *Zukunftsorientierung*

Durch die permanente Beobachtung der Entwicklung von Frühwarnindikatoren sind geschäftsspezifische externe Chancen und Gefahren für die künftige Ertragskraft frühzeitig zu identifizieren.

Mehrmals im Jahr ist eine Jahresendvorschau (Hochrechnung) sinnvoll, auch insbesondere im Hinblick auf die anstehende Planung des Folgejahres.

Literatur

ALLEN, S. A. (1970), Corporate-divisional Relationship in Higher Diversified Firms, in: LORSCH, J. W./LAWRENCE P. R. (Hrsg.). Studies in organization design, Homewood Ill. 1970, S. 16–35.

DYCKE, A./SCHULTE, C. (1991), Industriekostenkurve, in: DBW 51 (1991) 3, S. 380–382.

PICOT, A. (1991), Ein neuer Ansatz zur Gestaltung der Leistungstiefe, in: ZfbF 43 (1991) 4, S. 336–357.

MEYERSIEK, D.: Unternehmenswert und Branchendynamik, in: BFuP 3/1991, S. 233–240.

SAKURAI, M. (1989), Target Costing and How to use it, in: Journal of Cost Management (1989) Summer, S. 39–50.

SCHULTE, C. (1989), Produzieren Sie zu viele Varianten?, in: Harvard Manager 11 (1989) 2, S. 60–66.

SCHULTE, C. (1991), Logistik. Wege zur Optimierung des Material- und Informationsflusses, München 1991.

TEECE, D. J. (1980), Economies of Scope and the Scope of the Enterprise, in: Journal of Economic Behavior and Organization, Vol. 1 1980, S. 223–247.

WÄSCHER, D. (1987), Gemeinkosten-Management im Material- und Logistik-Bereich, in: ZfB 57 (1987) 3, S. 297–315.

WEBER, J. (1990), Von der Strategie über das Gemeinkostenmanagement zur praktizierten Prozeßkostenrechnung, in: Techno Congress (Hrsg.): Praxis der angewandten Prozeßkostenrechnung, Vortragsunterlagen, Frankfurt 1990.

2. Teil
Organisatorische und strategische Ansätze für ein effektives Kostenmanagement

Cost-Center-Management.
Controlling von Leistungs-, Informations- und Entscheidungsprozessen nach dem Cost-Center-Prinzip

von

WILFRIED VON EIFF

Gliederung

1. Problemstellung
2. Basisorientierungen für eine erfolgreiche Unternehmenssteuerung
3. Das Cost-Center-Prinzip
4. Cost-Center-Arten und deren Steuerungsprinzipien
4.1 Cost-Center für produktive Leistungsprozesse
4.2 Cost-Center für konsumptive Leistungsprozesse
4.3 Cost-Center-Leistungsprozesse mit Investitions-Charakter
5. Wertschöpfungsrechnung und Cost-Center-Prinzip
6. Cost-Center und Entscheidungs-Autarkie
7. Steuerung der Leistungsbeziehungen zwischen Cost-Center und Controlling-Philosophie
8. Organisationsbezogene Charakteristika des Cost-Center-Prinzips: Kompetenz und Verantwortung
9. Controllingbezogene Charakteristika
10. Schlußgedanke

Anmerkung
Literatur

1. Problemstellung

Die koordinative Ausrichtung aller Ressourcen auf die Ziele und Strategien des Unternehmens, die effiziente Steuerung der Arbeits-, Informations- und Entscheidungsprozesse sowie das Erzeugen unternehmerischen Bewußtseins bei möglichst vielen Mitarbeitern eines Unternehmens erweist sich in der Praxis als gravierendes Problem. Die Einführung von Cost-Center-Strukturen als Grundlage zur Delegation von Geschäftsprozeß- bzw. Geschäftsfeldverantwortlichkeit kann zur Entfaltung von unternehmerischem Bewußtsein beitragen, ohne im Kostenverrechnungs-Chaos innerbetrieblichen Wettbewerbs zwischen pseudoautarken Großkostenstellen zu versinken.

2. Basisorientierungen für eine erfolgreiche Unternehmenssteuerung

Der Erfolg eines Unternehmens resultiert aus

- der Konzentration auf das Kerngeschäft,
- der Ausrichtung aller Denkweisen und Handlungsorientierungen auf Markt und Kundennutzen,
- einer reibungslosen Organisation der Leistungsprozesse,
- der kostenoptimalen Steuerung dieser Leistungsprozesse sowie
- der die Wettbewerbsposition stärkenden Innovationsfähigkeit.

Die erfolgswirksame Steuerung eines Unternehmens basiert auf der Fach- und Managementfähigkeit sowie der Motivation der Führungskräfte und Mitarbeiter, durch Treffen sachgerechter Entscheidungen alle Teilleistungsprozesse qualitätsgerecht und kostenminimal ablaufen zu lassen, und zwar unter Berücksichtigung der organisatorisch objektiv gegebenen Möglichkeiten (Richtlinien, Arbeitsschnittstellen, verteilte Kompetenzen, Kommunikationskultur etc.).

Voraussetzung für die Entwicklung von Leistungsmotivation und unternehmerischem Verständnis ist unter anderem

- ein klar abgegrenzter Aufgaben- und Verantwortungsbereich,
- die Kompetenz, durch Entscheidungen auf die Kosten sowie Wertschöpfung im eigenen Verantwortungsbereich unmittelbar Einfluß nehmen zu können,
- die Entlastung von allen Kosten, die durch einen aufgabenmäßig Verantwortlichen nicht unmittelbar (bzgl. Kostenentstehung und/oder zukünftiger Kostenvermeidung) beeinflußt werden können. Kosten, denen eine zur Durchführung der übertragenen Aufgabe benötigte Infrastrukturleistung gegenübersteht (z. B. Informationsverarbeitungsnetze, Rechenzentrumsleistungen usw.), sind dagegen grundsätzlich belastungsfähig.

Voraussetzung für das Entwickeln dieser Motivation ist aber auch

- die Strukturierung überschaubarer, aus eigener Kraft steuerbarer Organisationseinheiten,
- die eigenverantwortlich, geleitet von eindeutigen Zielvorgaben, agieren können.

Das Prinzip „Verantwortung" kristallisiert sich dabei mehr und mehr zum motivationsgerechten und effizienten Steuerungskriterium heraus.

Das Prinzip „Verantwortung" (als management-ethisches Steuerungsprinzip) wird erst wirksam in Verbindung mit der Umsetzung entsprechender Organisationsgrundsätze und „Ordnerfunktionen", die visionären (in der Organisationskultur verankerten) Charakter haben und nicht mechanistisch-instrumentell ausgelegt sind (wie z. B. „Formblatt-Steuerung" durch Management by Objectives).

MbO als Synonym für zielorientierte, partizipativ ausgelegte Management-Prozesse (transparente Verantwortung, Delegation und Eigenverantwortlichkeit, problemlösungsorientierte Zusammenarbeit, Identifikation mit Arbeitsergebnissen etc.) steht hier in seiner Bedeutung für die Führungspraxis nicht in Kritik; problematisch wird MbO durch Degeneration zu einem „Formblatt-Verfahren", das ein-

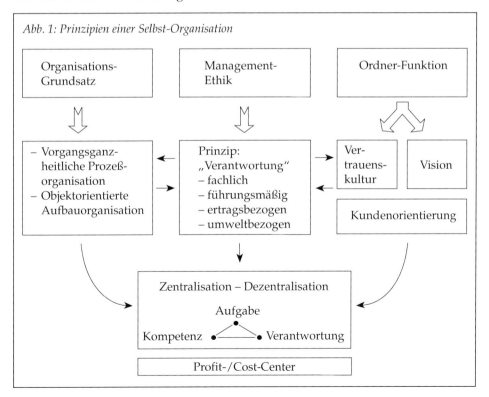

Abb. 1: Prinzipien einer Selbst-Organisation

mal jährlich Anwendung findet für Mitarbeitergespräche, Leistungsbeurteilungen, Gehaltsfindungsprozesse, Qualifizierungsprogramme etc. Grundlage erfolgreichen Managements sind nicht zeitraubende Verhandlungsprozesse über Inhalt, Ausmaß und zeitlichen Bezug von Einzelzielen; dieses MbO fordert dazu heraus, individuelle Interessen denen des Unternehmens voranzustellen (niedrige Zielvorgaben ermöglichen „Erfolge"). Erfolgreiches Management steuert durch Einrichtung von Selbststeuerungsmechanismen: Übertragung von Verantwortung und Kompetenz für ein Geschäftsfeld/einen Geschäftsprozeß.

Die Abb. 1 faßt die Prinzipien einer selbststeuernden Organisation zusammen.

Die Kunst des Organisierens besteht darin, Ordnung zu schaffen, durch die Orientierung und Linie, Sicherheit und Berechenbarkeit entsteht, ohne daß die für die Erhaltung bzw. Verbesserung der Wettbewerbsposition erforderlichen Spielräume verschlossen werden, in denen sich Innovationskraft und Unternehmertum entfalten können.

Organisation heißt demnach (vgl. Abb. 2)

- Ordnung schaffen, ohne Innovation zu behindern,
- Ordnung strukturieren, die nicht zum Selbstzweck degeneriert, sondern immer primär und konsequent auf den Unternehmenszweck bzw. den zu erreichenden Kundennutzen ausgerichtet ist.

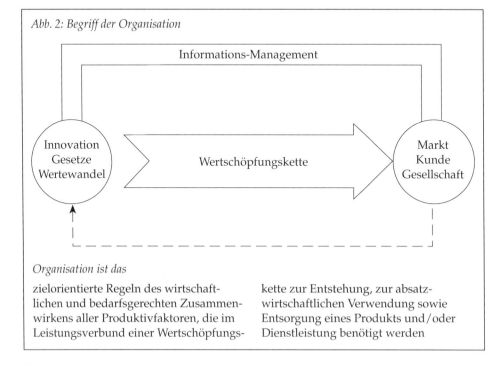

Abb. 2: Begriff der Organisation

Organisation ist das

zielorientierte Regeln des wirtschaftlichen und bedarfsgerechten Zusammenwirkens aller Produktivfaktoren, die im Leistungsverbund einer Wertschöpfungskette zur Entstehung, zur absatzwirtschaftlichen Verwendung sowie Entsorgung eines Produkts und/oder Dienstleistung benötigt werden

Es gelten die Grundsätze:

- Selbststeuerung vor Fremdsteuerung
- Transparenz in den Informations-, Entscheidungs- sowie Anreiz- und Sanktionsmechanismen
- Steuerung durch Mensch-zu-Mensch-Kommunikation und nicht durch Richtlinien.

Gerade dieser letzte Punkt ist im Zusammenhang mit der Strukturierung von großen Organisationen von Wichtigkeit. Sogenannte „Richtlinienorganisationen" produzieren Anonymität in den Arbeitsprozessen, verhindern Transparenz über Abhängigkeitsbeziehungen der Mitarbeiter untereinander in den Leistungsprozessen und sind damit ein idealer Nährboden für Gerüchte und andere emotionale Formen einer spekulativen Kommunikation. In der Regel ist die Richtlinienorganisation (als Mittel der Unternehmenssteuerung) eng liiert mit tayloristischen Führungsstrukturen (in Verbindung mit unklaren Verantwortungsmustern). In diesen Fällen wird eine Organisation durch Machtabsicherungsmechanismen „gesteuert"; eine Mißtrauenskultur ist die zwangsläufige Folge.

Unter der eingängigen Etikette „small is beautiful" beschrieb E. F. Schumacher seine Philosophie der „Rückkehr zum menschlichen Maß". Seine Vorüberlegungen zu einer Theorie organisatorischer Großformen umfassen fünf Grundsätze (vgl. Schumacher 1983, S. 217–228), deren Basisüberlegungen in Abb. 3 zusammengefaßt sind:

Abb. 3: Organisatorische Steuerungsprinzipien: Anonyme Fremdsteuerung durch Richtlinien vs. verantwortungsbewußter und verantwortungstransparenter Selbststeuerung; Zentralisation vs. Dezentralisation

Eine leistungswirksame Steuerung von Organisationen bedarf der Informiertheit der Mitarbeiter (nur so wird ein „Sinn-Bewußtsein" in einer Vertrauenskultur entwickelt) auf Basis einer offenen Kommunikation. Doch findet die einzig wirksame Verständigung nur von Mensch zu Mensch, von Angesicht zu Angesicht statt. Franz Kafkas alptraumhafter Roman „Das Schloß" beschreibt die zerstörerischen Wirkungen einer Lenkung von außen. Herr K., der Landvermesser, ist von den Schloßbehörden eingestellt worden, doch weiß niemand so recht, wie und warum. Er versucht, seine Stellung zu klären, da alle Menschen, die er trifft, ihm sagen: „. . . aber leider, wir brauchen keinen Landvermesser. Es wäre nicht die geringste Arbeit für ihn da."

So wendet sich Herr K. in seinem Bemühen, der Behörde von Angesicht zu Angesicht gegenüberzutreten, an verschiedene Menschen, die offenbar eine gewisse Bedeutung haben. Andere aber sagen ihm: „Sie sind eben noch niemals mit unseren Behörden in Berührung gekommen. Alle diese Bemühungen sind nur scheinbar, Sie aber halten sie infolge Ihrer Unkenntnis der Verhältnisse für wirklich."

> *Abb. 3 (Fortsetzung)*
>
> Es mißlingt ihm völlig, irgendeine wirkliche Arbeit zu tun, und dann erhält er einen Brief vom Schloß: „Die Landvermesserarbeiten, die Sie bisher ausgeführt haben, finden meine Anerkennung ... Lassen Sie nicht nach in Ihrem Eifer! Führen Sie die Arbeiten zu einem guten Ende. Eine Unterbrechung würde mich erbittern ... Ich behalte Sie im Auge."
>
> In Wirklichkeit sagen Großformen der Organisation keinem zu; niemand möchte von einem Vorgesetzten Befehle entgegennehmen, der Befehle von einem Vorgesetzten entgegennimmt, der seinerseits Befehle ... Selbst wenn die von einer Bürokratie abgefaßten Vorschriften außergewöhnlich menschenfreundlich sind, möchte niemand von Vorschriften regiert werden, das heißt von Menschen, deren Antwort auf jede Beschwerde heißt: „Ich habe die Vorschriften nicht gemacht, ich halte mich an sie."
>
> Doch scheint es, als müßten wir uns für immer auf organisatorische Großformen einstellen. Um so nötiger ist es daher, über sie nachzudenken und sich innerlich mit ihnen auseinanderzusetzen. Je stärker die Strömung, desto notwendiger eine gekonnte Navigation.
>
> Die Hauptaufgabe besteht darin, innerhalb großer Organisationen Kleinheit aufzubauen.
>
> Wenn erst einmal eine große Organisation entstanden ist, geht sie normalerweise durch sich ablösende Phasen der Zentralisierung und Dezentralisierung, wie bei den Ausschlägen eines Pendels. Wo immer solche Gegenpositionen sich zeigen, wobei jede von ihnen die Überzeugungskraft auf ihrer Seite hat, lohnt es sich, der Sache auf den Grund zu gehen und nicht nach einem Kompromiß oder einer Einerseits-anderseits-Lösung zu suchen. Möglicherweise brauchen wir nicht ein Entweder-Oder, sondern beides zugleich.
>
> (Quelle: E. F. SCHUMACHER, Die Rückkehr zum menschlichen Maß, 1983, Seite 217/218.)

1. Grundsatz: *Das Prinzip der untergeordneten Aufgaben* (Subsidiaritätsprinzip)

Danach darf grundsätzlich eine höhere Ebene in einer Organisationshierarchie der nachgeordneten Ebene nicht eine Aufgabe bzw. eine Zuständigkeit oder entsprechende Verantwortungsumfänge mit der Begründung wegnehmen, sie sei aufgrund ihrer Position automatisch auch weitsichtiger und für die Aufgaben besser geeignet. Loyalität kann sich nur von unten nach oben entwickeln und nicht umgekehrt; Loyalität aber ist ein wesentlicher Bestandteil für den Stand von Organisationen (vgl. SCHUMACHER 1983, S. 220). Damit ist eine übergeordnete Einheit immer beweispflichtig, wenn Aufgaben, Kompetenzen oder Verantwortungsumfänge rezentralisiert werden sollen.

2. Grundsatz: *Rechtfertigungsprinzip*

Dieser Grundsatz repräsentiert im Grunde das Führungsmodell des Management-by-Objectives in Verbindung mit einer Steuerung nach dem Cost-Center-Prinzip bzw. Profit-Center-Prinzip. Eine nachgeordnete Instanz hat Rechenschaft zu legen über die Bedarfsgerechtigkeit und Wirtschaftlichkeit ihres Tuns im Rahmen vereinbarter Zielvorgaben (Steuerung durch nachvollziehbare Kennzahlen).

3. Grundsatz: *Das Prinzip der Identifikation*

Eine abgegrenzte, nach Zielen geführte Organisationseinheit muß aufgrund einer Wertschöpfungsrechnung bzw. ihrer Ergebnisbeiträge zu höheren Unternehmenszielen (wie z. B. Kundennutzen, Beitrag zum Unternehmensergebnis, usw.) leistungsbeurteilt werden. Wichtig ist, daß aus dieser Verantwortungstransparenz Motivation für unternehmerisches Handeln entsteht. Vorzeitige Konsolidierungen verhindern eine Steuerung nach dem Prinzip Verantwortung.

4. Grundsatz: *Prinzip der Motivation*

Hinter diesem Grundsatz steckt die empirisch abgesicherte Erfahrung, wonach Menschen vorzugsweise ihre Leistungsmotivation aus der Arbeit selbst (sprich aus Sinngebung und Verantwortung) schöpfen. Eine Organisation, der es nicht gelingt, die Frage einer dauerhaften Motivation der überwiegenden Zahl der Mitarbeiter zu lösen, ist nicht effizient steuerbar.

5. Grundsatz: *Prinzip des mittleren Axioms oder die Antinomie zwischen Ordnung und Freiheit*

Dieser Grundsatz beschreibt die Notwendigkeit zu einem Ausgleich zwischen zentralen Erfordernissen und dezentraler Orientierung. Zentrale Steuerungseingriffe sind nötig, um z. B. eine beherrschte Informationsinfrastruktur zu garantieren, bereichsübergreifende, prozeßkettenorientierte Organisationslösungen zu erarbeiten und unternehmensweit wirksame Konzepte sicherzustellen. Denn Organisation heißt unternehmensweite Integration. Auf der anderen Seite muß die Kosten- und Leistungsverantwortung soweit wie möglich dezentralisiert werden. Dies erfordert eine direkte Beeinflussung aller relevanten Leistungsfaktoren (Personal, Betriebsmittel, Werkstoffe, Information) durch nachgeordnete Organisationseinheiten. Zentralistisch orientierte Organisationen tendieren zur anonymen Richtlinienordnung (siehe auch Webers Betrachtungen zum Bürokratiemodell); zunehmende Dezentralisation ist tendenziell mit Doppelarbeit, destruktiver Konkurrenz, Separation vom „Unternehmen", zunehmender Destabilität usw. verbunden. Die Gründe für diese Tendenzen sind in der grundsätzlichen menschlichen Unzulänglichkeit auszumachen, konsequent und dauerhaft „unternehmerisch" zu denken und zu handeln.

3. Das Cost-Center-Prinzip

Das Cost-Center-Prinzip ist ein organisatorisches Steuerungsprinzip, durch das Organisationseinheiten, die aufgaben-, kompetenz- und verantwortungsmäßig eindeutig abgegrenzt sind, in unternehmerischem Bewußtsein nach betriebswirtschaftlichen Maximen geführt werden.

Nach dem Cost-Center-Prinzip hat eine Organisationseinheit die Verantwortung, einen festgelegten und abrechnungsfähigen Output (Leistung) bedarfsgerecht und wirtschaftlich zu erbringen; gleichzeitig hat diese Organisationseinheit die Kompetenz, diejenigen Entscheidungen zu treffen, die erforderlich sind, um den Leistungsprozeß zielgerecht und kostenminimal zu erfüllen.

Ein Cost-Center-Leiter trägt die Verantwortung für die

- Sicherstellung der bedarfsgerechten und wirtschaftlichen Durchführung des beauftragten Geschäftsfeldes sowie für die
- ständige Optimierung der Kosten-/Leistungsstruktur des Cost-Center-Geschäftsfeldes.

Für die Anwendung des Cost-Center-Prinzips in der Unternehmenspraxis gibt es unterschiedliche Varianten.

Die jeweils im Einzelfall einzusetzende Cost-Center-Variante richtet sich danach, inwieweit

- ein produktiver oder ein konsumptiver Leistungsprozeß gesteuert werden soll;
- es sich um Prozesse handelt, die nach dem Fließfertigungsprinzip oder nach dem Werkstatt-Prinzip gegliedert sind;
- es sich um Muß- oder Kann-Fertigungsbereiche, kerngeschäftsorientierte Aufgaben oder kerngeschäftsfremde Dienstleistungen handelt;
- eine Leistung gesteuert werden soll, die für den Leistungsnehmer „Investitions-Charakter" hat und bei diesem einen zusätzlichen produktiven (kerngeschäftsfördernden) Nutzen hervorbringt (z. B. Organisationsberatung, EDV-Unterstützung).

Entsprechend kann die Steuerung des Cost-Centers durch verschiedene Prinzipien erfolgen.

4. Cost-Center-Arten und deren Steuerungsprinzipien

Aufgrund der unterschiedlich gearteten Leistungsprozesse in der Unternehmenspraxis ist es erforderlich, das Cost-Center-Prinzip in verschiedenen Steuerungsvarianten zum Einsatz zu bringen.

4.1 Cost-Center für produktive Leistungsprozesse

Diese Cost-Center sind dafür verantwortlich, daß ein eindeutig nachvollziehbares Arbeitsergebnis (im voraus festgelegt, meßbar, abrechenbar) auf Basis einer definierten Inputleistung kostenoptimal erreicht wird (z. B. Preßwerk, mechanische Fertigung, Werkzeugbau usw. in einem Automobilunternehmen). Der Cost-Center-Verantwortliche muß notwendigerweise dann auch über die Kompetenz für Akquisition und Einsatz der erforderlichen Ressourcen verfügen. Der Cost-Center-Leiter hat die Verantwortung für die von ihm beeinflußbaren Kosten (vgl. Abb. 4).

4.2 Cost-Center für konsumptive Leistungsprozesse

Ein Cost-Center, das eine konsumptive Leistung erbringt, wird bzgl. Kostenstruktur, Leistungsfähigkeit, Effizienz und Qualität aufgrund von Kennzahlen regelmäßig (in der Regel einmal jährlich) überprüft, um eine wettbewerbsorientierte Arbeitsweise sicherzustellen sowie unternehmerisches Denken zu fördern (vgl. Abb. 5). Die einzelne konsumptive Leistung selbst wird bzgl. Zweckmäßigkeit und Wirtschaftlichkeit gemäß dem Kostenwirksamkeitsprinzip beim Anforderer der Leistung „controlled".

Im Falle eines „unechten" Cost-Centers für konsumptive Leistungen erfolgt eine mengen- und qualitätsmäßig fixierte Leistungsvorgabe; gleichzeitig wird der Kostenrahmen fixiert, der zur Erstellung dieser Leistung eingehalten werden muß. Der „Cost-Center-Verantwortliche" ist dann gehalten, diese duale Zielvorgabe durch Optimierungs-/Wertanalyseprogramme zu erreichen. Es handelt sich hier in der Regel um Leistungen, die man nach dem Prinzip der permanenten Gemeinkosten-Wertanalyse auf einem durch das Management festzuschreibenden Standardniveau einfrieren möchte (z. B. Hausdruckerei, Fuhrpark usw.).

Oft sind solche konsumptiven Leistungsprozesse beim Nutzer nicht unmittelbar auf Wirtschaftlichkeit beurteilbar (z. B. Wirtschaftsbetriebe). Treten in einem solchen Cost-Center Budgetüberschreitungen auf, erfolgt im Wege des sogenannten Entstehungsprinzips eine Delegation der Entscheidung „in der Hierarchie nach oben", auf diese Weise erfolgt eine Transparenz dieser Leistungsprozesse auch im Hinblick auf das gesamte Unternehmen.

4.3 Cost-Center-Leistungsprozesse mit Investitions-Charakter

Diese Leistungsprozesse erzeugen Produktivitätssteigerungen beim Leistungsnehmer; entsprechend werden sie gesteuert auf der Basis von Kriterien zur Beurteilung der Rationalisierungs- bzw. Effizienzsteigerungs-Effekte (Wirtschaftlichkeit, Kundennutzen, Wettbewerbsvorteil usw.).

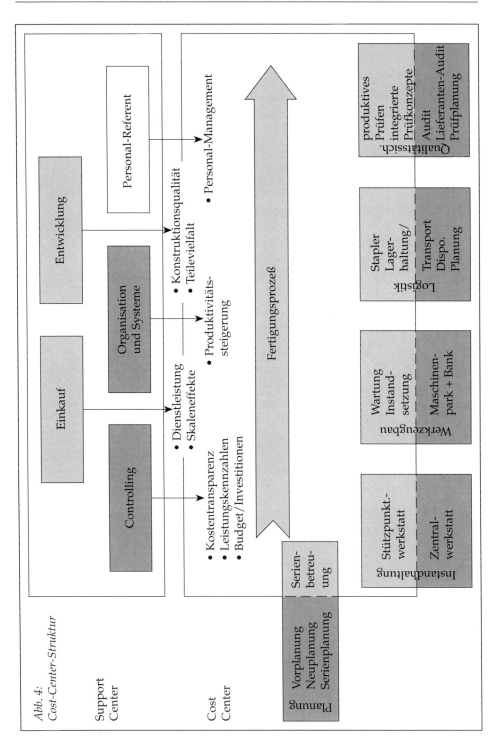

Abb. 4:
Cost-Center-Struktur

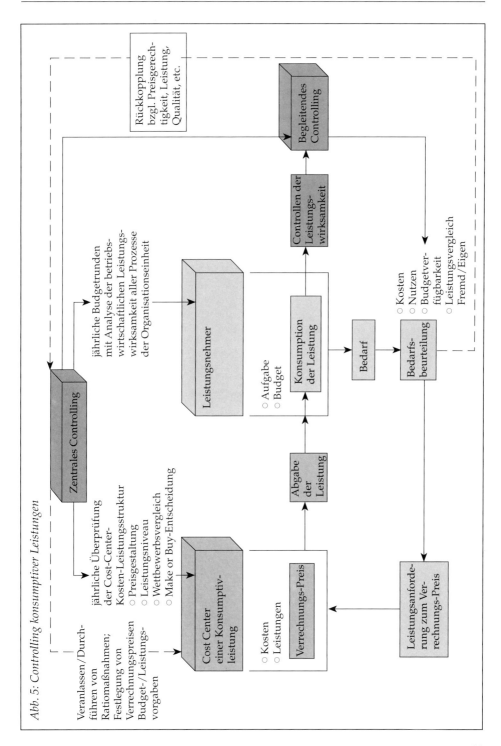

Abb. 5: Controlling konsumptiver Leistungen

Im Organisations-/Datenverarbeitungsbereich werden teilweise sogenannte Dienstleistungsvereinbarungen getroffen, durch die eine transparente, marktorientierte Preisgestaltung erfolgen soll. Es werden sowohl die Kosten einer Org.-/DV-Leistung als auch deren Nutzeffekte (Produktivitätswirkungen) transparent gemacht (Organisations-/Datenverarbeitungs-Controlling).

5. Wertschöpfungsrechnung und Cost-Center-Prinzip

Das Cost-Center-Prinzip mißt den Prozeß der Leistungserstellung in einer Organisationseinheit an zwei Kategorien (vgl. Abb. 6):

1) Wertschöpfungsbeitrag, der auf Basis eines klar definierbaren Vorleistungsinputs kostenminimal erreicht wird.

2) Nutzen bzgl. des Unternehmensergebnisses oder bzgl. Wettbewerbsposition, des Kundenkaufverhaltens usw., der aus dem Cost-Center-Output (= Leistungsergebnis) ableitbar ist.

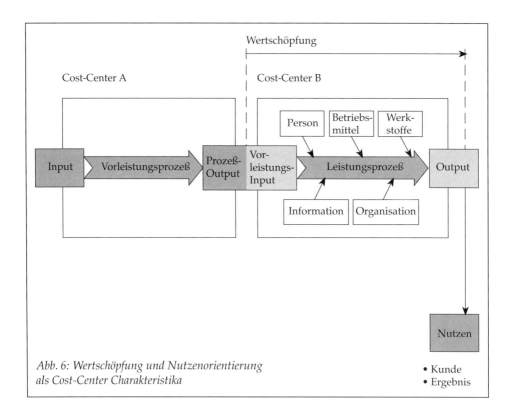

Abb. 6: Wertschöpfung und Nutzenorientierung als Cost-Center Charakteristika

„Wertschöpfungsbeitrag" und „Nutzen für das Unternehmensergebnis" sind damit die wichtigsten Kriterien zur organisatorischen (Aufgabe, Kompetenz und Verantwortung) Abgrenzung zweckmäßiger Cost-Center-Einheiten. Dies bedeutet nicht, daß für jedes Cost-Center in einem Unternehmen eine eigenständige Unternehmensrechnung betrieben wird. Eine entscheidungsorientierte Kostenrechnung bzw. ein Relevant-Costing sind geeignete Kostenrechnungskonzepte zur Steuerung eines Cost-Centers.

6. Cost-Center und Entscheidungs-Autarkie

Es gilt zwingend der Grundsatz: Eine für den Cost-Center-Leistungsprozeß nicht unmittelbar fachverantwortliche Stelle außerhalb des Cost-Centers (z. B. Controlling, Organisation und Datenverarbeitung, Personalwesen usw.) darf auf Inhalt, Qualität und Termin des Cost-Center-Leistungsprozesses grundsätzlich keinen direkten (für den Cost-Center-Leiter unkontrollierbaren) Einfluß nehmen.

Die Kompetenzausstattung eines Cost-Centers zielt keinesfalls auf eine „totale Autarkie". Denn es existieren in einem Unternehmen eine Reihe von Leistungsfeldern mit entsprechenden Aufgaben und Verantwortungsumfängen, die sinnvollerweise nicht einem Cost-Center zugeordnet werden. Führt die Übernahme einer zusätzlichen Aufgabe

– zu kerngeschäftsfremden Cost-Center-Aktivitäten (z. B. selbständiger Verkauf der Cost-Center-Leistungen an Dritte = Übergang zum Profit-Center),
– zu einem speziellen Know-how-Aufbau im Cost-Center (z. B. Organisations- und Datenverarbeitungsleistungen, Personalfunktionen usw.) oder
– zu einer Ressourcenzersplitterung im Unternehmen (z. B. Realisierung von Kostenvorteilen aufgrund möglicher Skaleneffekte durch eine zentrale Einkaufsfunktion),

so daß eine gesamtunternehmensbezogene eindeutige Meinungsposition gegenüber Dritten (Vermeidung von Machtzersplitterung) durch die Dezentralisierung gefährdet erscheint, ergibt sich die Notwendigkeit einer entsprechenden Zuständigkeitsregelung zwischen zentralen Organisationseinheiten und dem Cost-Center. In der Praxis betrifft dies im wesentlichen die Funktionen Einkauf, Personalwesen, strategisches und begleitendes Controlling, Organisations- und Systemplanung usw.

Die Cost-Center-Orientierung erfordert flankierende organisatorische Konzepte gerade für die genannten komplementären Leistungsbereiche eines Unternehmens. Die Zweckmäßigkeit eines eigenen Controllers, eines eigenen Personalleiters, eines eigenen Organisationsleiters ist für ein Cost-Center schwer nachweisbar. Aber es muß zwischen diesen Fachfunktionen eine Kompetenzverteilung und eine Zusammenarbeitsform abgestimmt werden, die den Verantwortungsstrukturen insgesamt gerecht wird. Dabei ist auch zu entscheiden, inwieweit ein zur Wahrnehmung bestimmter Aufgaben erforderliches Spezial-Know-how ablauforganisatorisch durch Regelung der Zusammenarbeit mobilisiert oder per Aufgabenkumulation an einer Stelle konzentriert wird.

So ist es z. B. durch Einführung eines Personalreferentenkonzepts möglich, die Personalarbeit für verschiedene Cost-Center nach unternehmenseinheitlichen Grundsätzen auszurichten, gleichzeitig aber den jeweiligen Spezialitäten der einzelnen Cost-Center personalpolitisch gerecht zu werden (Berufsbilder, Aus- und Weiterbildungsbedarf, Qualifizierungsprogramme, Anwerbung und Auswahl, usw.).

Zu Ineffizienzen, sogar zu kritischen Management-Situationen kann z. B. eine verantwortungsintransparente Aufgabenverteilung zwischen verschiedenen Stellen (zentrale Organisation und Datenverarbeitung, Controlling, EDV-Anwender) im Rahmen der Einbringung von Org.-/DV-Leistungen führen. Dies insbesondere, wenn die Linienverantwortung (Produktivitätsverbesserung eines Kerngeschäftsprozesses) von der Kompetenz zum Einsatz von Finanzmitteln getrennt ist. Eine Stabsstelle, die im projektorientierten Einzelfall die Finanzhoheit hat, nimmt automatisch Einfluß auf den qualitativen Vollzug des Kerngeschäfts eines Linienbereichs, ohne selbst linienverantwortlich zu sein.

Auf dem Org.-/DV-Sektor trägt z. B. die Zentralfunktion „Organisation und Datenverarbeitung" die Verantwortung für den bedarfsgerechten und wirtschaftlichen Einsatz von Informationstechnologien auf der Basis eines organisatorischen Fachkonzepts und unter der Maxime einer durchgehenden, beherrschten Infrastruktur. Die qualifizierte Wahrnehmung dieser Fachaufgabe setzt hohes fachliches Wissen, professionelle Vorgehensweise und ein Selbstverständnis als „Anwalt der Unternehmensziele" voraus. Dies korrespondiert mit einer entsprechenden Unterstützungsverantwortung des leistungsnehmenden Fachbereichs (siehe Abbildungen 7 und 8).

Org.-/DV-Projekte sind nicht beendet mit der papiermäßigen Entwicklung organisatorischer Fachkonzepte, sondern schließen die Beschaffung und den beherrschten Einsatz von Informationstechnologien zwangsläufig mit ein (dazu gehört auch die wirtschaftliche „Entsorgung" veralteter oder nicht mehr infrastrukturgemäßer Technologien). Org.-/DV-Projekte enden deshalb frühestens 6 Monate nach Einführung einer neuen technologiegestützten organisatorischen Lösung.

Im Rahmen einer zeitgemäßen Organisationsgestaltung sind Aufgabe, Kompetenz und Verantwortung so auszulegen, daß ein Geschäftsvorfall und eine ergebniskontrollierbare Leistungsprozeßkette durch eine Person/Instanz wirksam beherrscht gesteuert werden kann. Diese objektorientierte Strukturierung von Aufgaben, Kompetenz und Verantwortung ist orientiert an dem Prinzip einer ganzheitlichen Vorgangsbearbeitung. Durch diese Organisationsgestaltung wird unternehmerisches Denken gefordert und gefördert. Es geht darum, Verantwortung für ein nachvollziehbares Arbeitsergebnis transparent zu machen. Dazu bedarf es einer Lenkungskompetenz des funktionsverantwortlichen Managers nach den Steuerungsprinzipien des Cost-Centers, des Profit-Centers – bzw. einer Orientierung am Zero-Base-Budgeting-Prinzip.

Verantwortungsübernahme für eine ganzheitliche Vorgangsbearbeitung im Rahmen einer objektorientierten Strukturierung heißt auch, die fachliche Zuständigkeit mit der Verantwortung für Kosten und Leistungseffizienz eines Konzepts zwingend zu koppeln. Eine Trennung von fachlicher Verantwortung und Verantwortung für die Vergabe von Finanzmitteln, die zur Umsetzung eines Fachkonzepts erforderlich sind, führt in der Regel zu zwei negativen Konsequenzen:

- Das fachliche Ergebnis einer fachverantwortlichen Stelle wird durch die Mittel bewilligende Stelle (Controlling) fachlich nochmals „nachvollzogen", was erhebliche Doppelarbeit bedeutet und zu
- Verzögerungen in der Umsetzung eines zweckmäßigen Fachkonzepts führt.

Eine Aufgaben- und Verantwortungsverteilung kann wie folgt (siehe auch die Abbildungen 9 und 10) vorgenommen werden:

1) Nutzer
   - Präzise Problemdarstellung
   - Mitwirken bei der gemeinsamen Festlegung der Projektziele
   - Mitwirken bei der bedarfsgerechten und wirtschaftlichen Entwicklung des organisatorischen Fachkonzepts
   - Realisierung eines gemeinsam verabschiedeten Org.-/DV-Konzepts.
2) Organisation und Datenverarbeitung (Org./DV) nimmt mehrere Funktionen ein:
2.1) Projektbegleitendes Org.-/DV-Controlling
   - Sicherstellen einer entscheidungsorientierten Wirtschaftlichkeitsrechnung
   - Sicherstellung eines aussagefähigen Berichtswesens
   - Betriebswirtschaftliche Beratung des Projektmanagements
   - Durchführung einer IV-Wertanalyse im Sinne einer „Einkaufs-Preis-Analyse" in Verbindung mit einer entsprechenden Priorisierung von Org.-/DV-Vorhaben auf Basis geeigneter Beurteilungskriterien (vgl. Abb. 11 und Abb. 12).
2.2) Org.-/DV-Projektleitung
   - Sicherstellen eines bedarfsgerechten und wirtschaftlichen organisatorischen Fachkonzepts (unter Beachtung einer wertanalytischen und wertschöpfungsorientierten Vorgehensweise)

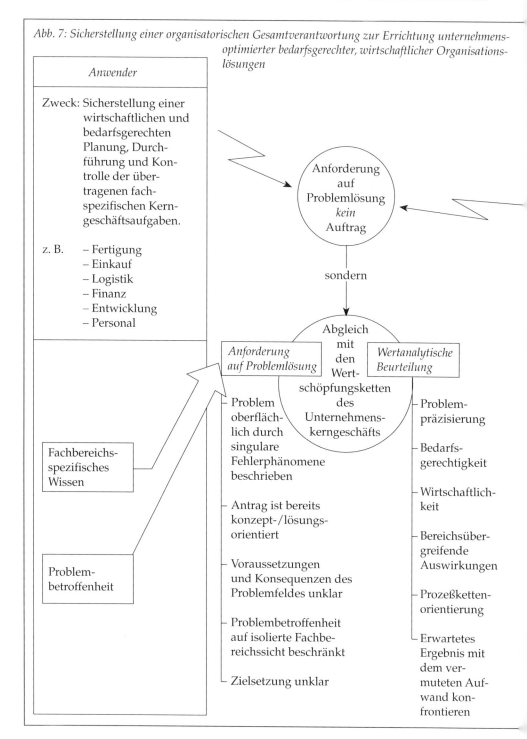

Abb. 7: Sicherstellung einer organisatorischen Gesamtverantwortung zur Errichtung unternehmensoptimierter bedarfsgerechter, wirtschaftlicher Organisationslösungen

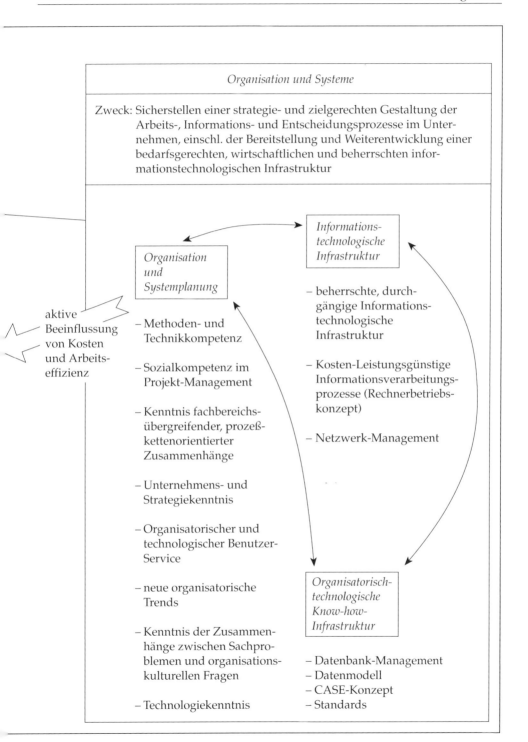

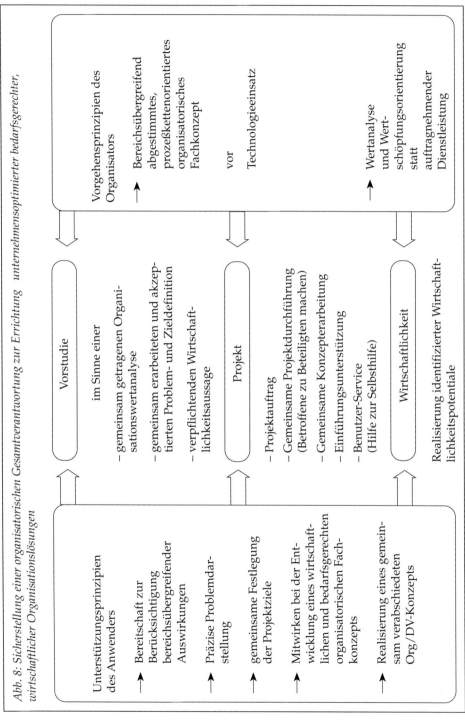

Abb. 8: Sicherstellung einer organisatorischen Gesamtverantwortung zur Errichtung unternehmensoptimierter bedarfsgerechter, wirtschaftlicher Organisationslösungen

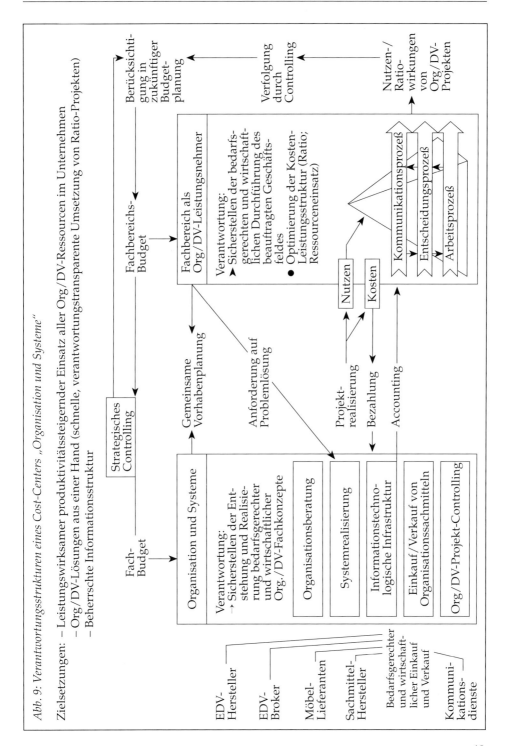

Abb. 9: *Verantwortungsstrukturen eines Cost-Centers „Organisation und Systeme"*

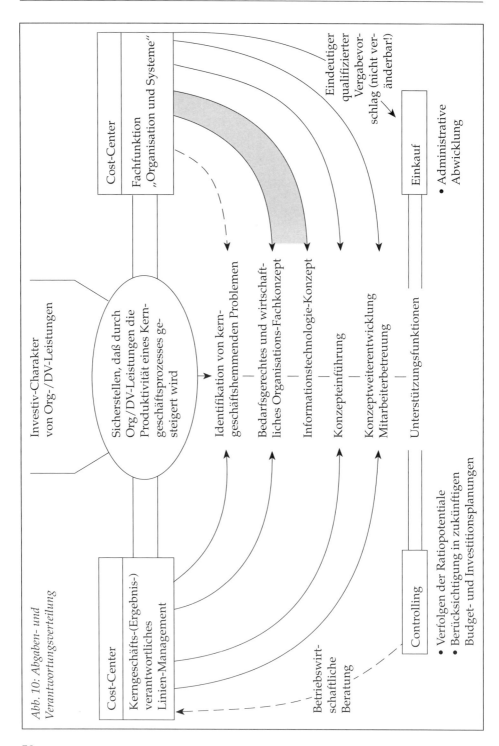

Abb. 10: Abgaben- und Verantwortungsverteilung

Abb. 11: Beurteilung/Priorisierung von Org/DV-Vorhaben

Projekt-Kategorie	Priorisierungskriterien
Strategische Projekte	– Wettbewerbsvorteile (Kundennutzen, Qualitätsverbesserung) – Kostensenkungseffekte (Kostenstruktureffekte) – Nutzen-Scenario – Unterstützung strategischer Ziele – Erfüllung strategischer Planungsprämissen – Risiko bei Nichtdurchführung – Organisationsplanung (verabschiedete Org/DV-Architektur)
Rationalisierungsprojekte	– Nutzen-Kosten-Relation – Return on Investment/Rückflußzeit – Organisationsplanung

Unvermeidbare Projekte	– Bedarfszeitpunkt
	  – Gesetz
	  – Betriebsvereinbarung
	  – Strategische Reorganisation

Prozeßketten-Projekte	– Zeitverkürzung – Wirtschaftlichkeit – Effizienzsteigerung – Organisationsplanung

2.3) Zentrales Controlling
- strategisches Controlling; betriebswirtschaftliche Beratung
- Steuerung der Umsetzung eines Projektergebnisses, insbesondere Realisierung der angegebenen Wirtschaftlichkeitspotentiale sowie Überwachung in den jeweiligen Jahresbudgets
- Vorgabe von Wirtschaftlichkeitskriterien, Berechnungsmethoden, Bewertungsverfahren etc.

2.4) Einkauf
- Sicherstellung einer reibungslosen administrativen Abwicklung des Beschaffungsvorgangs aufgrund eines durch die Org.-/DV-Fachabteilung erarbeiteten Projektergebnisses. Dabei ist zu beachten, daß aufgrund der Spezialität des Beschaffungsobjekts Org.-/DV die inhaltliche Einkaufsaktivität durch die Fachabteilung Org.-/DV erfolgt, während die damit in Verbindung stehende administrative und finanzwirtschaftliche Abwicklung über die Einkaufsfunktion abgewickelt wird.

Auf diese Weise ergibt sich auch eine gewisse „Gewaltenteilung" („Vier-Augen-Prinzip") zwischen verschiedenen Fachfunktionen.

7. Steuerung der Leistungsbeziehungen zwischen Cost-Center und Controlling-Philosophie

Ziel ist es, die unterschiedlichen Leistungsprozesse in einem Unternehmen durch konsequente Orientierung an deren Nutzen- und Wirtschaftlichkeitseffekten zu steuern. Daher müssen in der Praxis unterschiedliche Verrechnungsprinzipien in Kombination zur Anwendung kommen. Auf diese Weise können produktive, konsumptive und sogenannte investive Leistungsprozesse vergleichbar gemacht und gesteuert werden (vgl. Abb. 13).

1) Die Entstehung einer Leistung wird beim Leistungsgeber auf Zweckmäßigkeit aus Unternehmenssicht sowie Wirtschaftlichkeit (z. B. durch „Wettbewerbsvergleich") laufend überprüft.
2) Die Verwendung einer Leistung ist beim Leistungsnehmer auf Zweckmäßigkeit (Beitrag zur Unterstützung eines Kerngeschäfts) und auf Wirtschaftlichkeitseffekte zu kontrollieren.
3) Eine verursachungsorientierte Verrechnung erfolgt bei eindeutigen, entscheidungsbeeinflußbaren Auftrags-Leistungs-Beziehungen (z. B. Einkauf von Fremdleistungen, Beauftragung der Org.-/DV usw.).

Abb. 12: Priorisierungskriterien für Org/DV-Vorhaben (Auszug)

Rangfolge 1

→ Org/DV-Systeme zur Erfüllung von Änderungen durch Gesetz, Tarifvertrag, Betriebsvereinbarung

→ IST-Vorhaben, die Bestandteil von Investitionen sind und deren Wirtschaftlichkeit über genehmigte Bewilligungsanträge nachgewiesen wurde

→ Wartung produktiver Systeme /(Funktionalitätsfortschreibung) deren weitere Nutzung wertanalytisch auf Basis einer Organisationsplanung nachgewiesen ist:
○→ Kerngeschäftssysteme (drohende Produktionsverluste)
○→ Finanzsysteme (gesetzliche Auflagen)
vor
○→ Administrationssysteme

→ Strategische Projekte mit nachweisbaren Wirkungen bzgl. Ergebnis, Effizienzsteigerung (z. B. Projekt-Management-System; Unternehmensdatenmodell, Kundennutzen. Nachweis durch Target Costing.

Rangfolge 2

→ Org/DV-Lösungen, durch die die Kerngeschäftsprozesse (Produktentwicklung, Auftragsabwicklung, technische Änderungen)
○ zeitlich verkürzt werden
○ die Produktqualität (gemäß Klassenanspruch) verbessert wird
Nachweis durch Target Costing und Prozeßkostenrechnung.

→ Org/DV-Lösungen mit nachweisbarem Kundennutzen

→ Org/DV-Lösungen mit transparenten Kosten-Nutzen-Effekten.

Rangfolge 3

Aus der Abb. 13 „Cost-Center-Organisation und Controlling-Konzept" sind die drei grundsätzlichen Controlling-Kreise zu ersehen:

- Controlling der Leistungsentstehung
- entscheidungsorientiertes Controlling der durch den Cost-Center-Leiter beeinflußbaren Kosten
- begleitendes Controlling der Leistungsverursachung.

Cost-Center können je nach Spezialität ihrer Leistungsprozesse durch unterschiedliche Kennzahlen gesteuert bzw. überprüft werden (z. B. Kostenproduktivität pro theoretische Fertigungseinheit; Arbeitsproduktivität; Direktläuferquote; Anlagennutzungsgrad; Beschäftigungsgrad; Auftragsreichweite usw.).

8. Organisationsbezogene Charakteristika des Cost-Center-Prinzips: Kompetenz und Verantwortung (vgl. Abb. 14)

1) Ein Cost-Center ist zuständig für die kostenoptimale Leistungserbringung für ein eindeutig nachvollziehbares Arbeitsergebnis auf Basis einer eindeutig definierten Input-Leistung, und zwar durch Steuerung aller (bzw. der wichtigsten) für den unmittelbaren Leistungserstellungs-Prozeß benötigten Ressourcen (Produktionsfaktoren): Personal, Betriebsmittel, Werkstoffe, Information.
2) Es erfolgt eine Dezentralisation der Entscheidungskompetenzen für
    - Ressourcen und deren Substitutionsbeziehungen,
    - Organisation der Arbeitsprozesse,
    - Personalmanagement.
3) Der Cost-Center-Leiter trägt die Verantwortung für
    - beeinflußbare Kosten,
    - Technik, Termine und Qualität (qualitative Leistungsvorgabe) im Sinn eines vereinbarten/beauftragten Arbeitsergebnisses,
    - Inhalt und Organisation der relevanten Arbeits-, Informations- und Entscheidungsprozesse,
    - Wirkweite von Entscheidungen für: Mitarbeiter, Unternehmen, Ergebnis, Ökologie.
4) Cost-Center-Prinzip heißt: Steuerung der Ressourcen durch unternehmerisches Denken auf Basis von Motivation. Motivation entsteht im wesentlichen durch Identifikation mit einem durch eigene Entscheidungen erreichbaren Arbeitsergebnis.
5) Die Cost-Center-Idee entwickelt als Steuerungs- und Organisationskonzept ihre volle Leistungsfähigkeit erst unter folgenden organisatorischen sowie personalpolitischen Voraussetzungen:
    - objektorientierte (d. h. vorgangsganzheitliche) Aufbauorganisation

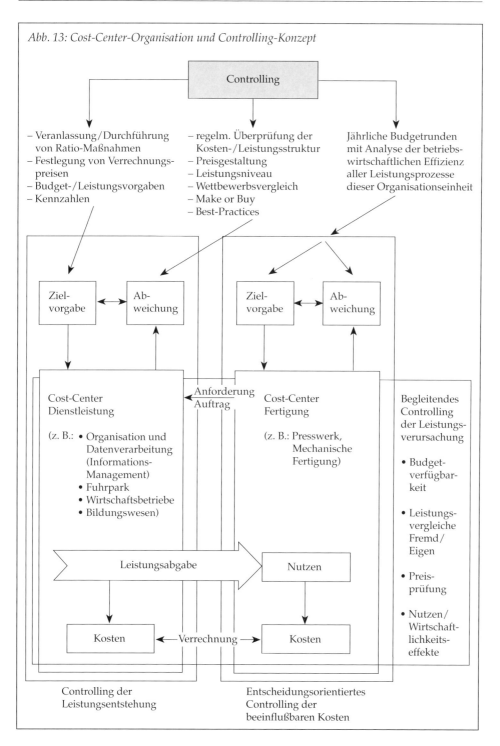

Abb. 13: Cost-Center-Organisation und Controlling-Konzept

- Steuerungsprinzip: „Verantwortung" und „Motivation"
- ein Anreiz-Beitrags-System, das Verantwortungsübernahme, Initiative, Kostenbewußtsein, Innovation, Selbständigkeit usw. als Verhaltensweisen belohnt.

9. Controllingbezogene Charakteristika (vgl. Abb. 15)

1) Abgeleitet aus den organisatorischen Charakteristika gilt das Prinzip der Kongruenz von Kostenentstehungsverantwortung und Leistungserstellungsverantwortung.
2) Dieses Prinzip bedingt eine strenge Trennung von beeinflußbaren (leistungswirksamen) Kosten und nichtbeeinflußbaren Kosten.
3) Das Cost-Center-Prinzip erfordert eine Verrechnungssystematik, die
   - grundsätzlich frei ist von Kostenumlagen, die seitens des Cost-Center-Verantwortlichen nicht beeinflußbar sind; Umlagen sollten grundsätzlich nur von solchen Leistungen verursachungsgerecht belastet werden, die vom Cost-Center zur Durchführung dessen Kerngeschäfts beansprucht werden;
   - den Wertschöpfungsprozeß innerhalb eines Cost-Centers transparent macht;
   - den Cost-Center-Output als Kostenträger erfaßt;
   - Make-or-buy-Entscheidungen fundiert;
   - den Vorleistungs-Input qualitativ und quantitativ als Arbeitsbasis für das Cost-Center festlegt.
4) Im Fall des „unechten" Cost-Centers erfolgt die Steuerung konsumptiver (Dienstleistungs-)Leistungsprozesse durch Vorgabe von
   - Budget und
   - qualitativem Leistungslastenheft

   zum Teil auf der Basis des Zero-Base-Organization-Prinzips:
   Budget-Leistungs-Kosten-Konflikte (Leistungskapazität des Cost-Centers ist geringer als die Leistungsanforderungen durch Dritte) werden dann grundsätzlich auf derjenigen Führungsebene ausgetragen, die den qualitativen Leistungsumfang des Cost-Centers aus Unternehmenssicht dotieren kann.
5) Die Steuerung nach dem Cost-Center-Prinzip erfordert ein Kennzahlen-System, das den Wertschöpfungsprozeß in einem Cost-Center durch Kosten-Wirksamkeits-Relationen abbildet und damit als entscheidungsorientiertes Steuerungsinstrument vom Cost-Center-Leiter sowie von einer Unternehmensleitung (Zentrales Controlling) eingesetzt werden kann.
6) Das Kennzahlen-System muß für Leistungsvergleiche tauglich sein und auf echten Leistungseinheiten basieren (z. B. Preßteil Kotflügel; Org.-/DV-Problemlösung mit entsprechendem Nutzen- bzw. Wirtschaftlichkeitsnachweis; Kosten je gefahrenen Kilometer im Fuhrpark; usw.).

Abb. 14: Entscheidungs- und Verantwortungsstruktur im Cost-Center

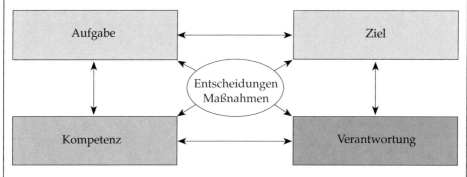

→ Nach Inhalt und Ergebnis eindeutig beschreibbares Tätigkeitsfeld einschließlich der zur Ergebniserreichung erforderlichen Arbeits-, Informations- und Entscheidungsprozesse

→ Angestrebtes Ergebnis, das nach
– Inhalt (was?)
– Ausmaß (wieviel?)
– zeitlichem Bezug (bis wann?)
charakterisiert ist.

→ Ressourcensteuerung
– Personal
– Betriebsmittel
– Werkstoffe
– Information
→ Organisation der Arbeitsprozesse
→ Personal-Management
→ Entscheidungen zur unmittelbaren Herbeiführung des beauftragten Arbeitsergebnisses

→ beeinflußbare Kosten
→ Termine
→ Qualität
→ Beherrschung des Arbeitsprozesses
→ eindeutiges Arbeitsergebnis
→ Wirkweite einer Entscheidung für
– Mitarbeiter
– Ergebnis
– Ökologie
→ Reversibilität (Aufwand, Fristigkeit)

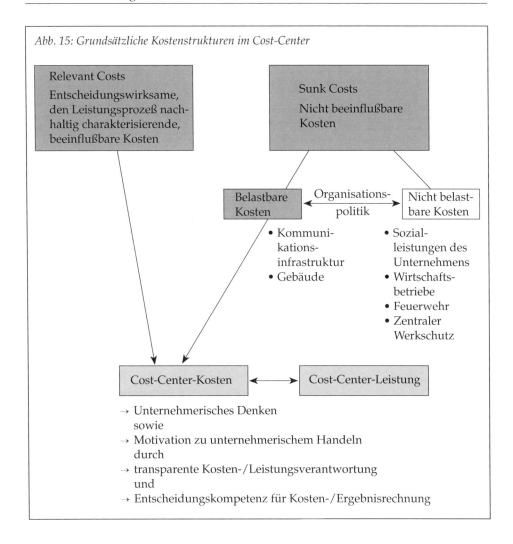

Abb. 15: Grundsätzliche Kostenstrukturen im Cost-Center

10. Schlußgedanke

Die Cost-Center-Organisation darf keinesfalls unternehmensweite Suboptimierungen bewirken.

Cost-Center heißt, unternehmerisches Denken in überschaubaren Organisationseinheiten ergebniswirksam umzusetzen.

Cost-Center heißt nicht, kleine Unternehmen im Unternehmen unter Bedingungen des freien Marktes zu etablieren; dies würde nach aller Erfahrung Doppelarbeit hervorbringen und zu destruktiver Konkurrenz animieren.

Die Cost-Center-Organisation darf nicht zum Selbstzweck degenerieren. Daher ist in der Unternehmenspraxis strikt darauf zu achten, daß nur dort Cost-Center entstehen, wo mit deren Einführung nachweisbare Nutzeffekte entstehen (z. B. Transparenz bzgl. der Kostenstrukturen, Schaffung eindeutiger Verantwortungs- und Kompetenzmuster, Herstellen eines qualifizierten Entscheidungsmusters, Herstellen einer qualifizierten Entscheidungsbasis, schnellere Bearbeitungszeiten durch Konzentration auf die Erfolgsfaktoren eines Geschäftsvorfalls, etc.; vgl. auch Abb. 16, in der schematisch der grundsätzliche Nutzen einer Cost-Center-Organisation dargestellt ist: Transparenz-Management durch Cost-Center).

Anmerkung

Ausführliche Darstellungen der Themenschwerpunkte „Organisatorische Steuerungsprinzipien", „Organisation der Organisationsarbeit", „Informations-Management", „Megatrends der Organisationsgestaltung", etc. finden sich in dem Sammelband:

WILFRIED VON EIFF (Hrsg.) (1991), Organisation. Erfolgsfaktor der Unternehmensführung. Landsberg/Lech. 1991.

Literatur

BLEICHER, K. (1981), Organisation. Formen und Modelle, Wiesbaden 1981.
PETERS, T. (1988), Kreatives Chaos. Die neue Management-Praxis, Hamburg 1988 (insbesondere Teil VI, Steuerung durch Kennziffern).
SCHUHMACHER, E. F. (1983), Die Rückkehr zum menschlichen Maß. Alternativen für Wirtschaft und Technik: „Small is Beautiful", Reinbek bei Hamburg. 1983.

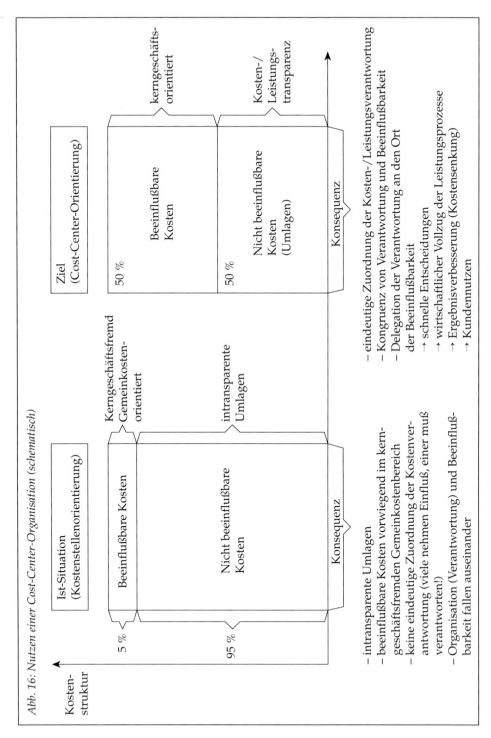

Abb. 16: Nutzen einer Cost-Center-Organisation (schematisch)

Kostenmanagement
im Bereich Fertigung und Informationswesen

von

Hans-Peter Rau

Gliederung

1. Einleitung
2. Die Unternehmung
3. Kostenmanagement in der Fertigung
3.1 Die klassische Kostenkontrolle und ihre Schwachstellen
3.1.1 Ergebnisaussage
3.1.2 Homogene Kostenstruktur
3.1.3 Kennzahlenanalyse
3.1.4 Engpaßbetrachtung
3.1.5 Gesamtkritik an der klassischen Kostenkontrolle
3.2 Ergänzende Überlegungen zur Kostenplanung
3.3 Investitionskonzepte statt -vorhaben
3.4 Die zeitliche Realisierung
3.5 Die ergebnisorientierte Betrachtung
4. Die EDV als notwendiger Dienstleistungsbereich
4.1 Das EDV-Konzept
4.2 Die Konzeptdurchführung
5. Schlußbetrachtung
Literatur

1. Einleitung

Grundlage für ein effektives Kostenmanagement in allen Bereichen einer Unternehmung ist die Erarbeitung und anspruchsvolle Festlegung eines Planwertes, der dann in zumeist monatlichen Soll-Ist-Vergleichen als Ziel- und Steuerungsgröße herangezogen wird. Für die Ermittlung dieser Planwerte stehen verschiedene Verfahren zur Verfügung:

Die analytische Kostenplanung (vgl. KILGER 1981, PLAUT 1953 und 1976), die Gemeinkostenwertanalyse (vgl. HUBER 1987, ROEVER 1980), die Systemanalyse (vgl. POSSELT 1986, WEDEKIND 1973, KOSIOL 1968) und Zero-Base-Budgeting (vgl. MEYER-PIENING 1987), um nur einige zu nennen.

Am praktischen Beispiel einer Unternehmung will dieser Beitrag erläutern, wie Elemente der genannten Verfahren umgesetzt werden, welche Schwächen sie haben und wie diese durch Methoden von Activity Based Costing (vgl. HORVÁTH/MAYER 1989, JOHNSON u. a. 1991) gemindert werden können.

2. Die Unternehmung

Zum Verständnis der dargestellten Methoden ist die Kenntnis der den Ausführungen zugrundeliegenden Unternehmung, ihrer Strukturen und Abläufe erforderlich. Sie soll daher kurz dargestellt werden.

Die Krupp MaK Maschinenbau GmbH in Kiel erzielt in den Sparten Motorenbau, Wehrtechnik und Verkehrstechnik mit ca. 3000 Mitarbeitern einen Jahresumsatz von 800 Mio. DM im Investitionsgüterbereich. Bei der weitgehend produktbezogenen, dezentralen Organisationsform ist die Führung und Steuerung des Unternehmens nur mit Hilfe einer starken EDV-Unterstützung möglich. Dies gilt insbesondere für das Controlling mit seinem Informations- und Berichtswesen. Wie diese notwendigen EDV-Dienstleistungen betriebswirtschaftlich optimiert werden können, soll am Beispiel der Krupp MaK im Kapitel 4 dargestellt werden.

Die Fertigung der Krupp MaK leistet pro Jahr etwa 2 Mio. Produktionsstunden bei einem Gemeinkostenanfall von rd. 125 Mio. DM. Trotz dezentraler Organisation werden durch ein aufwendiges Produktionsplanungs- und Steuerungsinstrumentarium Synergien zwischen den einzelnen Produktgruppen optimal genutzt. Alle Funktionen, wie Produktionsplanung und -steuerung mit Betriebsdatenerfassung, Materialwirtschaft, Lohn- und Gleitzeitabrechnung, Kapazitätsbelastung und -abgleich, Steuerung von autonomen Fertigungsinseln, Einbindung der Qualitätssicherung usw. werden von integrierten Software-Lösungen datenmaschinell unterstützt, wobei die entsprechenden Informationen aus den vorgelagerten Entwicklungs-, Konstruktions-, Vertriebs- und Projektabwicklungsbereichen ständig eingebunden sind.

Die wirtschaftliche Steuerung dieses Kernbereichs, dem mehr als ein Drittel des Gesamtpersonals und 50 % der Gesamtgemeinkosten des Unternehmens zuzurechnen sind, stellt sehr hohe Anforderungen an das Controlling. Lösungsansätze sollen beispielhaft in den folgenden Kapiteln vorgestellt werden.

3. Kostenmanagement in der Fertigung

3.1 Die klassische Kostenkontrolle und ihre Schwachstellen

Besonders in Fertigungsbereichen wird Kostenmanagement meistens eingeschränkt in Form der reinen Kostenkontrolle wahrgenommen. Aus der Auftragseingangs- und Umsatzplanung sowie der daraus abgeleiteten Produktionsplanung werden Planbezugsgrößen für die einzelnen Kostenstellen oder Maschinengruppen errechnet und anschließend analytisch oder als Fortschreibung von Erfahrungswerten aus der Vergangenheit die zugehörigen Kostenpläne erstellt. Flexibilisiert man dieses Vorgehen durch die Systematik einer Grenzkostenrechnung, so sind die Voraussetzungen geschaffen für einen monatlichen Soll-Ist-Kostenvergleich mit automatisierbaren Analysen hinsichtlich

– Beschäftigungsabweichungen,
– Verbrauchsabweichungen und
– Preisabweichungen incl. Tarifabweichungen,

die dann Ausgangspunkt für die Durchsprachen mit den Kostenstellenverantwortlichen sind (Abb. 1).

3.1.1 Ergebnisaussage

Dieses Vorgehen läßt eine Reihe von wichtigen Fragen unbeantwortet und führt Vergleiche durch, die zu wirtschaftlichen Fehlschlüssen führen können. So wird z. B. bei dieser einseitigen Kostenbetrachtung bei Unterschreitung der Planbezugsgröße und gleichzeitig gegenüber den Soll-Kosten um d V geringerem Kostenanfall ein positives Bild der Kostenstelle gezeigt. Faktisch liegt durch ungedeckte Fixkosten d FKD ein Ergebnisproblem von d FKD-d V vor (vgl. Abb. 1).

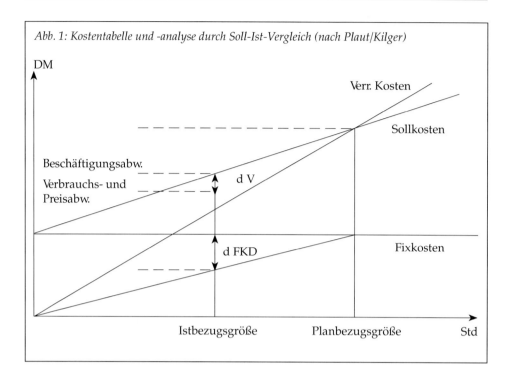

Abb. 1: Kostentabelle und -analyse durch Soll-Ist-Vergleich (nach Plaut/Kilger)

3.1.2 Homogene Kostenstruktur

Ein weiteres systemimmanentes Problem der flexiblen Plankostenrechnung ergibt sich daraus, daß vereinfachend unterstellt wird, daß alle geleisteten Bezugsgrößeneinheiten einer Kostenstelle eine homogene Kostenstruktur besitzen. Dies ist zwar theoretisch erreichbar, faktisch aber mit einem so hohen Aufwand bei der Planung und der monatlichen Ist-Daten-Erfassung verbunden, daß in der Praxis häufig gegen diese Prämisse der Kostenrechnung verstoßen wird. Die sich hieraus ergebenden Fehleinschätzungen sollen am Beispiel einer Fertigungs-Kostenstelle dargestellt werden (vgl. hierzu Abb. 2).

Auf einer NC-Kostenstelle werden im Jahr 2400 Produkte gefertigt, von denen 1200 eine Lebensdauer von 4 Jahren, 800 Produkte eine Lebensdauer von 2 Jahren haben und 400 nur einmalig gefertigt werden. Unterstellt man, daß jedes Produkt nur einmal im Jahr hergestellt wird und die Fertigungszeit pro Produkt genau eine Stunde in dieser Kostenstelle beträgt, so ermittelt sich daraus die dargestellte Maschinenlaufzeitverteilung nach den drei Produktgruppen pro Jahr. Geht man ferner davon aus, daß die Erstellung eines NC-Programms für diese Maschine eine Stunde dauert, so ergibt sich folgende Inanspruchnahme der Abteilung NC-Programmierung durch die einzelnen Produktgruppen:

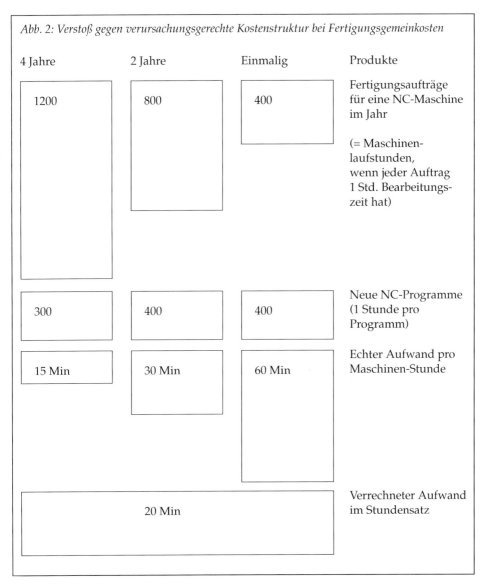

Abb. 2: Verstoß gegen verursachungsgerechte Kostenstruktur bei Fertigungsgemeinkosten

Für die 1200 Produkte mit einer Lebensdauer von 4 Jahren wird im Durchschnitt pro Jahr nur ein Viertel erneuert, so daß 300 NC-Programme jährlich neu erstellt werden müssen. Bei den Produkten mit einer Lebensdauer von 2 Jahren sind es entsprechend 400, ebenso wie bei den Einmalprodukten in diesem Beispiel. Der echte NC-Programmieraufwand pro NC-Maschinenlaufstunde liegt also bei der ersten Produktkategorie bei 15 Minuten, bei der zweiten bei 30 Minuten und bei den Einmalprodukten bei 60 Minuten. Da in der Kostenrechnung jedoch die Hilfsstelle NC-Programmierung in der Regel als gleichmäßiger Zuschlag pro geleisteter

Fertigungsstunde der zugeordneten NC-Maschinen weiterverrechnet wird, berücksichtigt die Kostenrechnung in unserem Beispiel im Maschinenstundensatz einen durchschnittlichen Anteil von 20 Minuten NC-Programmierung. Dies führt dazu, daß die Kostenrechnung ganz offensichtlich Dauerserien-Produkte zu hoch belastet, während andererseits Varianten, denn darum handelt es sich meistens bei Einmalprodukten, viel zu gut dargestellt werden. Hieraus können sich gravierende Fehlentscheidungen bei der Preispolitik ergeben.

3.1.3 Kennzahlenanalyse

Auch abgeleitete Kennzahlen aus der Kostenrechnung, die meistens im statistischen Teil des monatlichen Berichtswesens einer Unternehmung zu finden sind, verursachen häufig Fehlinterpretationen. So ist beispielsweise für jeden einsehbar, daß Rationalisierungsinvestitionen üblicherweise zu einem Anstieg bei den Maschinenstundensätzen bzw. Fertigungsgemeinkosten führen, und der positive Effekt einer solchen Maßnahme durch die dann verkürzten Bearbeitungszeiten erst bei den Stückkosten deutlich werden kann. Trotz dieser Erkenntnis finden in Unternehmungen immer wieder Gespräche statt, in denen die Fertigungsleitung verteidigen muß, weshalb der durchschnittliche Fertigungsgemeinkostensatz schon wieder gestiegen ist.

Auch komplexere Meßdaten, wie z. B. die Stückkosten, bei denen man im Gegensatz zu den Fertigungsgemeinkostensätzen von einer wirtschaftlichen Aussagekraft ausgehen kann, können in die Irre leiten. Ergibt sich aus der Absatzplanung einer Unternehmung für die Fertigung die Vorgabe, daß sie unterhalb der wirtschaftlich festgelegten Losgröße produzieren muß, so ist damit zwangsläufig eine Erhöhung der Stückkosten für dieses Produkt verbunden. Diese Auswirkung ist planbar und kann als nicht von der Fertigung verursachte Abweichung dargestellt werden. Die Erfahrung zeigt jedoch, daß die Fertigung häufig nach dem Motto „Irgendwann werden die Produkte ja doch gebraucht" unverändert auf der alten Losgröße beharrt oder sogar aus Sicht der Auslastung optimiert und die Stückkostenentwicklung dadurch stabil bleibt. Die daraus resultierenden Probleme ergeben sich dann später in anderen Verantwortungsbereichen, ohne daß sie da verursacht wurden, und finden sich wieder unter den Titeln: Entwicklung der Bestände, Erhöhung der Mittelbindung, Anstieg der pauschalen Wertberichtungen auf Bestände oder sogar Verschrottungen (vgl. Abb. 3).

Abb. 3: Fehlende Aussagekraft von abgeleiteten Kennzahlen am Beispiel der Stückkosten

Annahme: 1 Bauteil, welches nur und ausschließlich auf einer Werkzeugmaschine bearbeitet wird

	Bisherige Situation	Sollzustand nach Auftragslage	Istproduktion
Teile pro Monat	140	120	150
Fertigungsstd.	1 400	1 200	1 500
Material	14 000	12 000	15 000
Fertigungslohn	25 200	21 600	27 000
F G K	95 760	94 610	98 550
in %	380 %	438 %	365 %
Gesamtkosten	134 960	128 210	140 550
Stückkosten	964	1 068	937

3.1.4 Engpaßbetrachtung

Eine weitere Einschränkung der Aussagekraft ergibt sich bei der reinen Kostenkontrolle daraus, daß alle Kostenstellen gleich behandelt werden, also beispielsweise nicht zwischen Engpaß- und Nichtengpaßmaschinen unterschieden wird. Welche Fehleinschätzung sich hieraus ergibt, soll am folgenden Beispiel erläutert werden (vgl. hierzu Abb. 4). Als Ausgangssituation wird eine Fabrik betrachtet, in der 230 000 Fertigungsstunden geleistet werden. Davon entfallen 120 000 Fertigungsstunden auf Produkte, die den Engpaß nicht durchlaufen. Weitere 100 000 Fertigungsstunden werden ebenfalls auf Nichtengpaßmaschinen für Produkte geleistet, bei deren Herstellung zusätzlich 10 000 Fertigungsstunden dieser Engpaßmaschine benötigt werden. Die Kostenplanung ergab für die nicht Engpaß-vorgelagerten Maschinen einen Fertigungslohn von 2,16 Mio. DM und Fertigungsgemeinkosten von 7,56 Mio. DM. Die Verrechnungssätze dieser Kostenstellen wurden so festgelegt, daß die Gemeinkostenverrechnung auch 7,56 Mio. DM beträgt. Es wird also genau eine Gemeinkostendeckung erreicht. Für die anderen beiden Maschinengruppen wurden entsprechende Voraussetzungen geschaffen.

Wegen höherer Absatzmöglichkeiten für die Produkte, die auch auf der Engpaßmaschine gefertigt werden, soll untersucht werden, welche Ergebnisveränderung sich ergibt, wenn die Kapazität an der Engpaßmaschine um 20 % erhöht wird.

Die reine Betrachtung der Engpaßmaschine führt dabei zu folgendem Ergebnis: Die Fertigungsstunden steigen auf 12 000, der Fertigungslohn proportional auf

216 000 DM und, bei unveränderten Verrechnungssätzen, erhöht sich die Gemeinkostenverrechnung um 144 TDM auf 864 TDM. Anscheinend kann also ein Fertigungsgemeinkostenanstieg von bis zu 144 TDM im Rahmen der Kapazitätserweiterung hingenommen werden, ohne daß sich das Bereichsergebnis der Fertigung verschlechtert.

Abb. 4: Keine Berücksichtigung von Engpässen

Ausgangssituation			
Werte in TDM	Engpaßvorgelagert		Engpaß-maschine
	Nein	Ja	
Fertigungsstunden	120 000	100 000	10 000
Fertigungslohn	2 160	1 800	180
Fertigungsgemeinkosten	7 560	6 300	720
Gemeinkostenverr.	7 560	6 300	720
Deckungsabweichung	0	0	0

Nach Maßnahmen am Engpaß			
Werte in TDM	Engpaßvorgelagert		Engpaß-maschine
	Nein	Ja	
Fertigungsstunden	120 000	120 000	12 000
Fertigungslohn	2 160	2 160	216
Fertigungsgemeinkosten	7 560	6 300	720
Gemeinkostenverr.	7 560	7 560	864
Deckungsabweichung	0	0	0

Tatsächlich ist jedoch der gesamte Fertigungsprozeß zu betrachten, also auch die Entwicklung bei den engpaßvorgelagerten Bereichen. Hier muß bei gleicher Produktstruktur ebenfalls von einem Fertigungsstundenanstieg um 20 % auf 120 000 Fertigungsstunden ausgegangen werden. Dies führt dort zu einem Anstieg des Fertigungslohns auf 2,16 Mio. DM und zu einer Erhöhung der Gemeinkostenverrechnung um 1,26 Mio. DM. Da diese Stellen bisher keine Engpässe waren und bei der relativ geringen Kapazitätserhöhung auch bleiben werden, sind hier kaum zusätzliche Maßnahmen und damit zusätzliche Kosten für diese Steigerung erforderlich. Nur die proportionalen Fertigungsgemeinkosten werden sich anteilig erhöhen. Dies bedeutet, daß sich dort ein relativ großer Anteil der zusätzlichen Gemeinkostenverrechnung von 1,26 Mio. DM nicht in einer Fertigungsgemeinkostenerhöhung niederschlagen wird und folglich zusätzlich für die notwendigen Maßnahmen an der Engpaßmaschine zur Verfügung steht. Es ist also davon auszugehen, daß auch bei erheblich höherem Kostenanstieg als die 144 TDM für die Kapazitätserweiterung der Engpaßmaschine zwar dort eine Gemeinkostenunterdeckung entsteht, jedoch unter Einbeziehung des positiven Effekts bei den vorgelagerten Kostenstellen insgesamt trotzdem eine Verbesserung des Betriebsergebnisses dadurch erzielt wird.

3.1.5 Gesamtkritik an der klassischen Kostenkontrolle

Als Fazit sind also folgende Probleme und fehlende Aussagen des Soll-Ist-Vergleiches festzustellen: Er enthält

- eine einseitige Kostenbetrachtung ohne direkte Ergebnisauswirkung
- eine Aussage, ob wichtige Planungsvoraussetzungen geprüft wurden wie:
  - Sind die errechneten Planbezugsgrößen wirtschaftlich akzeptabel?
  - Können Leistungen kostengünstiger vom Markt bezogen werden?
  - Können andere interne Stellen die benötigten Leistungen wirtschaftlicher erbringen?
  - Werden die geplanten Leistungen überhaupt benötigt?
  - Ist der zeitliche Ablauf aus Sicht der Liefertermine darstellbar?
- keine mittelfristigen Überlegungen, wie z. B.:
  - Ergeben sich aus der längerfristigen Betrachtung der benötigten Leistungskapazität einzelner Maschinen Probleme, die bereits jetzt andere Planungsansätze erzwingen?
  - Paßt die überschaubare Kapazitätsentwicklung in die Fertigungspolitik der nächsten Jahre, oder gibt es Handlungs- und Steuerungsbedarf?

Aus diesen Fragestellungen ergibt sich die Notwendigkeit zu einer sehr viel komplexeren Vorgehensweise bei der Fertigungsplanung, als sie unter reinen Kostenrechnungsgesichtspunkten praktiziert wird.

3.2 Ergänzende Überlegungen zur Kostenplanung

Ausgangspunkt für diese notwendigen, ergänzenden Überlegungen muß eine strategische Unternehmensplanung mit detaillierten, ggf. alternativen Ansätzen hinsichtlich der zukünftigen Produktentwicklung sein. Sie kann nach folgenden iterativem Grobschema erfolgen:

Hieraus kann dann anschließend der ermittelte Kapazitätsbedarf z. B. nach folgenden Wertigkeiten klassifiziert werden:

- Fertigungskapazität für Komponenten, Baugruppen oder Fertigprodukte, die zur Absicherung von Wettbewerbsvorteilen unbedingt in Eigenfertigung bleiben müssen
- Kapazität für Leistungen, bei denen Kostenvorteile gegenüber Fremdbezug oder Fertigungsverlagerung bestehen oder realisierbar sind
- Sonstige Leistungen mit potentieller Wahlmöglichkeit.

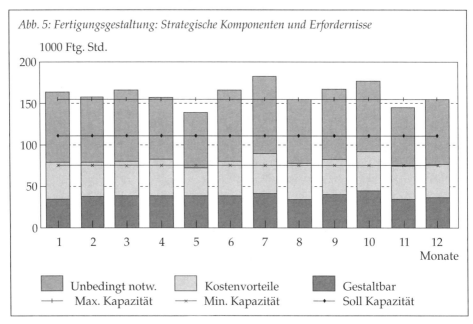

Abb. 5: Fertigungsgestaltung: Strategische Komponenten und Erfordernisse

Ergebnis dieser Überlegungen ist ein Überblick (Abb. 5), der gestaffelt die gestaltbare Bandbreite von unbedingt notwendiger Mindestkapazität zur Absicherung des Produkt-Know-hows bis hin zur auslastbaren Maximalkapazität darstellt, ohne daß zusätzliche Betrachtungen, wie weitere Hereinnahme von Fremdfertigung usw., dabei bisher berücksichtigt wurden. Im gezeigten Beispiel liegt die Mindestkapazität bei etwa 75 000 Fertigungsstunden im Monat, die mögliche Maximalkapazität, die nach Glättung kontinuierlich voll auslastbar ist, bei ca. 160 000 Stunden. Zwischen diesen Grenzwerten kann ein Unternehmen dann beispielsweise als Ziel die eingezeichnete Sollkapazität von 120 000 Fertigungsstunden pro Monat wählen.

Nach dieser Analyse müssen jetzt im nächsten Schritt interne Restriktionen und Zielsetzungen mit in die Betrachtung einbezogen werden. So muß zunächst geklärt werden, ob die technisch notwendige Kapazität überhaupt zur Verfügung steht oder verfügbar gemacht werden kann. Daneben ist die personelle Kapazität und Qualifikationsstruktur zu überprüfen. Dabei sind die festgelegten Arbeitszeiten und Regelungen hinsichtlich Schichtbetrieb und Überstunden mit zu berücksichtigen und ggf. zu ändern. Ferner muß festgestellt werden, ob Engpaßbereiche erkennbar werden, die zu wirtschaftlich unangemessenen, sprungfixen Kostenstrukturen führen. Bei der Feinabstimmung muß ferner festgestellt werden, ob es innerjährige Kapazitätsglättungsprobleme gibt, die zu einer anderen Einschätzung der Kostensituation einzelner Leistungsstellen führen.

Ergibt sich bei diesen Analysen die Notwendigkeit von Umstrukturierungen, so ist zu prüfen, ob die mittelfristig notwendigen Finanzmittel für Investitionen erbracht werden können oder bei personellen Problemen die notwendigen Qualifikationen auf dem Arbeitsmarkt zur Verfügung stehen. Entsprechendes gilt bei notwendigen Desinvestitionen oder bei der Frage, ob notwendige Personalabbaumaßnahmen unternehmenspolitisch vertretbar und durchsetzbar sind und wirtschaftlich aus Sicht der Einmalkosten verkraftet werden können.

Schließlich müssen die externen Gestaltungsmöglichkeiten geprüft werden. Können überhaupt abzubauende oder ohnehin überlastete Kapazitäten durch Fremdverlagerung oder Umstellung von Eigenfertigung auf Fremdbezug von ganzen Bauteilen oder -gruppen entlastet werden? Bleiben nach Auslastung der eigenen Produkte notwendig vorzuhaltende Kapazitäten frei, so muß die Auslastbarkeit durch Hereinnahme von Fremdaufträgen im Vorwege geprüft werden.

Diese ganzen Überlegungen führen schließlich zur Definition eines mittelfristigen Fertigungskonzeptes, welches Eckwerte für den Zeitraum einer operativen Drei-Jahres-Planung liefert und mit diesen kurzfristigen Anforderungen abgeglichen werden muß. Hieraus muß schließlich auch die Detailplanung des nächsten Jahres erfolgen, bei der dann ein viel höherer Feinheitsgrad erreicht werden muß.

3.3 Investitionskonzepte statt -vorhaben

Die vorgestellte komplexe Kostenplanung mit den sich daraus ergebenden Analysen und Steuerungsmöglichkeiten hat natürlich erhebliche Auswirkungen auf Entscheidungsabläufe bei anstehenden Investitionsvorhaben. Bei dieser Vorgehensweise kann es nicht mehr nur darum gehen, eine Maschinenbeschaffung durch Amortisations- und/oder Rentabilitätsrechnungen zu begründen.

Vielmehr muß aus Sicht aller geplanten Umfeldveränderungen der Nachweis erfolgen, daß die anstehenden Investitionsvorhaben notwendige und die wirtschaftlichsten Schritte sind, um den analysierten Soll-Zustand der Fertigung jeweils termingerecht zu erreichen. An die Stelle von Investitionsvorhaben treten dadurch Investitionskonzepte, über die zu entscheiden ist.

Diese Investitionskonzepte müssen folgende Voraussetzungen erfüllen:

- Strategischer Zielbezug muß vorhanden sein.
- Die Investitionsplanung muß mehrjährig erfolgen.
- Die gesamtheitliche Erfassung aller Unternehmensfunktionen muß gewährleistet sein.

Dadurch soll das Investitionskonzept die strategische Stoßrichtung von Investitionen mit Blick auf die Wettbewerber und die Kunden vor dem Hintergrund der eigenen Stärken und Schwächen aufzeigen. Stoßrichtung dabei kann z. B. das Erringen von Kostenvorteilen durch die Rationalisierung oder der Ausbau von Marktanteilen sein. Durch die Mehrjährigkeit und Stufigkeit der Planung wird gewährleistet, daß die einzelnen Etappen auf dem Weg zu dieser Zielerreichung vollständig geplant werden. Damit wird die Verbundwirkung der einzelnen Stufen bereits zu Beginn der Planung vollständig erfaßt. Durch die gesamtheitliche Erfassung aller Unternehmensfunktionen in einem Investitionskonzept werden die Investitionsvorhaben der einzelnen Bereiche im Hinblick auf das Investitionsziel schließlich abgestimmt. Durch diese Schritte kann eine Optimierung des Kapitaleinsatzes hinsichtlich der Wirtschaftlichkeit erfolgen.

Ein Investitionskonzept muß als zwangsläufige Folge dieses Vorgehens umfassend

- Alle Ziele benennen, die mit dem Kapitaleinsatz erreicht werden sollen und seine marktlichen, technischen und rentabilitätsmäßigen Auswirkungen erkennen lassen.
- Alle Prämissen, wie z. B. Preisansätze, Mengenauslastung usw. aufzeigen, unter denen es formuliert wurde und seine Gültigkeit besitzt.
- Alle Maßnahmen vollständig aufzeigen, mit denen diese Ziele erreicht werden sollen.
- Sämtliche Bereiche darstellen, in denen Maßnahmen ansetzen und Auswirkun-

gen zu erwarten sind. Hierzu gehören z. B. Analysen hinsichtlich Durchlaufzeit, Produktqualität, Produktionstechnologie, Informationswirtschaft, Personalvolumen und -qualifikation.
- Den Zeitpunkt der Zielerreichung aufzeigen und Meilensteine definieren. Hierbei sind insbesondere flankierende Maßnahmen, z. B. im Personalbereich, bei der Festlegung von Meilensteinen zu berücksichtigen. Bei Investitionskonzepten, deren Realisierungszeit mehr als 2 Jahre beträgt, sind Meilensteine festzulegen. Meilensteine sind zeitliche und inhaltliche Kontrollpunkte. Sie sollen sich an den Realisierungszeitpunkten der wesentlichen Bestandteile des Investitionskonzeptes orientieren.
- Schriftlich niedergelegt sein.

Solch ein Investitionskonzept kann in Ausnahmefällen nur aus einer einzigen Investitionsmaßnahme bestehen. Normalerweise beinhaltet es jedoch die Zusammenfassung von mehreren Vorhaben. Die Gesamtdarstellung eines solchen Investitionskonzeptes über die vollständige Realisierungszeit bezieht automatisch notwendige Ergänzungsinvestitionen mit ein, die zwangsläufig in späteren Planungsjahren erfolgen müssen. Dadurch wird sofort deutlich, welche Finanzmittel der Folgejahre bereits jetzt durch Entscheidungen gebunden werden und wie groß der eigentliche Handlungsspielraum bei vorgegebenem Gesamtinvestitionsbudget dieser Folgejahre noch ist (Abb. 6).

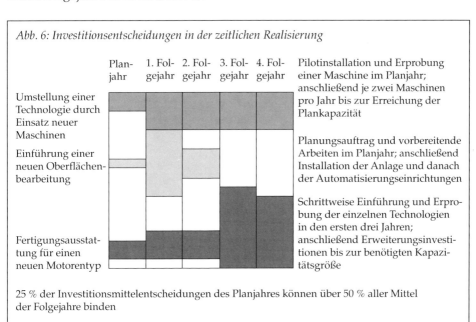

Abb. 6: Investitionsentscheidungen in der zeitlichen Realisierung

3.4 Die zeitliche Realisierung

Die genannten zusätzlichen Aktivitäten im Rahmen einer operativen Planung erfordern die Mitarbeit sehr vieler Stellen, wie z. B. Vertrieb, Entwicklung und Beschaffung. Außerdem sind sie sehr zeitintensiv. Die Frage ist also, wie sie in den üblichen Planungsablauf eingebunden werden können.

Bei der Krupp MaK beginnt die normale operative Planung für einen Drei-Jahreszeitraum im Juli mit der Auftragseingangs- und Umsatzplanung und wird Ende November mit der Erstellung einer Plan-Gewinn- und Verlustrechnung und Plan-Bilanz nach Sparten abgeschlossen. Ergebnis ist eine entscheidungsreife Vorlage an die Muttergesellschaft Fried. Krupp. Direkt im Anschluß beginnen die vorbereitenden Tätigkeiten für den Jahresabschluß, der schließlich im Januar und Februar des Folgejahres durchgeführt und abgeschlossen wird. Sowohl bei der Planung als auch beim Jahresabschluß ist überwiegend das gleiche Personal eingebunden. Daher besteht während dieser Zeit keine Möglichkeit, diese langfristigen Aspekte planerisch zu analysieren.

Die Erarbeitung solcher grundlegenden Themen kann daher nur in der Zeit von März bis Anfang Juli, also dem Beginn der Ferienzeit, durchgeführt werden. Ergebnisse aus diesen Untersuchungen stehen damit noch rechtzeitig als Prämissen oder Zielsetzungen für die dann beginnende operative Planung zur Verfügung.

Wie vorausschauend müssen nun solche Überlegungen sein, damit sich daraus ergebende Änderungen nicht nur planerisch berücksichtigt werden können, sondern auch die tatsächliche Realisierung zu den notwendigen Terminen möglich ist? Diese Frage soll an einem Beispiel aus dem Dieselmotorenbau beantwortet werden (Abb. 7).

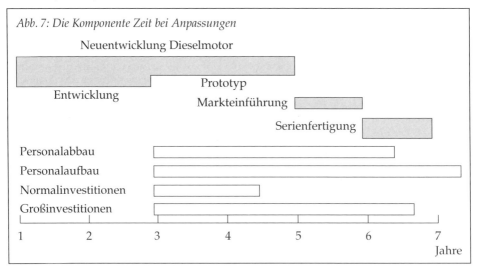

Abb. 7: Die Komponente Zeit bei Anpassungen

Die Neuentwicklung eines Dieselmotors benötigt einschließlich der Protoypenherstellung und Testläufe ca. 3 bis 5 Jahre. Durch ständiges Mitkoppeln der Fertigungsplanung werden während dieser Zeit bereits die Arbeitspläne erstellt und Entscheidungen hinsichtlich Eigenfertigung und Fremdbezug getroffen.

Marktprognosen, die bereits bei der Beantragung des dazu gehörigen FuE-Vorhabens genannt werden müssen, können schon herangezogen werden, um während der Entwicklung die mit Einführung des neuen Motors erwarteten Strukturverschiebungen in der Fertigung zu planen. Damit werden auch jetzt schon Entscheidungen darüber möglich, ob es sinnvoller ist, durch Anpassung der vorhandenen Kapazitätsstruktur den zukünftigen Anforderungen gerecht zu werden oder besser einzelne Teilbereiche im Fertigungsbereich produktspezifisch neu aufzubauen.

Die genannten Zeitabläufe erscheinen auf den ersten Blick mehr als ausreichend, um Anpassungsmaßnahmen vorzunehmen. Doch wie sieht es wirklich mit der zeitlichen Handlungsflexibilität aus?

- Personeller Abbau, wenn er nennenswerten Umfang beinhaltet (> 10 %) und nicht mit Teilbetriebsstillegung einhergeht, erfordert leicht einen Zeitraum von mehr als 3 Jahren.
- Personelle Erweiterungen in den heute nachgefragten Qualifikationen sind vom verfügbaren Arbeitsmarkt kaum bedienbar. Eigene Nachwuchsausbildung incl. Einarbeitungsphase nach der Lehre dauert 4–5 Jahre.
- Normale Ersatzinvestitionen mit Rationalisierungs- und Umstrukturierungseffekt können von der Planung bis zur Inbetriebnahme in 1–2 Jahren realisiert werden.
- Größere Vorhaben in einem Konzern, bei denen ein Finanzmittelabgleich tochtergesellschaftsübergreifend erforderlich ist, benötigen leicht einen Planungsvorlauf von mehr als 3 Jahren.

Diese zeitlichen Abläufe erfordern eine geänderte Vorgehensweise bei größeren Vorhaben. Die drei Stufen von Alternativen erarbeiten und auswählen, Planung der Durchführung und schließlich Realisierung einer Lösung können nicht mehr nacheinander ausgeführt werden, sondern müssen sich zeitlich überschneiden. Die Notwendigkeit des frühen Realisierungsbeginns beinhaltet Risiken, da bereits nach Teilentscheidungen Maßnahmen eingeleitet werden müssen. Zu diesem Zeitpunkt ist das Gesamtvorhaben zwar definiert, jedoch noch nicht vollständig abgesichert. Zwischen diesen zeitlichen Vorteilen und den damit verbundenen Risiken muß eine ständige Abwägung erfolgen.

Bei der langen Realisierungsdauer solcher Vorhaben, die häufig die Drei-Jahresspanne einer üblichen operativen Planung übertrifft, und der engen Verknüpfung der geschilderten Planungsinhalte mit der strategischen Zielsetzung eines Unternehmens, erübrigen sich m. E. auch alle Fragestellungen hinsichtlich Schnittstellen zwischen strategischem und operativem Controlling: Das Controlling ist heute nicht mehr teilbar!

3.5 Die ergebnisorientierte Betrachtung

Diese gesamtheitliche Vorgehensweise führt zu Konsequenzen im Berichtswesen und verändert die Steuerungsfunktionen des Unternehmens. Neben der reinen Kontrolle des Kostenanfalls geht zunehmend auch die Erreichung der Planleistung und damit der Kostenverrechnung in die Verantwortung der Fertigungs- bzw. Betriebsleiter über. Die ergebnismäßige Lenkung muß also zu den Verantwortlichen der Leistungsbereiche delegiert werden.

Dazu muß zunächst das klassische Berichtswesen mit dem Betriebsabrechnungsbogen ergänzt werden um detaillierte Leistungs- und vorausschauende Kapazitätsauslastungsübersichten. Auf dieser Basis sind durch die Betriebe Maßnahmen einzuleiten, die zur Erreichung der Planleistung und damit des Planergebnisses führen sollen. Ein abgestimmtes Vorgehen mit dem Produktverantwortlichen und der Materialwirtschaft ist dabei Voraussetzung. Dabei ist auch eine Aufgabenverteilung vorzunehmen.

Zeichnen sich Auslastungsprobleme ab, so ist zunächst der Vertrieb als einer der Produktverantwortlichen aufgefordert, Abhilfe zu schaffen. Im Investitionsgüterbereich stehen ihm mehrere mögliche Maßnahmen zur Verfügung: Zunächst einmal gibt es die Möglichkeit, durch Absprache mit den Kunden geplante Liefertermine nach vorne oder hinten zu verschieben und dadurch zu einem Kapazitätsabgleich zu gelangen. Durch Änderung der Preispolitik für einzelne Aufträge, bei denen sichergestellt sein muß, daß sie keine Auswirkungen auf das übliche Preisniveau haben, besteht die Möglichkeit, zusätzliche Aufträge zur Auslastung der Fertigung zu akquirieren. Schließlich können auch Veränderungen der Lagerbestände für fertige Produkte oder Ersatzteile mit dem Ziel der Kapazitätsglättung in solche Überlegungen mit einbezogen werden.

Aus der Materialwirtschaft kann eine Einflußnahme dadurch erfolgen, daß neue Festlegungen erfolgen hinsichtlich Eigenfertigung oder Fremdbezug von einzelnen Bauteilen, Baugruppen oder sogar ganzen Geräten. Hierdurch ist der Umfang der notwendigen Eigenfertigungskapazität stark beeinflußbar. Andererseits können strukturelle Veränderungen, also die gezielte Erhöhung oder Verminderung der Auslastung einzelner Technologiebereiche der Fertigung, nur schwer erreicht werden. Diese Einflußmöglichkeiten des Vertriebes und der Materialwirtschaft sind nur mittelfristig wirksam und werden daher üblicherweise im Vorwege schon planerisch berücksichtigt.

Kurzfristig auftretende Auslastungsprobleme können direkt von der Fertigungsleitung am besten gelöst werden. Durch engen Kontakt und Erfahrungsaustausch in Arbeitsgruppen, Rücksprache bei Kollegen anderer Unternehmungen im Zusammenhang mit geplanten Investitionsentscheidungen und Gespräche im Alltagsgeschäft kennt ein Fertigungsleiter in der Regel die betrieblichen Probleme, technologische Struktur und personelle Qualifikation aller Betriebe in der Region und bei den wichtigsten Unterlieferanten sehr gut. Dadurch weiß er auch sehr genau, welche Ansprechpartner er benötigt, um kurzfristig Leistungen fremd zu vergeben oder von anderen hereinzunehmen. Ferner befindet sich in seinem Zugriff die Fertigungsplanung, die ihm sehr schnell die Mengengerüste für die notwendigen Preisverhandlungen liefern kann. Gibt man ihm darüber hinaus eine Kalkulationsrichtlinie an die Hand, mit deren Hilfe er sehr schnell von seinen ermittelten Herstellkosten I den notwendigen Verkaufspreis ermitteln bzw. das Preisangebot für eine spontane Fremdlieferung eines anderen Unternehmens prüfen kann, so ist er ohne Hilfestellung anderer Bereiche alleinverantwortlich in der Lage, Leistungen zu vergeben oder hereinzuholen. Nur dadurch wird ein sehr schneller Ablauf, der bei diesen kurzfristigen Schwankungen ja unbedingt erreicht werden muß, gewährleistet.

Zur Absicherung des Betriebsergebnisses hat damit die Fertigungsleitung neben allen Kontroll- und Steuerungsmechanismen für die Kostenseite auch ausreichende externe Zugriffsmöglichkeiten für die Einhaltung der geplanten Auslastung zur Verfügung. Sie ist damit in der Lage, für ihren Bereich tatsächlich ergebnisverantwortlich zu werden. Sichert man über zeitlich festzulegende Stufen die Herstellung der eigenen Produkte für die Fertigung ab, so sind damit die Voraussetzungen für ein Profit-Center „Fertigung" geschaffen.

4. Die EDV als notwendiger Dienstleistungsbereich

Zur Durchführung und Unterstützung der genannten Aufgaben ist ein relativ hoher Aufwand auf dem EDV-Sektor notwendig. Neben der Bereitstellung der hardwaremäßigen Infrastruktur erfordern die integrierten Softwarepakete große Investitionsmittel, konzeptionelle und organisatorische Vorleistungen und schließlich auch Betreuungsaufwand in nennenswerter Größenordnung. Zur Absicherung dieser Leistungen und der ständigen Verfügbarkeit der Programme muß eine personell starke Mannschaft vorgehalten werden. Hinzu kommt die erforderliche Programmierkapazität für neue Programme und Weiterentwicklungen bestehender Anwendungen. Der jährliche Gesamtaufwand für diese Leistungen beträgt bei der Krupp MaK ca. 15 Mio. DM, wovon ein wesentlicher Teil der Bereitstellung des Systems zuzurechnen ist.

4.1 Das EDV-Konzept

Die Anfänge der elektronischen Datenverarbeitung waren gekennzeichnet durch einen Operatorbetrieb, der zunächst durch ständige Lochkartenzuführung und später durch hintereinander erfolgenden Abruf von Stapelverarbeitungsprogrammen (Batch-Betrieb) einzelne Programme vom Rechner abarbeiten ließ. Alle Anwender brachten ihre Programmbestellungen quasi in eine Warteschlange beim Operator ein und wußten, daß ihnen die Ergebnisse erst am nächsten Tage zur Verfügung stehen würden. Der Betrieb des Rechenzentrums wurde dadurch von allen anderen Aktivitäten eines Unternehmens entkoppelt. Auf diese Weise konnte der vorhandene Rechner kontinuierlich an einer vorgegebenen Kapazitätsgrenze gefahren werden.

Durch die Einführung des Dialogbetriebes, bei dem die eingegebenen Daten sofort formal geprüft und online weiterverarbeitet werden, änderte sich dies wesentlich. Die EDV wurde als Hilfsmittel direkt in alle Arbeitsprozesse eingebunden und muß seitdem alle Kapazitätsschwankungen verkraften, die sich aus dem jeweils momentanen Leistungsbedarf aller angeschlossenen Fachabteilungen ergeben. Die Dimensionierung eines Rechenzentrums kann sich folglich nicht mehr an der geglätteten Durchschnittskapazität orientieren, sondern muß die maximale Spitzenkapazität berücksichtigen, die zwischen 10.00 Uhr vormittags und 15.00 Uhr nachmittags, mit Ausnahme der Mittagspause, nachgefragt wird. Das Rechenzentrum, welches üblicherweise volle 24 Stunden pro Tag in Betrieb ist, ist damit für über 80 % seiner Nutzungszeit deutlich überdimensioniert und dadurch eigentlich zu teuer.

Ein erster Ansatz zur Erhöhung der Wirtschaftlichkeit aus Sicht dieser geschilderten Hardware-Situation muß daher der Versuch sein, für andere Unternehmen nichtzeitkritische Anwendungen außerhalb der eigenen Spitzenlastzeiten abzuarbeiten.

Bei allen nicht unternehmensspezifischen Anwendungen, wie z. B. Lohn- und Gehaltsabrechnung oder Finanzbuchhaltung, entscheidet man sich in der Regel für den Einsatz von Standardprogrammen. Die Entwicklung und Programmierung entsprechender eigener Programme wäre sicherlich um ein Vielfaches teurer. Dies gilt auch für die anschließende Programmpflege im Vergleich zu entsprechenden Serviceangeboten der großen Software-Häuser. Nun ist jedoch die Implementierung solcher Standard-Softwarepakete üblicherweise mit sehr hohen Beratungskosten, Schulungskosten für das eigene Personal, Schnittstellenanalysen und -programmerstellungen, Erarbeitung von optimierten Organisationsabläufen und Belegwesen und dgl. mehr verbunden. Diese gekauften und selbst erarbeiteten Erfahrungen werden wirtschaftlich nicht richtig genutzt, wenn sie nur einmal bei der Einführung der eigenen Programme zur Anwendung kommen. Dies gilt nicht nur bei dem Einsatz von Standard-Softwarepaketen, sondern auch bei der Einführung von Datenbanken, wie DB 2 oder ADABAS, Sprachen der 4. Generation, wie z. B. Natural, oder Spezialwissen auf dem Gebiet der Automatisierung eines Rechenzentrumbetriebes. Daraus ergibt sich als zweiter Ansatz für eine Kostenreduzierung im EDV-Bereich, diese Erfahrungen zur Einführung von EDV-Standards auch als Beratungsleistungen zu vermarkten.

Trotz des immer größer werdenden Angebots von Standard-Software gibt es eine ganze Reihe von Anwendungen, bei denen sich Unternehmen aus vielfältigen Gründen für die Entwicklung eigener Programme entscheiden. Hierbei tritt das Problem auf, daß für eine bestimmte Dauer eine sehr hohe Programmierkapazität benötigt wird, um entsprechende Programme in einer angemessenen Frist fertigzustellen. Da die Wünsche nach solchen Programmen oder Programmänderungen insbesondere im Zusammenhang mit Restrukturierungen einer Unternehmung, Neueinführung von Produkten, Veränderung der Unternehmenspolitik usw. vorhanden sind, treten sie sporadisch auf und sollen dann in kürzester Zeit abgearbeitet werden. Die nachgefragte Programmierkapazität unterliegt damit sehr großen Schwankungen. Der dritte Ansatz zur Reduzierung der eigenen EDV-Kostenbelastung hat hiernach die Zielsetzung, das erarbeitete Wissen von eigenentwickelter Software im Rahmen von Programmieraufträgen an andere Firmen so zu verkaufen, daß die Leistung dann erbracht werden kann, wenn kein Eigenbedarf für Teile der nach Spitzenbedarf ausgerichteten Programmierkapazität besteht.

Zusammengefaßt hat sich die Krupp MaK die Aufgabe gestellt, auf der Basis der Datenbank ADABAS und der Sprache Natural im eigenen Rechenzentrum Anwenderprogramme für fremde Firmen zu entwickeln und zu testen.

4.2 Die Konzeptdurchführung

Zur Realisierung einer solchen Zielsetzung ist zunächst der Aufbau einer Vertriebsorganisation erforderlich. Da in der Startphase nur Unternehmen in der näheren Umgebung als potentielle Kunden angesprochen werden sollten, gründete die MaK zunächst nur in Kiel eine Vertriebsabteilung für dieses EDV-Dienstleistungsgeschäft. Nachfolgende überregionale Erweiterung des Kundenstammes führte später zur Gründung von Außenbüros in Hamburg und Stuttgart, da sich eine Beratung vor Ort und somit räumliche Kundennähe als unabdingbar erwiesen.

Nach kurzer Anlaufzeit zeigte sich sehr schnell, daß für die kundenspezifische Beratung, Softwareerstellung und -einführung ein Personalstamm von fünf, zügig anwachsend auf über fünfzehn Spezialisten, ständig erforderlich und auch kontinuierlich auslastbar ist. Der Jahresumsatz überschritt inzwischen die 3 Mio. DM Grenze.

Zur Schaffung von eindeutigen Führungsstrukturen und Transparenz auf der Kosten- und Ergebnisseite ergab sich damit die Notwendigkeit, diese Aktivitäten organisatorisch aus dem eigenen EDV-Bereich auszugliedern. Es entstand als neuer Fachbereich die MaK Data System, der außerhalb der Spitzenlastzeiten die kostengünstige Benutzung des hauseigenen Rechenzentrums zum Testen und Simulieren von entwickelten Programmen zur Verfügung steht. Die Entwicklung und Programmierung von Software hingegen kann ständig erfolgen, da sie nicht sehr rechenintensiv sind und auch die Datenperipherie kaum belasten.

Vom personellen Kapazitätsglättungsziel hatte man sich zunächst durch die Schaffung eigener Ressourcen für dieses externe Geschäft entfernt. Eine Analyse hinsichtlich Kunden und noch erreichbarem -potential, Anwendungsschwerpunkten bisheriger und zukünftig erreichbar erscheinender Aufträge, verwendeter Programmiersprachen, Anforderungen an Problem- und Systemanalysen, notwendiger Beratungsleistungen usw. ergab, daß zur kompetenten Abdeckung dieser Aufgaben ein Team von ca. 30 Spezialisten ständig vorgehalten werden muß. Im eigenen EDV-Bereich wurde eine Kapazität von etwa 20 Programmierern ermittelt, die nur bei Spitzenbedarf benötigt werden. Unterstellt man aus Vergangenheitswerten, daß diese während der Hälfte der Zeit intern nicht benötigt und freigestellt werden können, ergibt sich durch Zuordnung ein rechnerisches Vermarktungsvolumen von 40 Mannjahren. Dies entspricht einem neu gesetzten Umsatzziel von 8 Mio. DM auf Basis marktüblicher Stundensätze, welches inzwischen auch erreicht wurde.

So fehlt schließlich nur noch eine Aufbauorganisation, die neben der Sicherstellung dieser jetzt prinzipiell möglichen Personalkapazitätsglättung auch den gewünschten Know-how-Transfer gewährleistet. Hierzu muß die extern orientierte Data System Zugriff auf alle Softwareentwickler und -programmierer des internen EDV-Bereiches erhalten und andererseits auch selbst in geringem Umfang eigene Spezialisten für interne Programmlösungen bereitstellen, wie es Abb. 8 schematisch darstellt.

Ein Kapazitätsabgleich kann nur in Richtung des externen Dienstleistungsbereiches erfolgen, da das intern verfügbare Personal auf Spitzenlast dimensioniert wurde und folglich kein Zusatzbedarf möglich ist. Der Know-how-Transfer hingegen erfolgt in beide Richtungen. Erfahrungen von Fremdaufträgen werden so dem eigenen Hause ebenso zugänglich gemacht wie die Kunden von internen Entwicklungen der Krupp MaK profitieren.

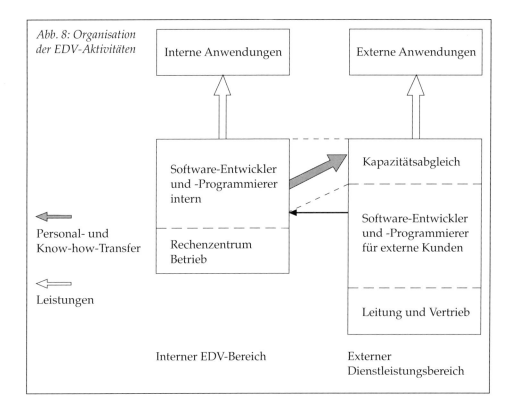

Abb. 8: Organisation der EDV-Aktivitäten

5. Schlußbetrachtung

Ein generell gültiges Konzept für ein effektives Kostenmanagement kann es nicht geben, da spezielle Belange des jeweiligen Unternehmens, seiner Produkte und Märkte sowie die gerade entscheidungsrelevanten Fragestellungen berücksichtigt werden müssen. Daher sollte dieser Beitrag nur beispielhaft darstellen, welche Mängel und damit fehlende Aussagekraft ein Kostenrechnungssystem wie die flexible Plankostenrechnung hat, wie durch Sonderanalysen auf Basis des dort vorhandenen Zahlenmaterials dennoch eine Beurteilung von möglichen Entscheidungsalternativen erfolgen kann und welche vorbereitenden Verbesserungen und Ergänzungen im Rahmen der Planung zur Behebung dieser Schwächen notwendig sind. Zielsetzung war also nicht die geschlossene Darstellung eines Kostenmanagementsystems, sondern die Vermittlung von einzelnen, beispielhaften Denkmodellen für eine sachgerechte Datenaufbereitung bei anstehenden Entscheidungen unter Einbeziehung aller ergebniswirksamen Einflüsse.

Literatur

Horváth, P./Mayer, R. (1989), Prozeßkostenrechnung – Der neue Weg zu mehr Kostentransparenz und wirkungsvolleren Unternehmensstrategien, in: Controlling 1, München 1989

Huber, R. (1987), Gemeinkosten-Wertanalyse, 2. Auflage, Bern, Stuttgart 1987

Johnson, T. u. a. (1991), Pitfalls in Using ABC Cost-Driver Information to Manage Operating Costs, in: Corporate Controller, Vol. 3 No. 3, Faulkner & Gray 1991

Kilger, W. (1981), Flexible Plankostenrechnung und Deckungsbeitragsrechnung, 8. Auflage, Wiesbaden 1981

Kosiol, E. (1968), Einführung in die Betriebswirtschaftslehre, Wiesbaden 1968.

Meyer-Piening, A. (1978), Zero-Base-Budgeting als Planungs- und Führungsinstrument, in: RKW-Handbuch Führungstechnik und Organisation, Kennzahl 2072, Berlin 1978, hrsg. von Potthoff, E.

Plaut, H. G. (1953), Die Grenz-Plankostenrechnung, in: Zeitschrift für Betriebswirtschaft 1953, Seite 347 ff, Seite 402 ff.

Plaut, H. G. (1976), Entwicklungsformen der Plankostenrechnung, Vom Standard-Cost-Accounting zur Grenzplankostenrechnung, in: Schriften zur Unternehmensführung, Bd. 22, hrsg. von H. Jacob, Wiesbaden 1976, Seite 5 ff.

Posselt, S. G. (1986), Budgetkontrolle als Instrument zur Unternehmenssteuerung, Darmstadt 1986

Roever, M. (1980), Gemeinkosten-Wertanalyse, in: ZfB 1980, Seite 686 ff.

Wedekind, H. (1973), Systemanalyse – Die Entwicklung von Anwendungssystemen für Datenverarbeitungsanlagen, München 1973.

Komplexitätsmanagement

von

Christof Schulte

Gliederung

1. Vielfalt als Ursache für Komplexität
2. Kosten zunehmender Komplexität
3. Komplexitätsmanagement
3.1 Komplexitätsreduzierung
3.2 Komplexitätsbeherrschung
Literatur

1. Vielfalt als Ursache für Komplexität

Unternehmenswachstum, das Eingehen auf immer differenziertere Kundenwünsche sowie die Bearbeitung von immer mehr Auslandsmärkten haben in der Vergangenheit zu einem drastischen Anstieg der Komplexität in den Unternehmen geführt. Höhere Markt- und die damit einhergehende Produktkomplexität führen hierbei in der Regel automatisch zu zunehmender Produktions- und Organisationskomplexität (vgl. Abb. 1).

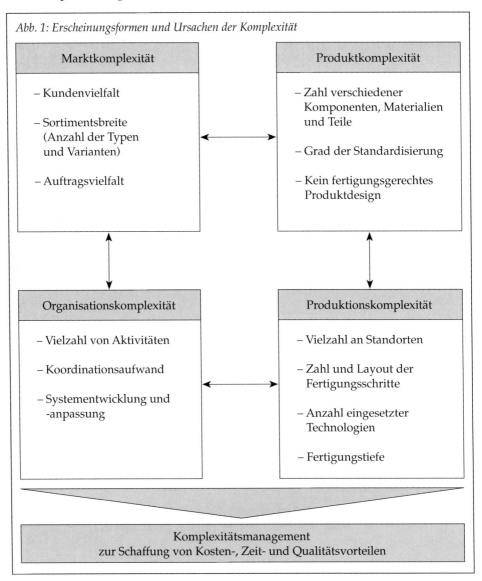

Abb. 1: Erscheinungsformen und Ursachen der Komplexität

Marktkomplexität wird im einzelnen verursacht durch

- Kundenvielfalt, die in vielen Kleinkunden mit überproportionalem Betreuungsaufwand und Kunden in unattraktiven Marktsegmenten zum Ausdruck kommt,
- einer hohen Sortimentsbreite, definiert als die Zahl der angebotenen Typen und Varianten,
- Auftragsvielfalt, die mit Kundenaufträgen in kleinen Stückzahlen bzw. niedrigen Auftragswerten einhergeht.

Verschärft wird diese Marktkomplexität regelmäßig durch eine zu hohe *Produktkomplexität*, die in einer hohen Zahl verschiedener Komponenten und Teile, einem niedrigen Grad der Standardisierung sowie einem nicht fertigungsoptimalen Produktdesign zum Ausdruck kommt.

Produktionskomplexität äußert sich in einer Vielzahl von Standorten, der Anzahl und dem Layout der benötigten Fertigungsschritte, der Vielfalt der eingesetzten Technologien (Hard- und Software sowie Fertigungs- und Informationstechnologien) sowie der Fertigungstiefe, gemessen anhand der eigenen Wertschöpfung.

Die drei beschriebenen Erscheinungsformen der Komplexität führen ihrerseits zu einer steigenden *Organisationskomplexität*, die sich zusammensetzt aus der Vielzahl der im Rahmen des Wertschöpfungsprozesses durchzuführenden Aktivitäten, dem damit einhergehenden Koordinationsaufwand sowie den erforderlichen Systementwicklungen und -anpassungen.

Wenngleich das Anwachsen der unternehmensinternen Komplexität seinen Ursprung vielfach in der externen Komplexität hat, so haben die beschriebenen Erscheinungsformen und Ursachen der Komplexität dennoch gezeigt, daß auch in der internen Gestaltung von Strukturen und Abläufen eine Reihe von Ansatzpunkten zur Komplexitätsreduzierung liegen können. Als Haupteinflußfaktor für den Komplexitätsanstieg kann die Vielfalt ausgemacht werden. Oft liegen die Entscheidung über die Ausweitung der Vielfalt und die Belastung für dadurch entstehende höhere Kosten in *unterschiedlichen Verantwortungsbereichen*. Die Schwelle, die Vielfalt zu erhöhen, ist damit häufig sehr niedrig. So profitiert der Vertrieb zwar von höheren Umsätzen aufgrund einer Sortimentsverbreiterung, die hierdurch anfallenden Kosten werden jedoch anderen Bereichen zugerechnet.

Eine zweite Ursache für hohe Variantenvielfalt ist darin zu sehen, daß die Erstellung von Sonderlösungen oder Kleinaufträgen als unproblematisch angesehen wird, da die benötigten Kostenblöcke „ohnehin vorhanden" und damit irrelevant sind. Die *Kostenrechnung* liefert selten die Informationen, die für eine fundierte Entscheidung, ob eine zusätzliche Variante aufgenommen werden soll oder nicht, benötigt werden. So kennt der Konstrukteur in der Regel nicht die Folgekosten seiner Entscheidungen in den nachgelagerten Bereichen, wie z. B. Disposition, Einkauf und Fertigungssteuerung. Sehr oft wird einer näheren Untersuchung der Vielfaltskosten- und -nutzeneffekte auch dadurch aus dem Weg gegangen, daß auf die *strategische Notwendigkeit* zusätzlicher Varianten verwiesen wird. So begründet der Vertrieb die Befriedigung ausgefallener Kundenwünsche nicht selten damit, daß er die Annahme eines Auftrags als Basis für lukrative Folgeaufträge sieht.

2. Kosten zunehmender Komplexität

Höhere Komplexität führt zu steigenden Kosten für die Planung und Steuerung in allen Bereichen (vgl. Abb. 2).

Die *Konstruktion* neuer Produkte bzw. Teile sowie die Erstellung und Verwaltung der damit einhergehenden technischen Unterlagen (Zeichnungen, Stücklisten, Freigaben) bedingt einen erhöhten Personalbedarf. Über diese Einmalaktivität hinaus müssen die hinzugekommenen Teileumfänge permanent der technischen Entwicklung angepaßt werden.

Im *Einkauf* sind bei einem Anstieg der Kaufteilposition mehr Lieferantengespräche zu führen und mehr Bestellungen vorzunehmen. Die kleineren Stückzahlen führen in der Regel zu höheren Einstandspreisen bis hin zu Mindermengenzuschlägen. In der *Logistik* müssen umfangreichere Planungs- und Steuerungsaktivitäten bewältigt werden. So wächst u. a. der Aufwand für die Materialbedarfsermittlung und Fertigungssteuerung und führt zu einem höheren Datenvolumen der EDV. Durch den Anstieg der Vorräte an Sonderwerkzeugen und -vorrichtungen wird mehr Lagerfläche benötigt. Aufgrund zunehmender Neu- und Änderungsumfänge bei Produktionsanläufen ergeben sich aufwendigere Abstimmungen mit den Lieferanten.

In der *Fertigung* führen kleinere Losgrößen zu höheren Rüstaufwendungen und damit zu höheren Rüstkostenanteilen an den Stückkosten. Die Häufung unterschiedlicher Variantenanläufe geht mit Produktivitätseinbußen einher. Da die Mitarbeiter aufgrund des permanenten Wechsels nur bedingt Lerneffekte aufweisen, können in der Regel nur geringe Produktivitätssteigerungen realisiert werden. Bei starken periodischen Änderungen verkompliziert sich zudem die Austaktung des Montagebandes und die Verwechslungsgefahr beim Einbau der Teile steigt.

Im Bereich der *Finanz- und Betriebswirtschaft* erhöhen sich die Zahl der einzurichtenden und zu verwaltenden Konten, der durchzuführenden Rechnungsprüfungen, Buchungen und Kalkulationen etc.

Für den *Vertrieb* wird die Aufrechterhaltung einer hohen Lieferbereitschaft schwieriger. Der Aufwand für die Ausbildung des Kundendienstpersonals sowie die Ausrüstung der Servicestellen steigt.

Abb. 2: Kosten zunehmender Komplexität

Kosten zunehmender Komplexität

Konstruktion	Einkauf/Logistik	Fertigung/Montage	Finanz-/Betriebswirtschaft	Vertrieb

– Konstruktion der neuen Teile
– Erstellen und Verwalten der technischen Unterlagen
– Konstruktion und Pflege der zusätzlichen Teileumfänge
	– Erhöhter Aufwand der Materialbedarfsermittlung durch mehr Positionen
	– Mehr Verhandlungsgespräche mit Lieferanten
	– Höhere Einstandspreise durch kleinere Stückzahlen
	– Höhere Bestände
	– Erhöhung der Vorräte an Sonderwerkzeugen
	– Erhöhung des Aufwandes in der Fertigungssteuerung
		– Erhöhte Rüstkostenanteile aufgrund kleinerer Lose
		– Häufung von unterschiedlichsten Modell- und Variantenanläufen
		– Kompliziertere Austaktung des Montagebandes
		– Größere Verwechslungsgefahr beim Einbau der Teile
		– Geringere Produktivität
			– Erhöhter Aufwand für
			  – Kontenverwaltung
			  – Buchungen
			  – Kalkulation
			– Erhöhtes Volumen für
			  – Wertanalyse
			  – Einkaufsrichtwerte
			  – Rechnungsprüfung
				– Bestandsaufbau zur Aufrechterhaltung der Lieferbereitschaft
				– Größerer Aufwand für die Ausbildung sowie die Ausrüstung des Kundendienstes

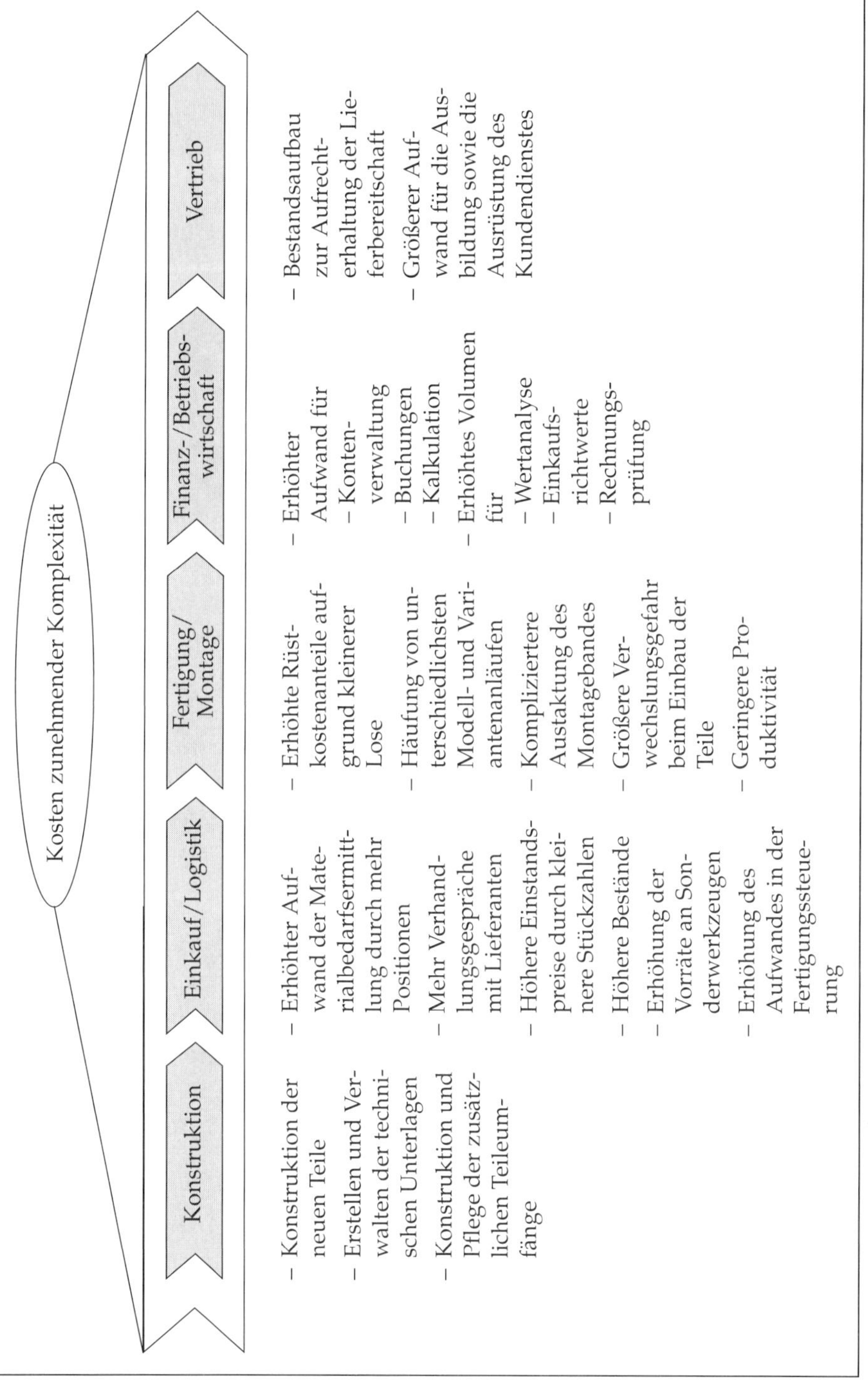

Schließlich nimmt die Zahl der Prüfpläne in der *Qualitätskontrolle* zu.

In einem Unternehmen der Elektrogeräteindustrie kumulierten sich die durchschnittlichen Kosten auf 1700 DM sowohl für die Eröffnung als auch für die laufende Betreuung einer Sachnummer. Damit verursacht jede zusätzliche Teilevariante bei einer angenommenen Lebensdauer von 5 Jahren Kosten in Höhe von ca. 10 000 DM.

Da die Prozeßkostenrechnung als geeignete Methode zur Planung, Steuerung und Kontrolle der Komplexitätskosten bereits in anderen Beiträgen dieses Buches (vgl. u. a. die Beiträge von BÄURLE/SCHULTE, LOHMANN und WÄSCHER) ausführlich dargestellt wird, kann an dieser Stelle hierauf verzichtet werden. Im folgenden sollen vielmehr die Maßnahmen diskutiert werden, die Bestandteil eines Komplexitätsmanagements sein sollten.

Um die negativen Auswirkungen der zunehmenden Komplexität auf die Gemeinkosten und den Kapitalbedarf zu begrenzen, sind Strategien zu entwickeln, mit denen die *Komplexität reduziert* werden kann bzw. sie *gar nicht erst entstehen* läßt. Vorbeugende Aktivitäten sind hierbei wirksamer als solche zur Handhabung der Komplexität.

3. Komplexitätsmanagement

3.1 Komplexitätsreduzierung

Ein erster Ansatzpunkt, die Marktkomplexität abzubauen, besteht darin, die angebotenen Varianten durch eine *Sortimentsanalyse* gezielt auszuwählen (vgl. Abb. 3). Hier geht es insbesondere darum, festzustellen, welchen Beitrag die einzelnen Varianten zum gesamten Umsatz und Deckungsbeitrag leisten. Als geeignete Analysemethode kann die ABC-Analyse herangezogen werden. Bei vielen Unternehmen wird so transparent, daß 50–65 % der verkauften Varianten kaum am Umsatz beteiligt sind, mit ihnen aber gleichzeitig eine erhebliche Kapitalbindung einhergeht. Die so gewonnenen Erkenntnisse sind um Informationen des Marketingbereichs über unbedingt notwendige Varianten für A- und B-Kunden zu ergänzen. Anschließend ist das *Sortiment* um die vom Markt nicht oder kaum geforderten Varianten zu *bereinigen*.

Die Produktpolitik der europäischen Automobilhersteller läßt sich dadurch kennzeichnen, daß neben der Basisausstattung eine Vielzahl von Optionen angeboten wird. Demgegenüber verfolgten die japanischen Automobilproduzenten zu Beginn der achtziger Jahre eine andere Strategie. Durch das Angebot einer relativ *hochwertigen Grundausstattung*, bestand die Notwendigkeit für Sonderausstattungen nur in beschränktem Maße. Es lassen sich so die Nachteile vermeiden, die aus

Abb. 3: Komplexitätsmanagement

Grundstrategie \ Wertschöpfungsstufe	Marketing/ Vertrieb	Konstruktion	Fertigungsvorbereitung	Fertigung/ Montage
Komplexitätsreduzierung	– Sortimentsbereinigung – Hohe Grundausstattung	– Computer Aided Design – Kosteninformationen am Konstruktionsarbeitsplatz – Gleichteileverwendung – Integralbauteile	– Make-or-buy-Entscheidung – Wahl des Fertigungsverfahrens	
Komplexitätsbeherrschung	– Bildung von Produktkategorien und deren differenzierte Behandlung – Verbesserung des Absatzprognosesystems	– Fertigungs- und montagegerechte Konstruktion – Einsatz von Expertensystemen	– Festlegung der Bevorratungsebene – Teilefamilienbildung	– Fabrik in der Fabrik – Rüststrategien – Entflechtung der Montage – Renner-Linie und kleine parallele Arbeitssysteme

den unterschiedlichen Arbeitsinhalten der einzelnen Varianten entstehen (sogenannte Modellmix-Verluste) und höhere Steuerungsaufwendungen zur Folge haben. Abb. 4 verdeutlicht, wie sich bei einer Stichprobe eines Automobilherstellers aufgrund der variantenbedingten heterogenen Arbeitsumfänge im Verlauf des Produktionsprozesses die Auftragsreihenfolge änderte. Generell ist für die Angebotspolitik zu überlegen, ob Ausstattungsvarianten, die von 70 oder 80 % der Kunden gewünscht werden, zum standardisierten Angebot erklärt werden.

Nach übereinstimmender Aussage der vorliegenden empirischen Untersuchungen wird im Rahmen der Konstruktion der überwiegende Anteil der Stückkosten eines Produktes (70–80 %) festgelegt. Eine Vermeidung von Produktkomplexität kann deshalb am effizientesten durch Maßnahmen im Konstruktionsbereich erfolgen. Da der Konstrukteur in der Vergangenheit die kostenmäßigen Konsequenzen seiner Entscheidungen in der Regel nicht kannte und die im Unternehmen bereits

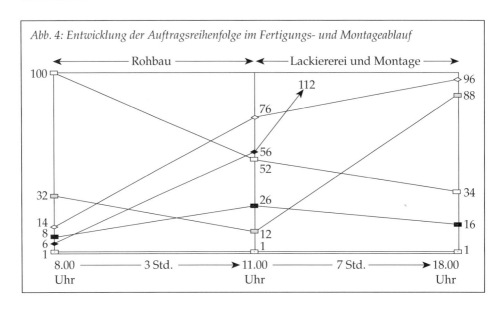

Abb. 4: Entwicklung der Auftragsreihenfolge im Fertigungs- und Montageablauf

vorhandenen Teile nicht schnell genug fand, wurden immer mehr neue Teile konstruiert und eingeführt. Durch den Einsatz von *CAD* und DV-gestützten Informationssystemen läßt sich eine Verbesserung dieser Situation erreichen. Durch die zeitverzugslose Bereitstellung von *Kosteninformationen am Konstruktionsarbeitsplatz* lassen sich Kostensenkungseffekte in beträchtlichem Umfang realisieren. Hierzu ist bereits in der Entwurfsphase eines Produktes der Zugriff auf Kosten- und Beschaffungsinformationen, Kapazitäts- und Bestandsdaten, Betriebsmittel- und Werkzeugdaten sowie Grunddaten des Fertigungsbereichs erforderlich.

Durch den verstärkten Einsatz von *Gleichteilen* ist sicherzustellen, daß die angebotenen Varianten mit einer möglichst niedrigen Zahl unterschiedlicher Teile hergestellt werden. Hierzu sind gegebenenfalls konstruktive und fertigungstechnische Änderungen vorzunehmen.

Zur Reduzierung der Vielfalt an Kleinteilen im Unternehmen bietet sich die Entwicklung von *Integralbauteilen* an, die eine Komplettbearbeitung auf Universalmaschinen ermöglichen. Mit Integralbauteilen, die einbaufertig von der Maschine kommen, läßt sich der bislang übliche Füge- und Montageaufwand erheblich reduzieren. Es lassen sich ferner der Transportaufwand, der Handhabungsaufwand sowie die Vorrichtungsvielfalt verringern. Durch die im Vergleich zu Kleinteilen längeren Bearbeitungszeiten pro Teil wird die Mehrmaschinenbedienung und der Übergang zur dritten personalarmen Schicht ermöglicht.

In der Arbeitsvorbereitung kann der Produktionskomplexität dadurch begegnet werden, daß im Rahmen der *Make-or-Buy-Entscheidung* so weit wie möglich auf bereits am Beschaffungsmarkt erhältliche Komponenten zurückgegriffen wird.

Auch durch die Wahl des *Fertigungsverfahrens* kann die Produktionskomplexität stark beeinflußt werden.

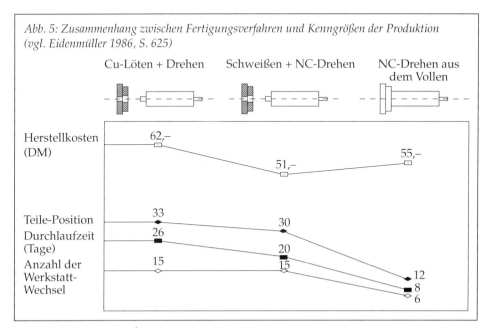

Abb. 5: Zusammenhang zwischen Fertigungsverfahren und Kenngrößen der Produktion (vgl. Eidenmüller 1986, S. 625)

Abb. 5 verdeutlicht den Einfluß alternativer Fertigungsverfahren auf die Anzahl der erforderlichen Teilepositionen, die Anzahl der Werkstattwechsel sowie die Herstellkosten. Das Verfahren, das unter Komplexitätsgesichtspunkten die günstigsten Voraussetzungen aufweist, hat nicht die niedrigsten Herstellkosten, falls diese nach dem üblichen Schema der Zuschlagskalkulation ermittelt werden. Hierbei bleiben aber dann unberücksichtigt

- die Senkung von Gemeinkosten durch Verminderung der Anzahl der Teilepositionen, die – in Abhängigkeit von der Produktstruktur – zwischen 1000 und 4000 DM pro Jahr und Position betragen können,
- die Vereinfachung von Handling und Transport,
- die Reduzierung der Durchlaufzeit und die damit einhergehende Verbesserung der Lieferfähigkeit sowie
- die mögliche Produktivitätssteigerung.

3.2 Komplexitätsbeherrschung

Falls Varianten angeboten werden müssen, sind diese individuell zu behandeln. Nur durch die Ungleichbehandlung der Varianten wird eine effiziente Handhabung der Variantenvielfalt möglich. Dazu ist die *Bildung von Produktkategorien* erforderlich, bei der als Bewertungskriterien die vom Markt geforderte Lieferzeit, die vorhandene Fertigungstiefe, das Konkurrenzverhalten und der relevante Kundenkreis heranzuziehen sind. Hierauf aufbauend können die Produkte in Vorzugsprodukte, Standardprodukte und Exoten eingeteilt werden, für die jeweils eine spezifische Kalkulation vorzunehmen ist. Eine pauschale Zuschlagskalkulation würde auch hier zu verfälschten Ergebnissen führen. Entsprechend den Ergebnissen dieser produktspezifischen Kalkulation ist eine Differenzierung bei den eingesetzten absatzpolitischen Instrumenten vorzunehmen, die sich beispielsweise in unterschiedlichen Preisen, Lieferzeiten oder Werbebotschaften niederschlagen kann.

Die unzureichende Qualität von *Prognosen* ist oftmals darauf zurückzuführen, daß versucht wird, für einzelne Endproduktvarianten die voraussichtliche Absatzmenge anzugeben. In der Folge weichen die Zahlen für den tatsächlichen Bedarf auf den unteren Dispositionsebenen von den prognostizierten Werten ab. Demgegenüber werden die Planwerte für das gesamte Absatzprogramm häufig erfüllt. Es hat sich deshalb bewährt, in einem ersten Schritt das gesamte Absatzvolumen zu planen und erst in einem zweiten Schritt die Prognosen auf der Ebene einzelner Sachnummern vorzunehmen. Bei geringwertigen, variantenspezifischen Teilen, die lange Wiederbeschaffungszeiten aufweisen, kann es sinnvoll sein, diese großzügig zu bevorraten.

Bei einem Kosmetikhersteller ging man zur Verbesserung der Planungsqualität dazu über, das Produktangebot für die jeweils bevorstehende Verkaufskampagne einer begrenzten Anzahl von Kundenberaterinnen vorab zur Verfügung zu stellen. Die in diesen repräsentativen Absatzgebieten erzielten Umsätze werden anschließend auf den Gesamtmarkt extrapoliert. Allein durch diese Maßnahme ließ sich erreichen, daß die Plan-Ist-Abweichung nurmehr +/− 10 % beträgt.

Falls schon auf Varianten nicht mehr verzichtet werden kann, gilt es, zunächst eine *fertigungs- und montagegerechte Konstruktion* sicherzustellen. Die hierzu erforderliche engere Verzahnung zwischen Konstruktion und Fertigung bzw. Montage kann durch den Aufbau von *Expertensystemen* unterstützt werden. So kann das Wissen um die Probleme und Anforderungen der Fertigung bereits systematisch in den Konstruktionsprozeß eingebunden werden.

Hohe Bestände sind vielfach dadurch verursacht, daß die Variantenbildung auf einer sehr frühen Stufe im Produktionsprozeß erfolgt. Ziel muß es sein, auf den unteren Stufen kundenauftragsneutral zu fertigen. Die letzten Fertigungsstufen können dann kundenauftragsspezifisch gefertigt werden, wodurch die Gefahr der Bevorratung falscher Produkte und Mengen zum falschen Zeitpunkt sinkt bzw. auf eine niedrige Fertigungsstufe mit relativ geringer Kapitalbindung verlagert wird (vgl. Abb. 6).

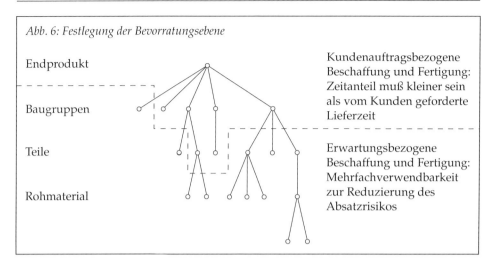

Abb. 6: Festlegung der Bevorratungsebene

Endprodukt — Kundenauftragsbezogene Beschaffung und Fertigung: Zeitanteil muß kleiner sein als vom Kunden geforderte Lieferzeit

Baugruppen

Teile — Erwartungsbezogene Beschaffung und Fertigung: Mehrfachverwendbarkeit zur Reduzierung des Absatzrisikos

Rohmaterial

Bei einem Unternehmen der Elektroindustrie, das Funkrufgeräte fertigt, ging man dazu über, die Chips, die die Frequenzen festlegen, an den Handel mitzuliefern. Dieser baut sie dann entsprechend dem Kundenwunsch ein. Früher wurde mit dem Einbau des gesamten Chips bereits in einem frühen Stadium des Fertigungsprozesses die Kundenspezifikation festgelegt. Die Bestände an Fertiggeräten konnten durch diese Maßnahme um 70 % reduziert werden.

Mit einer *produktorientierten Gestaltung der Fertigungsorganisation*, zum Beispiel im Wege der Bildung von Fertigungsinseln oder von „Fabriken in der Fabrik", können die Produktionsbeziehungen entflochten und damit die Produktions- und Organisationskomplexität reduziert werden. Während in der konventionellen Werkstattfertigung jedes zu bearbeitende Teil eine Vielzahl von Kostenstellen durchläuft, erfolgt bei den genannten Organisationsformen eine Zuordnung der Teile auf spezifische Produktionseinrichtungen (vgl. Abb. 7). Durch diese Produktorientierung reduziert sich die Notwendigkeit des Rüstens sowie der gesamte Koordinationsaufwand.

Durch gezielte *Rüststrategien*, die eine Festlegung der Rüstreihenfolge zum Gegenstand haben, lassen sich die zur Fertigung eines gegebenen Variantenspektrums erforderlichen Rüstzeiten minimieren. Hierzu sind die an einer Arbeitsplatzgruppe anstehenden Aufträge derart zu ordnen, daß die Summe der Rüstzeiten minimal wird.

Um den Montageablauf nicht mit einer aus der Variantenvielfalt entstehenden Vielzahl von Einzeltätigkeiten mit unterschiedlichen Arbeitsinhalten zu überlasten und den hierfür notwendigen Koordinationsaufwand in Grenzen zu halten, hat sich in der Automobilindustrie die Entflechtung der Endmontage als sinnvolle Alternative herausgestellt. Hierbei werden begrenzte Montageumfänge für komplette Baugruppen in einer *Vormontage* zusammengefaßt. Dies führt im einzelnen zu geringeren Wege- und Nebenzeiten, einer niedrigeren Fehlerquote beim Einbau sowie einer Verbesserung des Materialflusses.

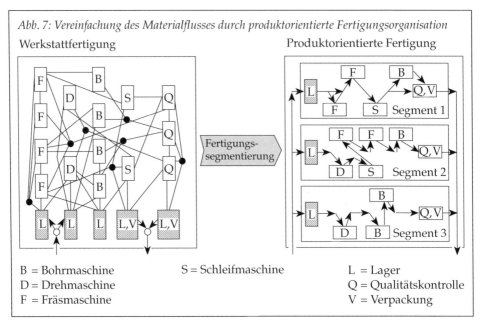

Abb. 7: *Vereinfachung des Materialflusses durch produktorientierte Fertigungsorganisation*

Einen weiteren Lösungsansatz stellt die Teilung der Montage in *Renner-Linien* und *kleine parallele Arbeitssysteme* dar. Voraussetzung hierfür ist insbesondere, daß ein Teil des Montageprogramms in relativ hohen Stückzahlen und einer niedrigen Schwankungsbreite nachgefragt wird. Für die Renner-Linie ergibt sich dann eine stetige Materialdisposition. Die Notwendigkeit von Taktänderungen und des Umrüstens ist relativ gering. Weitere Vorteile sind die hohe Auslastung der technischen Einrichtungen, die gute Überschaubarkeit des Fertigungsflusses sowie die Möglichkeit der Mechanisierung bzw. Automatisierung bei Vorrichtungen und Betriebsmitteln sowie bei den Verkettungseinrichtungen. Nachteilig können sich demgegenüber – je nach Gestaltung der Renner-Linie – die einseitige Belastung der Mitarbeiter, die geringe Flexibilität und das ungünstige Verhältnis von Haupt- und Nebenzeit auswirken.

Literatur

EIDENMÜLLER, B. (1986), Neue Planungs- und Steuerungskonzepte bei flexibler Serienfertigung, in: ZfbF 38 (1986) 7/8, S. 618–634

SCHULTE, C. (1989), Das Modell der Fertigungssegmentierung aus personeller und organisatorischer Sicht, Bergisch Gladbach, Köln 1989

SCHULTE, C. (1991), Logistik. Wege zur Optimierung des Material- und Informationsflusses, München 1991

3. Teil
Prozeßkostenrechnung

Kostenstellen-Controlling im Servicebereich
– Ein aktivitätsorientierter Ansatz –

von

AXEL DYCKE

Gliederung

1. Führung und Organisation bei Bertelsmann
2. Paradigmenwechsel: Von der Verwaltung zur Dienstleistung
3. Die Theorie zu einem Kostenstellen-Controlling im Servicebereich
4. Die Umsetzung – step by step
4.1 Selbstverständnis des Abteilungsleiters und Aufgabenteilung im Unternehmen
4.2 Einordnung in den betrieblichen Leistungsprozeß und Aufgabenanalyse
4.3 Den Input bestimmen, wichtige Kostenblöcke und Kostentreiber identifizieren
4.4 Wichtige Leistungs-, Qualitäts- und Produktivitätskennzahlen
4.5 Das Handwerkszeug des Abteilungsleiters – Gesamtbetrachtung
5. Unterstützende Systeme
6. Zusammenfassung
Anmerkungen
Literatur

1. Führung und Organisation bei Bertelsmann

Bertelsmann – das ist eines der größten weltweit operierenden Medienhäuser. In 7 Unternehmensbereichen sind die Aktivitäten gebündelt: Deutsche und internationale Buch- und Schallplattenclubs, deutschsprachige und internationale Verlage, Industrie- und Dienstleistungsaktivitäten mit Druck, Distribution und Papierfabrik, elektronische Medien, also Radio, TV und CD-Produktion, sowie Zeitschriften und Zeitungen im Verlagshaus Gruner + Jahr und die ebenfalls international ausgerichtete Musik- und Videoproduktion.

Die divisionale Struktur führt hin auf eines der wichtigsten Führungs- und Organisationsprinzipien des Hauses. *Dezentralisation und Delegation* setzen sich in der Profit-Center-Organisation und weiter bis auf die unterste Führungsebene fort. Aufgabe, Verantwortung und Kompetenz sind soweit wie möglich bis zum einzelnen Mitarbeiter zu delegieren. Das bedeutsame Gegengewicht zur Autonomie stellt in diesem Zusammenhang die ebenfalls festgeschriebene Pflicht zur Kooperation und Koordination dar. Für alle, die eigenverantwortlich über Konzern-Ressourcen entscheiden, gilt darüber hinaus das „Prinzip der gläsernen Taschen" – die Rechenschaftspflicht als Gegenleistung zur Handlungsfreiheit.

Nach dieser Standortbestimmung wird zweierlei klar:

1. Verantwortliche wirtschaftliche Steuerung findet auf allen Ebenen des Unternehmens statt. Der Entscheidungsgegenstand unterscheidet sich nach der Organisationsebene, wo die Entscheidung getroffen wird. Dementsprechend unterscheiden sich die Systeme der Informations- und Führungsunterstützung danach, ob wir es mit dem Konzern-, dem Bereichs- oder dem Firmen-Controlling zu tun haben.

Im folgenden Beitrag konzentriert sich die Darstellung auf die *Einzelfirma* und befaßt sich primär mit *Kostenstellen-Controlling auf Abteilungsebene*.

2. Wirtschaftliche Steuerung kann sich bei der Vielfalt unterschiedlicher Geschäfte bei Bertelsmann nicht nach einem einheitlichen Schema vollziehen. Die Geschäftsführer zeichnen für die Systemeffizienz ihres Profit-Centers verantwortlich und bestimmen die ihrem Geschäftssystem adäquate Controlling-Organisation und das angemessene Kostenrechnungsinstrumentarium.

Deshalb wird im folgenden die Grundphilosophie des Kostenstellen-Controlling beschrieben, die unabhängig von Geschäft und Firma eine Identitätsfrage des unteren und mittleren Managements darstellt.

Wenn es um die Anwendung dieser Konzeption geht, soll hier der traditionell so genannte Verwaltungsbereich im Vordergrund stehen.

2. Paradigmenwechsel: Von der Verwaltung zur Dienstleistung

Ein paar Bemerkungen zuvor noch zur „Verwaltung". Die herkömmlicherweise so titulierten, oft aus Spezialisierungs- und Effizienzgründen zentralisierten Funktionen haben sich lange Zeit mit Kosten-Controlling schwer getan. Eine ordentliche Betriebsabrechnung nach Kostenarten und Kostenstellen stand außer Frage, aber die Tatsache, daß „nur" indirekte Beiträge zur Unternehmensleistung erbracht werden, verhinderte, daß auch innerbetriebliche Leistungen als Kostenträger definiert wurden. „Das Produkt" schien zu fehlen.

Ein derartiges Kostenrechnungsinstrumentarium kann natürlich nicht ohne Auswirkung auf die Haltung der und gegenüber der „Verwaltung" bleiben. Die pauschale Zurechnung der Gemeinkosten bewirkt ein Denken in „Töpfen". Darin sind Verantwortlichkeit und Beeinflußbarkeit schwer zu identifizieren. Und selbst eine verantwortungsorientierte Deckungsbeitragsrechnung kann – um der Überschaubarkeit willen – solche Kostenpools nicht aufbrechen.

Hier hilft nur eine Umorientierung in der Philosophie der wirtschaftlichen Steuerung von „Verwaltungen" weiter. Diese läßt sich in folgendem Dreiklang beschreiben, der voll durch die Führungskonzeption bei Bertelsmann unterstützt wird:

1. Maxime:

Die Verwaltung hat Servicefunktionen, ihre Abteilungen sind Dienstleister. Und was für jedes Dienstleistungsunternehmen selbstverständlich ist, gilt auch hier: *Produziert wird für die Kunden.*

2. Maxime:

Effizienz im Servicebereich ergibt sich sowohl durch Ausnutzung von Produktivitätsspielräumen (alter Ansatz: „Kostenreduktion bei gleicher Leistung") als auch durch bessere Ausrichtung der Produkte auf die Kundenwünsche (Kostenreduktion durch Straffung des Leistungsangebots bzw. Erhöhung des Kundennutzens zu gleichen Kosten). Unternehmerisches Handeln im Kräftefeld von Markt-Produkt-Team-Systemeffizienz ist also auch eine Maxime des Abteilungsleiters im Servicebereich. *Das Delegationsprinzip macht den Abteilungsleiter für seine Funktion zum Unternehmer.*

3. Maxime:

Die innerbetriebliche Leistungsverrechnung folgt der Neu-Orientierung: Direkt auf Kundenwunsch erbrachte Dienste werden zu ausgehandelten Preisen bezahlt. Jede Kostenstelle soll sich grundsätzlich entlasten; entweder durch Einnahmen aus direkten Leistungen oder durch Umlagen, denen die von Nutzern akzeptierten

Leistungen gegenüberstehen (seien sie im Individual- oder im Gruppeninteresse erbracht). *Die Kostenstelle ist in diesem Sinne das „persönliche Verantwortungskonto des Kostenstellenleiters".*

Es würde den vorgegebenen Rahmen sprengen, hier die Verrechnungspreis- und Umlageproblematik weiter zu diskutieren. Anzumerken ist aber, daß der Schritt „von der Umlage zum Verrechnungspreis" nicht zwingend ist. Wirtschaftliche Steuerung ist unternehmensintern auch ohne den Preismechanismus möglich. Dieser unterstützt jedoch den Gedanken der Dezentralisation und Eigenverantwortlichkeit. Andererseits ist auch hier die Frage nach der Wirtschaftlichkeit der Verrechnungsmethode zu stellen. Diese Frage steht letztlich immer zwischen Einzel- und Gemeinkosten – und daran ändert auch eine aktivitätsorientierte Kalkulation nichts (so auch REICHMANN/FRÖHLING 1991, S. 43).

Aber selbst eine grundsätzlich mögliche und wirtschaftlich vertretbare Weiterverrechnung von Einzelkosten steht vor der Entscheidung, ob kosten- oder marktorientierte Verrechnungspreise im Einzelfall die richtige Basis bilden, die dann sowohl Einzel- als auch Gruppeninteressen zur Geltung verhelfen.

3. Die Theorie zu einem Kostenstellen-Controlling im Servicebereich

Zusammenfassend wurde im vorigen Abschnitt gefordert, daß „Verwaltung" als Servicefunktion mit unterscheidbaren, (meist) kundenbezogenen Einzelleistungen anzusehen ist. Daraus ergibt sich unmittelbar ein Anknüpfungspunkt zur Methodik der „Prozeßkostenrechnung". Im Sinne der oben aufgestellten Forderungen kann man sogar sagen: *„Kostenträgerrechnung im Dienstleistungsbereich ist aktivitätsorientierte Kostenrechnung".*

Im Service- bzw. Dienstleistungsbereich ist „das Produkt" oft mit Mühe zu definieren, „die Leistung" schwer zu quantifizieren. Die Problematik setzt sich fort bei Qualitätsbestimmung und -sicherung. Deshalb gingen im angesprochenen Bereich die Bemühungen schon länger dahin, Leistungen als Ergebnis von Prozessen zu verstehen und aktivitätsorientiert zu kalkulieren. Praxisbeispiele mögen die Kalkulation von Beratungsleistungen und DV-Leistungen sein. Dafür steht eine ausgearbeitete Methodik in der Grenzplankostenrechnung zur Verfügung (vgl. VIKAS 1988).

Die Prozeßkostenrechnung zielte zunächst ganz allgemein auf eine differenzierte Zuordnung der Gemeinkosten. Und dafür dienten natürlicherweise oft Beispiele aus dem Servicebereich (vgl. z. B. HORVÁTH/MAYER 1989, S. 216). Mag die Neuartigkeit dieses Instrumentes auch umstritten sein – theoretisch bietet es kaum mehr als die oben erwähnten „alten Methoden" – so hat es doch den Blick auf den Verwaltungsbereich gelenkt, der als „Anwendungsgebiet par excellence" (WEISS/HARTUNG 1991, S. 397) gilt.

Activity based costing macht die Zusammenhänge deutlich, die eine wirtschaftliche Steuerung im Service- (= Verwaltungs-) Bereich erleichtern, wo die Produkte immer aus Aktivitäten bestehen. „Dies konsequenter zu sehen und durchzuführen, ist ein wichtiger Schritt, der durch die Prozeßkostenrechnung mehr als durch andere Systeme vorangetrieben wird" (KÜPPER 1991, S. 389). Dieser Bewertung von Küpper folgend nutzen wir gerne die „Prozeßkostenrechnung" als theoretischen Hintergrund für die Bertelsmann-Philosophie des Kostenstellen-Controlling, die aus der praktischen Führungsarbeit heraus entstanden ist.

Zu den Begriffen: In diesem Beitrag soll weiterhin von aktivitätsorientierter Kostenrechnung die Rede sein, da die „Aktivität" auf eine abteilungsbezogene Sichtweise abstellt. Dagegen ist bei übergreifender Betrachtung die Zusammenfassung aller Aktivitäten zur Erstellung eines Service-Produktes als „Prozeß" zu bezeichnen (so auch WEISS/HARTUNG 1991, S. 396 f.).

Im Rahmen der oben ausgeführten Führungskonzeption und insbesondere im Zusammenhang mit der Kundenorientierung der Servicefunktion ist ein weiterer Aspekt zu beachten, der in der produktionsorientierten Kostenrechnung meist nur ein Schattendasein führt: die Definition des Outputs und seiner Qualität. Während beide Punkte sonst oft technisch beschrieben und quantifiziert werden, bilden Bestimmung, Messung und Qualifizierung der Leistung im Falle von Service-Produkten zusätzliche Anforderungen. Im Rahmen der wirtschaftlichen Steuerung sind diese weniger Vorgaben als vielmehr Bestandteile des Controlling-Prozesses.

In der Praxis geben wir den Abteilungsleitern Hilfestellung, damit sie aktivitätsorientiert selbst die Steuerung in die Hand nehmen können und sich selbst als Anbieter bzw. Nachfrager begreifen:

- Controlling als Teil der Führungsverantwortung verstehen
- Aktivitätsorientiert Denken: die Aufgabe einordnen und definieren
- Aktivitätsorientiert Steuern: Kosten zuordnen und Schwerpunkte/Kostentreiber identifizieren
- Leistungs- und Qualitätskennzahlen bilden.

Zu diesen vier Programmpunkten finden sich im folgenden Abschnitt Ausführungen, wie sie im Rahmen der Bertelsmann Management Seminare angehenden Abteilungsleitern als Grundausstattung vermittelt werden.

4. Die Umsetzung – step by step

4.1 Selbstverständnis des Abteilungsleiters und Aufgabenteilung im Unternehmen

Unternehmensziele werden nur durch Übernahme von Verantwortung auf jeder Ebene umgesetzt. Der Geschäftsführer hat im Profit-Center die Querschnittsfunktionen Führung und Koordination. Der Abteilungsleiter erhält durch Delegation Teile der Verantwortung für das Produkt bzw. die Dienstleistungen, die externen/internen Kunden, die Mitarbeiter, die Systemeffizienz bzw. das Ergebnis/die Kosten und das eingesetzte Vermögen.

Auf die Serviceabteilungen bezogen heißt dies ganz klar: Sie tragen zur Erreichung des Unternehmensziels bei, indem sie eigenverantwortlich Dienstleistungen für die internen Kunden erbringen. Sie haben sich dabei an der Nachfrage zu orientieren, haben die Produkte angemessen weiterzuentwickeln oder zu ersetzen, haben diese effizient zu erstellen und sind Rechenschaft über die Kosten/Ergebnisse schuldig.

Wirtschaftliche Steuerung ist Teil jeder Führungsverantwortung und „Controlling" ist das Steuern im Sinne dieser Verantwortung: durch Ziele und Planung, Information und Analyse, Konsequenzen ziehen. Somit ist Controlling auch eine Führungsaufgabe auf jeder Ebene.

Komplexität und Aufgabenteilung führen allerdings dazu, daß i. d. R. „der Geschäftsführer seinen Controller hat". Der Abteilungsleiter dagegen „ist sein eigener Controller".

Er wird durch das Firmen-Controlling unterstützt, das Systeme bereitstellt, die Datenströme organisiert, Daten transparent und vergleichbar zur Verfügung stellt und den Planungsprozeß koordiniert. Der Firmen-Controller steht außerdem als betriebswirtschaftlicher Berater in Einzelfragen zur Verfügung.

Diese Aufgabenteilung und das Controlling-Gewissen des Abteilungsleiters sind in Abbildung 1 zur Übersicht dargestellt.

4.2 Einordnung in den betrieblichen Leistungsprozeß und Aufgabenanalyse

Zunächst stellt sich der Abteilungsleiter die Frage nach seiner Einordnung in den betrieblichen Leistungsprozeß. Gerade Serviceabteilungen werden sich oft nicht nur an einer Stelle und meist gar nicht unmittelbar in der Wertschöpfungskette wiederfinden, die im Hinblick auf das Marktprodukt definiert ist. Wir sprechen

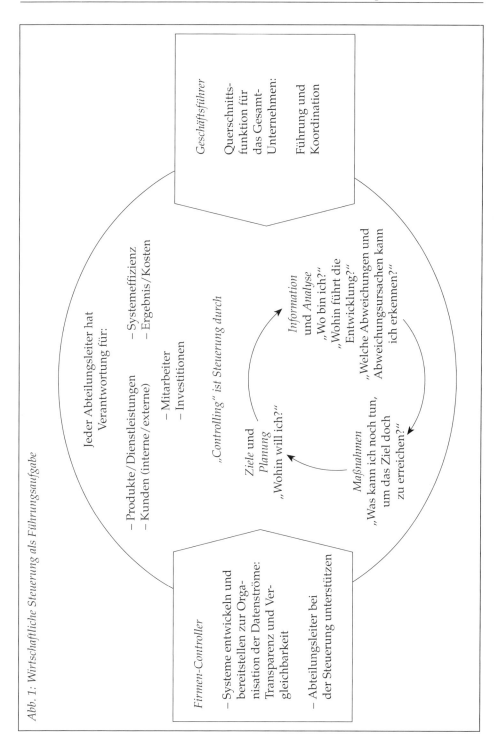

Abb. 1: Wirtschaftliche Steuerung als Führungsaufgabe

deshalb besser vom „Geschäftssystem", das über die Wertschöpfung am Marktprodukt hinaus auch das Netz der übrigen Leistungsbeziehungen im Unternehmen umfaßt.

Wie direkte Leistungsabteilungen kann sich auch eine Verwaltungsaktivität in bezug auf das Geschäftssystem definieren. Durch eine Einordnung wird offengelegt: „Von wem bekomme ich – für wen arbeite ich?"

Abbildung 2 zeigt als vereinfachtes Beispiel die Einordnung einer Buchhaltungsabteilung in das Geschäftssystem eines Verlages.

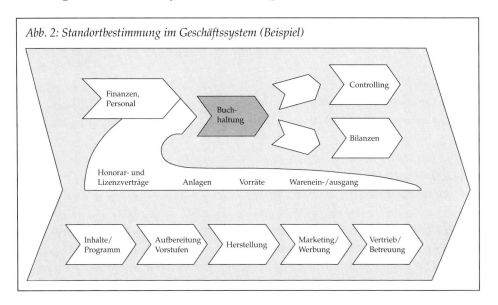

Abb. 2: Standortbestimmung im Geschäftssystem (Beispiel)

Davon ausgehend läßt sich in der zweifachen Differenzierung nach Kunden und Leistungen die Aufgabenstruktur der Abteilung festhalten. Und sofort wird jeder Abteilungsleiter zu jedem Produkt und Kunden/Lieferanten ein paar typische Faktoren nennen können, die sich im laufenden Geschäft als kritisch für Termintreue, Qualität und Kosten darstellen. Damit sind schon die ersten Merkpunkte für die spätere Suche nach Kostentreibern zusammengetragen.

Anschließend sollten alle Leistungen durchgegangen und weiter spezifiziert werden[1]: nach beteiligten Mitarbeitern, Mengen, Arbeitsmitteln, Periodizität der Anforderung usw. Die Bestandsaufnahme sollte auch danach fragen, welche der Leistungen die Nutzer explizit anfordern und welche Qualität direkt vorgeschrieben wird.

Für sogenannte „Verwaltungsabteilungen" ergeben sich dabei meist Anforderungsprofile, die von denen der direkten Leistungsbereiche gar nicht so weit entfernt sind: Qualität, Termintreue, Service, Wirtschaftlichkeit, Koordination mit vor-/nachgelagerten Stellen sind dabei Oberbegriffe. Für eine Buchhaltung z. B. wird daraus konkret: Genauigkeit und Vollständigkeit, Zeitnähe der Buchungen, Termineinhaltung beim Monatsabschluß, effiziente EDV-Nutzung, schnelle Verfügbarkeit von Auswertungen, effizientes Ablagesystem für Belege und dergleichen.

In vielen Fällen müssen erst zusammen mit den Kunden die Anforderungen an Qualität und Quantität der Leistung genau bestimmt werden. „Nice to have"-Lösungen sind gegenüber dem notwendigen Mindestmaß abzugrenzen.

Mangelnde Transparenz des Leistungsprogramms von Serviceabteilungen ist sicher ein Grund für die schwierige wirtschaftliche Steuerung (vgl. WEBER 1990, S. 206). Dazu trägt aber auch wesentlich die mangelnde Transparenz der Leistungsanforderungen bei. Der meist fehlende Marktpreismechanismus muß im Unternehmen durch den Anbieter-Nachfrager-Dialog ersetzt werden.

Als Ergebnisse dieser zweiten Runde bleibt festzuhalten: Der Standort ist bestimmt; die Anforderungen und die erbrachten Leistungen sind klar; kritische Faktoren sind benannt; „Variantenvielfalt" ist aufgedeckt.

4.3 Den Input bestimmen, wichtige Kostenblöcke und Kostentreiber identifizieren

Mit welchem Input werden die zuvor gefundenen Leistungen erbracht? Einen ersten – im Sinne der Vollständigkeit erschöpfenden – Überblick gibt die Kostenstellenübersicht in der Gliederung nach Kostenarten. Da diese für die laufende Steuerung im Normalfall zu umfangreich sein dürfte, sollte der Abteilungsleiter nach dem ABC-Prinzip seine *Schwerpunktkosten* herausfiltern und diese vorrangig und kontinuierlich im Blick behalten.

Doch damit ist erst ein Ansatz zur Informationseffizienz gefunden; Steuerung ist auf dieser Basis noch nicht möglich. Deshalb muß er in einem weiteren Analyseschritt die Kosten den Leistungen zuordnen. Dabei hilft ihm der zuvor aufgestellte Anforderungskatalog. Die ebenfalls aufgespürten Besonderheiten und spezifischen Schwierigkeiten dienen dazu, neben den als Leistungen bezeichneten Aktivitäten auch innerhalb dieser Aktivitäten die *Kostentreiber* zu identifizieren. Im Servicebereich werden oft Qualitäts- und Terminanforderungen dazu gehören. Andere Aktivitäten – meist die „außerordentlichen" (und doch sich wiederholenden) – sind aus Abteilungssicht selbst Kostentreiber, z. B. Nachforschungsaufträge an die Buchhaltung und Reklamationen im Kundenservice.

Auf diese Weise versetzt sich der Kostenstellenleiter in die Lage, für sich die Frage zu beantworten: „Welche besonderen Aktivitäten und Anforderungen muß ich im Blick behalten, damit ich die Kosten im Griff habe?"

Klarheit in diesem Punkt bildet auch eine wichtige Voraussetzung für Gespräche mit „Lieferanten" und „Kunden". So können eigene Anforderungen präzisiert werden, z. B. Formulare so zu gestalten, daß lästige Nachfragen entfallen, oder den organisatorischen Ablauf so festzulegen, daß die Termineinhaltung erleichtert wird. Ebenso kann im Dialog mit dem Leistungsempfänger das Kosten/Nutzen-Verhältnis präziser angesprochen werden.

Noch ein Wort zu den in der Literatur angeführten Grenzen der Prozeßkostenrechnung und den Auswirkungen auf die Abteilungssteuerung: In der „Verwaltung" kommt je nach Aufgabenbereich auch ein mehr oder minder hoher Prozentsatz an einmaligen, nicht standardisierbaren Aktivitäten vor. Diese können von der Prozeßkostenrechnung nicht erfaßt werden, da sie ein festes System von Bezugsgrößen zur Verrechnung von Aktivitäten auf Prozesse benötigt. Das Abteilungs-Controlling ist davon jedoch nicht berührt. Kleinere fallweise Anforderungen können gerade bei Vorliegen von aktivitätsorientierten Informationen schnell eingeschätzt und bewertet werden. Einmalige Leistungen, die aus mehreren Aktivitäten über längere Zeiträume bestehen, sind Projekte, und gerade Projektplanung und -verfolgung bedient sich einer aktivitätsorientierten Darstellung.

Schließlich empfehlen wir, sich in einem dritten Schritt ein Bild von der *Kostenelastizität* zu machen. Zum einen ist dies für die kurzfristige Steuerung eine Hilfe, da so die Stellschrauben für eine feinfühlige Kostensteuerung über Steuerung des Leistungsprogramms aufgedeckt werden. Zum anderen wird für die mittel- und langfristige Planung der Gestaltungsspielraum ermittelt.

Dieser Analysepunkt ist unbedingt notwendig: Durch eine aktivitätsorientierte Betrachtung werden zwar sehr deutlich Zusammenhänge zwischen Kosten und Leistungen dargestellt. Doch die konkreten Handlungsmöglichkeiten angesichts der mittel- bis langfristigen Kostenbindungen sind damit noch nicht herausgefiltert (vgl. auch REICHMANN/FRÖHLING 1991, S. 43).

Lassen Sie uns die in diesem Abschnitt dargestellten Analysepunkte nochmals an einem Beispiel wiederholen und dabei wie zuvor schon auf die Buchhaltung zurückkommen:

- Dort seien die wichtigsten Kostenblöcke Personal und DV.
- In beiden Kostenarten fließt – nur als Beispiel – ca. ein Drittel der Kosten in den Monatsabschluß.
- Wenn der Monatsabschluß um 1 Tag vorverlegt werden soll, ändern sich die DV-Kosten nur geringfügig, erhöhen sich die Personalkosten wegen notwendiger Überstunden um 10 %.
- In der Anlagenbuchhaltung beanspruchen Zugänge, Abgänge, Umbuchungen 75 % und Abschreibungen, die meist automatisch gebucht werden, 25 % der Arbeitszeit.

– Kurzfristig elastisch sind die Personalkosten hinsichtlich der Überstundenentgelte (inkl. Sozialabgaben) und die DV-Kosten bis auf Anschlußgebühren der Großrechnerterminals und Abschreibungen/Betreuungspauschale der PCs.

Die in Abschnitt 4.2 und 4.3 aufgeworfenen Fragen können mit großer Intensität und einigem Zeitaufwand zu sehr detaillierten Analysen vorangetrieben werden. Im Einzelfall mag dies auch sinnvoll sein und z. B. den Start für den führungsmäßigen Neubeginn einer Kostenstelle bilden. Es geht aber im Rahmen der hier vorgestellten Konzeption in den meisten Fällen darum, daß der Verantwortliche zu den Themen Kostenschwerpunkte, Aktivitäten, Kostentreiber und Kostenelastizität *seine vorhandenen Kenntnisse systematisch erfaßt, Zusammenhänge aufdeckt, subjektive Eindrücke durch Fakten untermauert und so maßgeschneiderte Hilfsmittel zur Selbststeuerung gewinnt.*[2]

4.4 Wichtige Leistungs-, Qualitäts- und Produktivitätskennzahlen

Das soeben Gesagte gilt auch für Kennziffern zu Leistung und Effizienz, die über die reinen Kostendaten hinausgehen und wie sie im Produktionsbereich gang und gäbe sind. Was dort Durchlaufzeiten, Maschinenauslastung und Ausschußquote sind, sind auch im Servicebereich – freilich viel stärker individualisiert – notwendige Zusatzinformationen gerade im Hinblick auf eine aktivitätsorientierte Steuerung.

Um wieder beim Beispiel Buchhaltung zu bleiben: Es könnten als Kennzahlen die Anzahl der Buchungen (pro Mitarbeiter), die Anzahl an Überstunden, die Stornoquote, der Zeitbedarf zur Fehlerbereinigung, die DV-Nutzungszeit, die Anzahl betreuter Firmen, die Anzahl und der Zeitbedarf von Sonderanfragen dienen.

Wo eine aktivitätsorientierte Weiterverrechnung der Kosten heute schon üblich ist, hat sich i. d. R. eine Zeitaufschreibung der Mitarbeiter etabliert. Dieses Instrument – selbst wenn es nur sporadisch und für eine begrenzte Zeit eingesetzt wird – liefert weitere Hinweise über die Aufgaben-Zeit-Struktur als Basis für Kosten/Nutzen-Überlegungen.

4.5 Das Handwerkszeug des Abteilungsleiters – Gesamtbetrachtung

Die Vorgehensweise, die zuvor in drei Analyseschritten beschrieben wurde, ist in Abbildung 3 zusammengefaßt.

Diese Schritte geben jedem Abteilungsleiter einen Leitfaden für seine laufende Controlling-/Steuerungsaufgabe an die Hand. Sie zielen darauf ab, das Bewußtsein für Kosten und Nutzen sowie deren Beeinflußbarkeit wach zu halten und systematisch zu unterstützen. *Das permanente In-Frage-Stellen der Leistung und des Prozesses der Leistungserstellung wird Bestandteil der Verantwortung des Abteilungsleiters.*

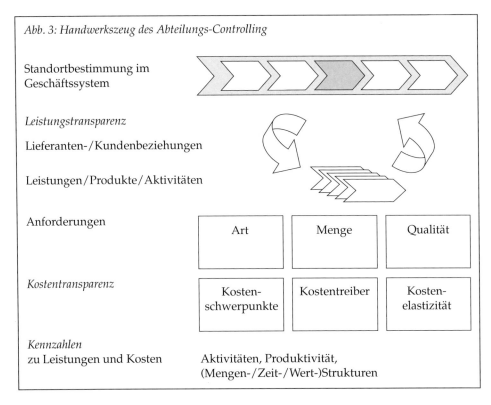

In seiner Beschreibung der Leistungs- und Kostenplanung für die Funktion „Kostenrechnung" kritisiert Weber die oft „unzureichende Leistungstransparenz". Und er fordert „beim ersten Mal [...] eine Fülle von Strukturierungsarbeit [...], ein Aufwand, der sonst nur im Rahmen von Gemeinkostenwertanalysen oder anderen Rationalisierungsinstrumenten für die Gemeinkostenbereiche erbracht wird, dort jedoch wegen des fallweisen Charakters dieser Analysen häufig verpufft" (WEBER 1990, S. 206 f.).

Das Wort „Rationalisierung" sollte hier durchaus wörtlich genommen werden. Im Sinne unseres Ansatzes des Kostenstellen-Controlling geht es um die Bewußtseinsbildung über den Prozeß der Leistungserstellung: „woher – womit/wie – wohin".

Mit der Gemeinkostenwertanalyse ist ein weiteres richtiges Stichwort gefallen: Der verantwortungsbewußte Kostenstellenleiter betreibt nach unserem Verständnis bei jeder Planung in der Diskussion mit seinen Kunden Zero-base-budgeting und im laufenden Geschäftsjahr eine permanente Gemeinkostenwertanalyse. Noch einmal: Es geht nicht um aufwendige Analysen, sondern darum, die Führungskräfte mit der Grundidee auszustatten, sowie die in hohem Maße vorhandene fachliche Kompetenz, die Erfahrung sowie das Wissen um Abläufe und Zusammenhänge systematisch zur Führungsaufgabe „Wirtschaftliche Steuerung" einzusetzen.

Ein zusätzlicher Punkt verdient außerdem eine Hervorhebung: Zum einen wird natürlich die operative Frage nach Effizienz in der Leistungserstellung aufgeworfen. Zum anderen erhält der Planungs- und Kostenverfolgungsprozeß durch die geschilderte Konzeption permanent eine *strategische Komponente*: Es stehen auch die Voraussetzungen, die Rahmenbedingungen und die Weiterentwicklung des Systems zur Diskussion.

Andere Controlling-Instrumente, z. B. Stärken-Schwächen-Analysen – evtl. gegenüber Marktanbietern ähnlicher Leistungen (auch ein Vorschlag von WEBER 1990, S. 207 f.) – empfehlen wir den Verantwortlichen in diesem Zusammenhang, wenngleich wir die Problematik der Vergleichbarkeit von Leistungen und der Datenbeschaffung deutlich sehen.

5. Unterstützende Systeme

Natürlich fragt uns der Abteilungsleiter, woher er die Daten für sein persönliches Controlling bekommt. Er erwartet vom Firmen-Controller, daß dieser die Systeme bereitstellt, die ihm die erforderliche Transparenz schaffen.

Dabei kommen wir zurück auf die Kernidee, jeden Abteilungsleiter das seinem Geschäft angemessene Instrumentarium entwickeln zu lassen. Dies bedeutet, daß er engpaßorientiert seine Controlling-Schwerpunkte flexibel festlegen kann.

Die andere Seite der Medaille wird bewußt in Kauf genommen: Gerade die spezifischen Vorteile der Konzeption entziehen sie ab einem bestimmten Punkt der Standardisierung.

Standardisiert wird auf jeden Fall eine Kostenstellenübersicht nach Kosten-/Erlösarten vorgelegt. Damit fehlen aber noch die wichtigen Aktivitätsdaten und Leistungskennziffern. Diese werden je nach Kostenstelle ganz unterschiedlich ausfallen; es kann sich um Mengen-, Wert-, Zeit- und Strukturkennzahlen handeln. Eine Quelle, die erste Anhaltspunkte liefert und standardisiert zur Verfügung steht, ist die monatliche Zeitabrechnung der Mitarbeiter. Andere Steuerungsdaten muß der Kostenstellenleiter heute noch i. d. R. selbst erheben oder selbst anfordern. Dieser Punkt kann allgemein für die praktische Durchsetzung der aktivitätsorientierten Kostenrechnung als der schwierigste angesehen werden[3].

Wir erinnern aber den Abteilungsleiter daran, daß er sich durch *Schwerpunktbildung* sein Controlling erleichtern sollte, so daß keinesfalls eine Vielzahl zusätzlicher Informationen benötigt werden. Oft werden schon fünf Kennzahlen genügen, um das Spektrum wichtiger Steuerungsdaten abzudecken. Wir empfehlen aber, diese Daten systematisch zu sammeln – ggf. als zusätzliche Zeilen in der Kostenstellenübersicht zu führen – und auch in der Planung einzusetzen, so daß Vorwärts- und Rückwärts-Schau ebenso wie bei den Kosten möglich wird.

Nun gibt es ja ausgefeilte Kostenrechnungs-Software, die eine Kostenstellenrechnung mit einer Vielzahl unterschiedlicher Bezugsgrößen ermöglicht. Untersuchungen haben auch die Eignung existierender Standard-Software zur Prozeßkostenrechnung nachgewiesen (vgl. KAGERMANN 1991, S. 391).

Konkrete Erfahrungen zeigen aber auch, daß die Organisation durch eine ad-hoc-Implementierung solcher komplexen Systeme überfordert sein kann. Dies führt zu der Schlußfolgerung, daß unter heutigen Gegebenheiten *primär das Kostenstellenbewußtsein zu schulen ist und Methoden, Organisation, Systeme einer speziellen Prozeßkostenrechnung sekundär einzuführen sind.*

Andererseits ist unter Effizienz- und Kostenaspekten zu fragen, ob nicht auch eine „Entfeinerung" (WEBER 1990, S. 203) von komplexen Kostenrechnungssystemen angezeigt ist – ob nicht das System bis zu einem gewissen Grade durch systematisches Denken also echtes Controlling ersetzt werden kann. Und während sich andere solche Fragen stellen, sollten wir nicht mit einem System-Overkill den Servicebereich unter Beschuß nehmen. Übernahme von Führungsverantwortung vor Ort, in der einzelnen Abteilung ist gefragt, und gerade das wird durch eine aktivitätsorientierte Steuerung erleichtert.

6. Zusammenfassung

Die Führungsphilosophie von Bertelsmann macht den Abteilungsleiter für seine Funktion zum Unternehmer. Dies gilt auch in den traditionell als „Verwaltung" bezeichneten Service-Funktionen. Kundenorientiert erbrachte Leistungen sind die Produkte.

Gerade Dienstleistungen können als Aktivitäten oder Bündel von Aktivitäten angesehen werden. Da die seit einiger Zeit diskutierte Prozeßkostenrechnung mit besonderer Konsequenz aktivitätsabhängige Kostenrechnung und Leistungstransparenz erfordert, kann sie als theoretischer Hintergrund zu dem hier vorgestellten Ansatz der aktivitätsorientierten Abteilungssteuerung dienen.

Mit der Zielrichtung einer aktivitätsorientierten Steuerung sind in einem ersten Schritt die Kunden und die Produkte einer Abteilung zu bestimmen. Darauf aufbauend gelangt man zu einer *Transparenz der Leistungen und der Leistungsanforderungen.*

Der nächste Schritt gilt der *Orientierung über die Kosten*:

- Der reinen Informationseffizienz im laufenden Geschäft dient eine *Schwerpunktbildung*, die eine kleine Zahl wichtiger Kostenblöcke in den Mittelpunkt rückt.
- Mit der *Identifizierung von Kostentreibern* folgt dann das Kernstück eines aktivitätsorientierten Controlling. Der Abteilungsleiter kennt dann seine Steuerungsgrößen.
- Die konkreten Handlungsspielräume werden aber erst durch eine Analyse der *Kostenelastizität* aufgezeigt.

Zur Komplexitätsreduktion in der laufenden Steuerung, aber auch in der Planung, benötigt der Kostenstellenleiter Kurzinformationen zu den Aktivitäten. Dazu dienen ihm neben den Kostendaten *Kennziffern zu Leistungen, Qualitäten und Produktivitäten.*

Diese Daten sind gegenüber der gängigen Form der Kostenarten-Kostenstellen-Darstellung Zusatzinformationen, die heute in der Regel noch nicht von Systemen bereitgestellt werden. Ob sie wegen ihres individuellen Zuschnitts überhaupt vom Firmen-Controlling geliefert werden sollten, ist diskussionswürdig.

Jedenfalls bildet die heutige Konzeption eine tragfähige Basis, die – wie Abbildung 4 verdeutlicht – alle Optionen auf einen weiteren Ausbau in Richtung Prozeßkostenrechnung enthält.

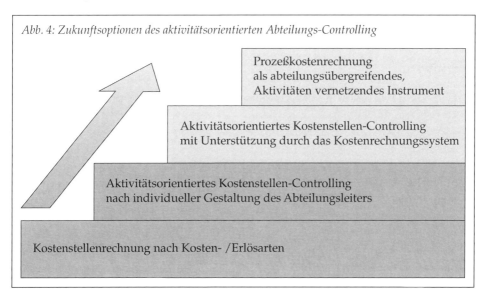

Abb. 4: Zukunftsoptionen des aktivitätsorientierten Abteilungs-Controlling

Mit den vorgestellten drei Elementen – Leistungs- und Kostentransparenz sowie Steuerungskennzahlen – ist der Abteilungsleiter in der Lage, sowohl operativ kostenbewußt und effizient zu wirtschaften als auch strategisch in der Bestimmung und Weiterentwicklung des Leistungsprogramms wirtschaftlich fundiert zu entscheiden. Er wird seinen Aufgaben als Unternehmer im Sinne der Führungskonzeption gerecht.

Die aktivitätsorientierte Abteilungssteuerung sichert auf kurze Sicht die Effizienz der Verwaltung, verankert die Idee der Prozeßkostenrechnung in der Managementpraxis und eröffnet auf längere Sicht die Möglichkeit zu systematischem Ausbau einer abteilungsübergreifenden Bewertung von Prozessen.

Anmerkungen

1) Dieser Schritt entspricht weitgehend der Funktionsanalyse zur Bezugsgrößenwahl, vgl. KILGER 1988, S. 506 ff., als Vorstufe zur Grenzplankostenrechnung oder in der Prozeßkostenrechnung der Tätigkeitsanalyse, vgl. z. B. BIEL 1991, S. 88.

2) Für eine unternehmensweite Einführung der Prozeßkostenrechnung ist der Aufwand sicher höher, da übergreifend Aktivitäten definiert und möglichst lückenlose Leistungskataloge aufgestellt werden müssen; vgl. z. B. WEISS/HARTUNG 1991, S. 396 f.

3) Vgl. auch KAGERMANN 1991, S. 392, der eine „flexible, performancegünstige Extraktion controllingrelevanter, mengenorientierter Kenngrößen aus den operativen DV-Systemen" fordert.

Literatur

BIEL, A. (1991), Einführung der Prozeßkostenrechnung, in: Kostenrechnungspraxis, 1991, S. 85–90.
HORVÁTH, P./MAYER, R. (1989), Prozeßkostenrechnung, in: Controlling, 1989, S. 214–219.
KAGERMANN, H. (1991), Abbildung prozeßorientierter Kostenrechnungssysteme mit Hilfe von Standardsoftware, in: Die Betriebswirtschaft, 1991, S. 391–392.
KILGER, W. (1988), Flexible Plankostenrechnung und Deckungsbeitragsrechnung, 9. Auflage, Wiesbaden 1988.
KÜPPER, H.-U. (1991), Prozeßkostenrechnung – ein strategisch neuer Ansatz?, in: Die Betriebswirtschaft, 1991, S. 388–391.
REICHMANN, T./FRÖHLING, O. (1991), Fixkostenmanagementorientierte Plankostenrechnung vs. Prozeßkostenrechnung, in: Controlling, 1991, S. 42–44.

VIKAS, K. (1988), Controlling im Dienstleistungsbereich mit Grenzplankostenrechnung, Nachdruck Wiesbaden 1988.

WEBER, J. (1990), Controlling der Kostenrechnung, in: Kostenrechnungspraxis, 1990, S. 203–208.

WEISS, H.-J./HARTUNG, W. G. (1991), Stellungnahme zum Beitrag von Coenenberg und Fischer – DBW-Dialog, in: Die Betriebswirtschaft, 1991, S. 396–398.

Marktorientiertes Handeln fordert schnelle Information

von

GERHARD LOCK

Gliederung

1. Herausforderungen des Marktes annehmen
2. Rahmenbedingungen und Leistungsprozeß
3. Verantwortung ergebnisorientiert und leistungsbezogen
4. Streckenergebnis konsistent und strukturiert
5. Von der Produktionsstruktur zu den Stückkosten
5.1 Produktionsstruktur definieren
5.2 Leistung messen
5.3 Stückkosten als Standard kalkulieren
5.4 Die „beste Schätzung"
6. Ergebnisrechnung mit Standardkosten erfolgreich einführen
6.1 Die „richtige" Kostenrechnung
6.2 Planung durchgängig und mengenorientiert

Die Wirtschaftlichkeit der einzelnen Lufthansa-Strecke ist bei einer kundenorientierten Ausrichtung der entscheidende Maßstab. Das Wissen, wie Streckenergebnis und Auslastung auf Änderungen des Marktes oder der angebotenen Leistung reagieren, muß zeitnah und ausreichend genau verfügbar sein. Das Aufzeigen der Kostentreiber unterstützt die gezielte Suche nach Produktivität.

1. Herausforderungen des Marktes annehmen

Der sich stetig liberalisierende Luftverkehrsmarkt bietet eine Reihe von Wachstumschancen, die Lufthansa aktiv nutzen will. Die Initiative im Markt behalten und die Qualitätsführerschaft sichern heißt,

- wissen, auf welchem Flug die Auslastung zu steigern ist,
- wissen, was die Kosten treibt,
- wissen, wie Auslastung und Ergebnis auf veränderte Marktentwicklungen reagieren.

Eine Ausweitung der Marktanteile und Geschäftsfelder läßt sich nur noch über eine breitere, den individuellen Kundenwünschen gerecht werdende Produktpalette realisieren. Damit die „1000-Nischen-Strategie" umgesetzt werden kann, benötigen wir schnelle Kosten- und Ertragsinformationen, die Nische soll vor der Konkurrenz ausgefüllt sein. Dabei geht Schnelligkeit vor der letzten Genauigkeit, denn das „window-of-opportunity" öffnet sich nicht zweimal.

Die bestehenden Systeme der Erlös- und Kostenrechnung waren nicht in der Lage, zeitnah das wirtschaftliche Ergebnis einzelner Strecken zu berichten. Wir kannten unsere Stückkosten und deren Abhängigkeit von der Leistung nicht hinreichend genau.

Beispielsweise wurden Personalkosten auf den Stationen im In- und Ausland als ein „fester Kosten-Block" ausgewiesen. Der größte Teil dieser Personalkosten steht jedoch in direktem Bezug zur erbrachten Leistung (zum Beispiel Anzahl abgefertigte Passagiere, Frachtsendungen, Flugzeuge). Ebenso gab es keine Trennung der Leistungen nach Passage und Fracht als Basis für eine aussagefähige Produktrechnung.

Dort wo ein Splitting in leistungs- oder produktabhängige Kosten notwendig ist, wies die traditionelle Kostenrechnung nur pauschale Werte aus.

Damit fehlte das Wissen bei Änderung der Leistung, sei es Flugplan oder Produkt, schnell zu analysieren, wie Auslastung und Kosten reagieren, wenn wir kurzfristig eine Marktlücke besetzen wollten oder Lieferschwierigkeiten von Flugzeugherstellern zu überbrücken hatten.

Deshalb werden die Kostenrechnungssysteme konsequent auf die Anforderungen von Produktmanagement und Verkauf ausgerichtet.

2. Rahmenbedingungen und Leistungsprozeß

Die Rahmenbedingungen zur Produktion der Dienstleistung „Flug" zeigen den hohen Einfluß folgender exogener Faktoren:

- Wachsende Preis- und Produktdifferenzierung,
- starke Abhängigkeit von Absatzmittlern, wie Spediteuren und Reisebüros,
- Vorlaufzeiten zur Beschaffung von Flugzeugen, Besatzungen, Infrastruktur für Abfertigung, Flugzeug-Überholung und -Wartung von mehr als drei Jahren,
- einseitiger Richtungsverkehr in der Fracht und ausgeprägte Saisonalität im Passagierverkehr,
- Beförderungspflicht im Linienverkehr.

Die Rahmenbedingungen prägen den Leistungsprozeß und die Kostenstruktur zur Produktion eines Fluges:

- Kostenintensive Bereitschaftskapazitäten im In- und Ausland,
- hohe Anteile von Fremdleistungen, wie Flugsicherung, Abfertigungsgebühren der Flughäfen, Provisionen für Absatzmittler,
- gemischte Nutzung der Flugzeuge durch Passagiere und Fracht (Koppel-Produktion),
- stark schwankende Leistungsintensität der Kostenstellen.

Planung und Steuerung des Produktionsprozesses „Flug" fordern schnelle und ausreichend genaue Informationen zu den Schlüsselfragen:

- Was kostet die einzelne Strecke oder der einzelne Flug wirklich?
- Welche Auswirkungen haben verschiedene kundenorientierte Lösungen auf die Kapazitäten der beteiligten Bereiche?
- Welche Kosten verursacht eine neue Strecke oder der Einsatz eines neuen Flugzeugmusters?

Dabei muß der Schwerpunkt auf der *Unterstützung von Managemententscheidungen* liegen. Der Konflikt zwischen schnellen und ausreichend genauen Managementinformationen und der größtmöglichen Exaktheit für buchhalterische Zwecke wird bewußt in Kauf genommen.

3. Verantwortung ergebnisorientiert und leistungsbezogen

Wirtschaftlichkeit ist bei einer marktorientierten Ausrichtung nur zu erreichen, wenn die angestrebte Produktvielfalt (flexibles Klassenkonzept, Dienstleistungen vor und nach dem Flug, Europa-Produkt Fracht, Express-Fracht etc.) beherrscht wird. Die Wirtschaftlichkeit von Produkt und Strecke wird mit dem Streckenergebnis gemessen und beurteilt.

Die Verantwortung für das wirtschaftliche Ergebnis von Strecken und Produkten im Passagierverkehr sowie die Gestaltung des Passage-Produkts liegen beim „Produktmanagement Passage". Analog verantwortet das „Produktmanagement Fracht" die Ergebnisse aus den eigenständigen Frachterdiensten und der Fracht-Zuladung auf den Passagierdiensten.

Ein Bündel von Management Support Systemen bietet dem Produktmanagement die Möglichkeit, die erbrachte Leistung, die Kosten, die Erlöse und damit die Wirtschaftlichkeit jedes Fluges zu beurteilen.

Für Leiter der operationellen und dipositiven Bereiche werden Produktivitäts-Kenndaten zum Controlling der Auslastung der vorgehaltenen Ressourcen und Stückkosten-Entwicklung aufbereitet.

Auf den Punkt gebracht lassen sich die Anforderungen an die Ergebnisdarstellung wie folgt zusammenfassen:

– Erlöse, Kosten und Ergebnisse leistungsabhängig und produktbezogen darstellen
– Stückkosten und Kostenverantwortung transparent darstellen
– Informationen vergleichbar und schnell verfügbar machen.

4. Streckenergebnis konsistent und strukturiert

Im Mittelpunkt steht die *Flugleistung*. Dieser Leistung die „richtigen" Erlöse und Kosten zuzuordnen, ist die zentrale Aufgabe der Streckenergebnis-Rechnung.

Diese Ergebnisrechnung liefert konsistente Daten zu Mengen, Erlösen und Kosten zu jeder Flugnummer strukturiert nach Produkt, Region, Flugzeugmuster und Zeitraum. Als deckungsbeitragsorientierte Vollkostenrechnung unterstützt die Streckenergebnis-Rechnung gezielt die break-even-Analyse von einzelnen Flügen und Strecken.

Erlöse und Leistungsmengen für die von Lufthansa geflogenen Strecken liefern die Systeme der *Erlös- und Leistungsrechnung*, zeitgerecht und der entsprechenden Leistung exakt zugeordnet.

Der auf Lufthansa entfallende Erlös aus den abgeflogenen Flugscheinen einer Reise eines Passagiers und den Luftfrachtbriefen einer Frachtsendung, die auch mit anderen Fluggesellschaften befördert sein können, wird anteilig nach bilateralen und multinationalen Abkommen ermittelt. Diese *Brutto-Erlöse* werden den tatsächlich beförderten Passagieren und Frachtsendungen gegenübergestellt und so den einzelnen Lufthansa-Strecken zugeordnet. Nach Abzug der verschiedenen Arten von Provisionen ergibt sich dann der *Netto-Erlös*, der tatsächlich bei Lufthansa verbleibt.

Bei den Kosten können wir nicht warten, bis alle Belege exakt geprüft und in der Buchhaltung erfaßt sind. Wir behelfen uns für schnelle Managementinformationen mit Standardkosten als „beste Schätzung" für den jeweiligen Zeitraum. Die Mengen zur Ermittlung der streckenbezogenen Standard-Stückkosten liefert ebenfalls die Leistungsrechnung.

Die Konsistenz von Leistungsmengen, Erlös- und Kosteninformationen als Basis schneller Managemententscheidungen ist damit sichergestellt.

5. Von der Produktionsstruktur zu den Stückkosten

Kernprodukt einer Fluggesellschaft ist der Passagier-Sitz und die Frachtsendung etwa auf dem Flug LH 742 von Frankfurt nach Hongkong. Zum Erbringen dieser Flugleistung werden von verschiedenen Unternehmensbereichen Ressourcen vorgehalten und bereitgestellt. Ressourcen sind alle „Kostenverursacher", die zur Durchführung eines Fluges benötigt werden, wie Personal, Flugzeuge, Abfertigungsgeräte, Gebäude, Reisespesen, Treibstoff, Energie und so weiter.

5.1 Produktionsstruktur definieren

Die *entscheidungsrelevanten* Ressourcen werden unabhängig von heutigen Abgrenzungen der Verantwortungsbereiche oder Kostenstellen und kostenstelleninternen Planungsgrößen zur *Produktionsstruktur* zusammengefaßt.

Der Aufbau dieser Produktionsstruktur orientiert sich an der Planbarkeit, strategischen Bedeutung und Zuordbarkeit zum Flugereignis.

Den Leistungsprozeß zur Durchführung eines Fluges haben wir in fünf Ressourcen-Gruppen gegliedert. Diese Strukturierung spiegelt letztlich die Deckungsbeitragsstufen der Streckenergebnis-Rechnung wider (vgl. Abb. 1).

Die Gliederungsstufen in die Tiefe mit ihren *Ressourcen-Elementen* werden abhängig von Planungs- und Analyse-Erfordernissen nach folgenden Kriterien festgelegt:

– Auf welcher Detaillierungsebene ist Planung sinnvoll?
– Ist eine verursachungsgerechte Zuordnung verfügbarer Istdaten möglich?
– Sind zusätzliche Aggregationsstufen für Analysen und Vergleichsreihen erwünscht (z. B. Kosten nach Kontinental- und Interkontinental-Flotte)?

Dabei steht der Produktionsprozeß „Flug" als Summe der Teilprozesse der Kostenstellen im Mittelpunkt und nicht wie früher die Summe der Produkte, z. B. Strecke, Passage oder Fracht, die künstlich kalkuliert wurden. Das Standardkosten-System stellt eine *Standard-Produktionsstruktur* mit frei wählbarem Detaillierungsgrad für Planungs- und Entscheidungs-Rechnungen bereit.

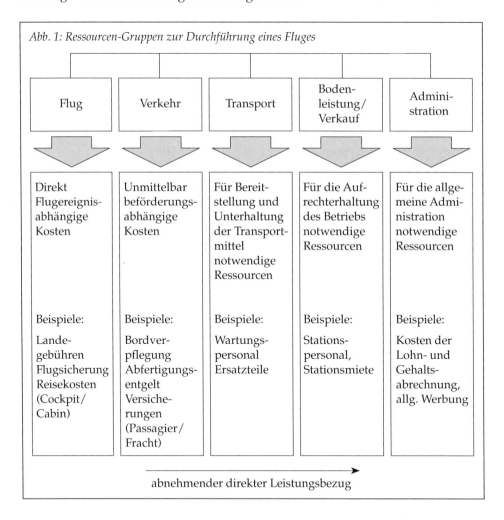

Abb. 1: Ressourcen-Gruppen zur Durchführung eines Fluges

5.2 Leistung messen

Jeder Flug nutzt oder verbraucht die von den einzelnen Unternehmensbereichen vorgehaltenen Ressourcen in einer typischen Weise. Die spezifische Leistungsinanspruchnahme dieser bereitgestellten Kapazitäten für die Durchführung eines Fluges messen wir über sogenannte *Leistungsbezugsgrößen*.

Beispielsweise hängt die Nutzung der vorgehaltenen Ressourcen im Bereich Flugzeugbesatzung, wie Personal und Reisespesen, weitgehend von der Leistungsbezugsgröße „Einsatztage je geflogener Strecke" ab, die Inanspruchnahme der Fremdleistung „Flugsicherung" hingegen direkt von der Leistungsbezugsgröße „Anzahl Landungen".

Eine entscheidungsorientierte Standard-Stückkosten-Kalkulation muß sich auf eine beherrschbare Anzahl von Leistungsbezugsgrößen beschränken. Sie sind als übergreifende Einflußgrößen die *Kostentreiber* und dienen zur verursachungsgerechten Verrechnung von Kosten auf den Flug und die zugehörige Strecke, bei uns z. B. Passagiere, Frachtsendungen, Landungen, Flugstunden, Blockstunden, Einsatztage, Ausbleibezeit.

Das von uns entwickelte Standardkosten-System bietet mit seiner Produktionsstruktur eine „betriebswirtschaftliche Stückliste", der die Leistungsbezugsgrößen jeweils auf der untersten Gliederungsstufe zugeordnet werden. Die Zuweisung zu den darüberliegenden Stufen erfolgt automatisch.

Die Zuordnung Leistungsbezugsgröße/Ressource erfolgt nicht nur, um Kosten verursachungsgerecht verrechnen zu können, sondern auch, um Kapazitäts- und Korrelationsanalysen zu unterstützen.

Kosten für die Flugbegleiter-Ausbildung, beispielsweise, liegen lediglich auf der obersten Stufe, Flotte, vor, da die Ausbildung gleichzeitig für mehrere Flugzeugmuster erfolgt. Diese Gesamtkosten werden über die Leistungsbezugsgröße „Einsatztage" verursachungsgerecht auf die einzelnen Flugzeugmuster verteilt, da für alle Muster die gleiche Ausbildungszeit anfällt. Bei Änderung der Ausbildungsstruktur kann kurzfristig die Verrechnungsbasis analysiert werden:

– Wie ändert sich die Kostenverrechnung, wenn die Kosten der Flugzeugbesatzungen nach Blockstunden anstelle von Einsatztagen zugeordnet werden?

Die den Leistungsbezugsgrößen entsprechenden Planmengen werden aus Planungssystemen übernommen und monatlich den Istmengen aus der Leistungsrechnung gegenübergestellt.

Im Standardkosten-System sind somit die *Mengen-Standards* hinterlegt, die folgende vergleichende Ad-hoc-Analysen unterstützen:

- Was ist die typische Struktur einer Station in Italien im Vergleich zu Spanien (Mix der Flugzeugmuster, Verteilung der Ankunftszeiten, Anzahl Passagiere und Frachtsendungen)?
- Wie haben sich Passagier- und Frachtaufkommen im Vergleich der Stationen Hamburg und München entwickelt?

Ausgefeilte und detaillierte Leistungsbezugsgrößen-Systeme sind zu vermeiden. Sie täuschen scheinbare Exaktheit vor, da die verwendeten Bezugsgrößen häufig schwer planbar sind. Die Beschränkung auf wenige maßgebliche Leistungsbezugsgrößen („standards of performance"), die relativ leicht als Plan- und Istwerte zu ermitteln sind, ermöglicht das Erkennen der eigentlichen Kostentreiber. Nur so kann die Devise „Schnelligkeit vor Genauigkeit" erfolgreich umgesetzt werden.

5.3 Stückkosten als Standard kalkulieren

Das eingesetzte Standardkosten-System ist kein völlig neues Kostenrechnungssystem. Es bedient sich weitgehend aus den traditionellen Kostenarten- und Kostenstellen-Planungen sowie Ist-Rechnungen (vgl. Abb. 2).

Abb. 2: Zusammenspiel: Streckenergebnis – Standardkosten – Kostenrechnung

Streckenergebnis	Standardkostensystem	Neue Kostenrechnung
• Monatliches Ergebnis nach Strecke und Produkt • Wirtschaftlichkeit nach Deckungsbeiträgen beurteilen • Relevante IST-Mengen für Standardkosten-Ermittlung bereitstellen	• Standardkosten sind das Brückenglied zwischen Strecken- und Kostenstellenrechnung • Detaillierte Kostenstellen-Daten in Produktionsstruktur und Kosten-Elementen zusammenfassen • Leistungsorientierte Standard-Stückkosten über Leistungsbezugsgrößen ermitteln	• Kosten-Transparenz durch Erfassung nach Produkten, Sparten Passage, Fracht, Nebenleistungen • Stückkosten als Maß für Leistung der Kostenstellen-Verantwortlichen bereitstellen • Innerbetriebliche Leistungsverrechnung
Ergebnisorientiert	Prozeßorientiert	Inputorientiert

Die Zuordnung der Kosten zur Produktionsstruktur erfolgt *prozeßorientiert* über sogenannte *Kostenelemente*. Ein Kostenelement faßt eine oder mehrere Positionen der Kostenarten- und Kostenstellen-Rechnung einschließlich interner Verrechnung sekundärer Kostenstellen, wie Instandhaltung, Datenverarbeitung etc., zusammen. Diese Zusammenfassung orientiert sich an dem Kalkulationsschema der Streckenergebnis-Rechnung.

Wieder benutzen wir die „betriebswirtschaftliche Stückliste" des Standardkosten-Systems und ordnen den Leistungsbezugsgrößen „ihre" Kosten verursachungsgerecht zu. Diese mehrstufige Kostenzurechnung schafft die nötige Transparenz im Gemeinkosten-Bereich: Kosten der Bereiche werden direkt aus mittel- bzw. unmittelbarer Inanspruchnahme der Prozesse abgeleitet, anstatt pauschal über Prozentzuschläge.

Im Rahmen der Planung werden die streckenbezogenen Leistungsmengen aus dem geplanten Streckenprogramm top-down vorgegeben. Das zugehörige Kostenvolumen wird „traditionell" in den Kostenstellen ermittelt. Dabei werden die stellenbezogenen Kosten entweder über die entsprechenden Leistungsbezugsgrößen des Kostenträgers „Strecke" direkt oder über abgeleitete Bezugsgrößen geplant.

Das Standardkosten-System errechnet jeweils nach Abschluß der „Planungsrunde" aus den Mengen je Leistungsbezugsgröße und zugehörigem Kostenvolumen die Kosten je Leistungseinheit, die *Standard-Stückkosten*.

Die Standard-Stückkosten sind nach Verabschiedung des jährlichen Budgets die „Verpflichtung" der Kostenstellen-Leiter für die direkt leistungsabhängigen Kosten auf dem Kostenträger Strecke. Sie bilden somit eine Vorstufe zu Verrechnungspreisen zwischen den Verantwortlichen für die Strecke (Produktmanagement) und den Kostenstellen (operationelle und dispositive Bereiche).

Damit sind alle Kosten- und Leistungs-Informationen in der „betriebswirtschaftlichen Stückliste" vorhanden, um beispielsweise den „Produktionsauftrag" Flug LH 742 von Frankfurt nach Hongkong zu kalkulieren, sei es im Ist oder vorausschauend als strategische Kalkulation.

5.4 Die „beste Schätzung"

Die aus Plandaten ermittelten Standard-Stückkosten bieten nur für einen definierten Zeitraum eine ausreichende „Schätzgenauigkeit" für Management-Entscheidungen.

Die wesentlichen Kostenblöcke sind unterjährig kaum veränderbar, wie Personal, Zinsen und Abschreibung auf Flugzeuge. Die *Bereitschaftskapazitäten und -kosten,* die eine Strecke oder ein Produkt zu tragen haben, liegen mit Verabschiedung der Planung weitgehend fest.

Eine unterjährige Adjustierung der Standard-Stückkosten erfolgt daher in begrenztem Rahmen. Daten aus dem Rechnungswesen fließen regelmäßig als Basis der „Schätzung" ein, die so laufend aktualisiert und genauer wird. *Anpassungen von Standard-Stückkosten* erfolgen im wesentlichen für Einzelkosten, wie zum Beispiel Treibstoff-, Flugsicherungs- oder Abfertigungskosten und ausgewählte Gemeinkosten.

Die Abweichungen zu den geplanten Standard-Stückkosten verbleiben auf den Kostenstellen und werden nicht auf die Strecke und das Produkt verrechnet.

Das Standardkosten-System erlaubt Management und Controlling, unabhängig von detaillierten Kostenrechnungssystemen, gezielt und schnell die Produktivität der genutzten Ressourcen zu analysieren. Dazu werden je nach Verfügbarkeit Plan-, Budget- oder Istwerte als die *„beste Schätzung"* für die Variantenrechnung herangezogen:

- Was kostet die Abfertigung je Passagier für ein neues Klassenkonzept auf den Stationen London, München und Hamburg?
- Was kostet der Anflug Toronto, wenn statt DC-10-Fluggerät eine Boeing B 747 eingesetzt wird?

6. Ergebnisrechnung mit Standardkosten erfolgreich einführen

Die erfolgreiche Einführung der Ergebnisrechnung mit Standardkosten hängt von dem „richtigen" Unterbau in der Grundrechnung und der Durchsetzung eines unternehmensweit durchgängigen Planungs- und Controlling-Konzeptes ab.

6.1 Die „richtige" Kostenrechnung

Das Standardkosten-Verfahren zur Ermittlung schneller Kosteninformationen für die Ergebnisrechnung nach Strecken und Produkten fordert die Aufspaltung in

- Leistungskosten, die kurzfristig nach Art und Menge der Leistung sowie der Produktionsverfahren variieren und
- Bereitschaftskosten, die nach dem erwarteten Leistungsvolumen disponiert werden, entsprechend dem Auf- und Abbau der Betriebsbereitschaft.

Diese geforderte Flexibilität und Genauigkeit der Management-Informationen kann für das Standard-System nur erreicht werden, wenn ein *konzeptionell passender Unterbau* existiert:

Eine durchgängige unternehmensweite Kostenrechnung, die den Anforderungen nach dem *leistungsbezogenem* Ausweis der Kostenverursachung und Splitting in kurzfristig und längerfristig disponierbare Kosten, insbesondere im Gemeinkostenbereich, genügt.

6.2 Planen durchgängig und mengenorientiert

Die Planung für Strecken, Erlöse, Leistung und Kostenstellen erfolgt *durchgängig* unter Nutzung der geschlossenen Darstellung der Struktur von Kosten und Mengen des Standardkosten-Systems.

Das Ergebnis der Mengen- und Leistungsplanung wird mit Standardkosten bewertet. Auf dieser Basis wird eine schnelle Überprüfung des Ergebniszieles im Rahmen der Mittelfrist-Planung durchgeführt. Zu diesem Zeitpunkt werden weitgehend die notwendigen Kapazitäten und ihre Bereitschaftskosten determiniert. Die anschließende Jahres-Planung erfolgt als mengenorientierte Budgetrechnung.

Das Controlling muß als „Scharnier" zwischen Kostenträger und Kostenstellen die Planungsergebnisse zielorientiert zusammenführen. Dazu wird für alle Planungsverantwortlichen eine einheitliche „Sprache" eingeführt:

Leistungsbezugsgrößen bilden die Brücke zwischen Kostenträger- und Kostenstellen-Planung. Die planungsrelevanten Mengen werden top-down vorgegeben. Im „Gegenstrom" fließen die zugehörigen Kostensätze zur Ermittlung der Strecken- und Produkt-Ergebnisse zurück (vgl. Abb. 3).

Produktivitätsoptimierung und zielgerichtetes Ergebnis-Controlling der Bereitschaftskapazitäten werden durch vergleichbare Standards für Leistungsmengen, Erlöse und Stückkosten nach diesem Planungskonzept wirkungsvoll unterstützt.

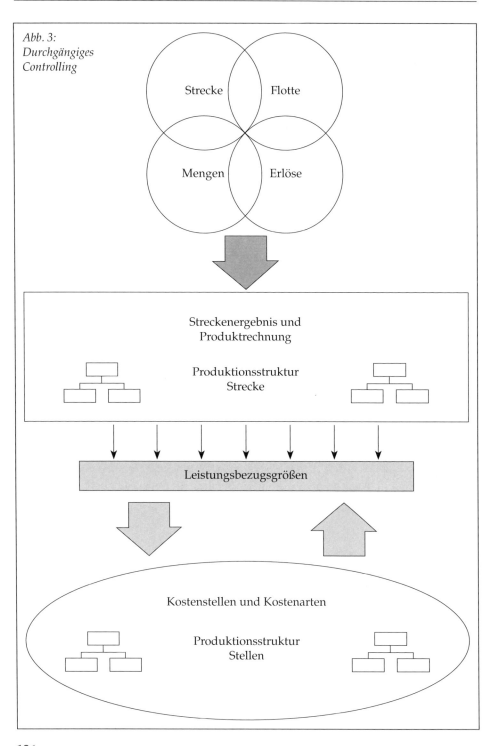

Abb. 3: Durchgängiges Controlling

Leistungsorientiertes, antizipatives Gemeinkostenmanagement

von

ULRICH LOHMANN

Gliederung

1. Dominanz der Fixkosten
2. Unzureichende Beherrschbarkeit der Fixkosten mit herkömmlichen Methoden
2.1 Fehlorientierung durch die Grenzkostentheorie
2.2 Probleme der Fixkostenplanung
2.3 Probleme der Fixkostensteuerung
2.4 Unzureichendes Anti-Fixkosten-Arsenal
3. Gründe für die Fixkostendominanz
3.1 Ineffizienzen
3.2 Strukturänderungen
3.3 Die wahren Kostentreiber
4. Leistungsorientiertes Gemeinkostenmanagement
4.1 Die Prozeßkostenrechnung
4.1.1 Die Methode
4.1.2 Erste Erfahrungen
4.1.3 Einführungsstrategie
4.1.4 Praktische Einführung
4.2 Gemeinkostenplanung mit der Prozeßkostenrechnung
4.3 Gemeinkostensteuerung mit der Prozeßkostenrechnung
5. Antizipatives Gemeinkostenmanagement
5.1 Begriffsbestimmung
5.2 Die Hauptprozesse
5.2.1 Definition der Hauptprozesse im Unternehmen
5.2.2 Ermittlung der Hauptprozeßkosten
5.3 Gemeinkostenbeeinflussung durch sichere Entscheidungen
5.3.1 Sortimentsentscheidungen
5.3.2 Make-or-Buy-Entscheidungen
5.3.3 Investitionsentscheidungen
6. Prozeßkostenrechnung und ihr Anspruch an das Management
7. Zusammenfassung und Fazit

1. Dominanz der Fixkosten

Betrachtet man die Kostenentwicklung der letzten Jahrzehnte, so fällt die signifikante Verschiebung des Schwergewichts von den Grenzherstellkosten zu den Fixkosten auf. Während die Grenzherstellkosten eindeutig definiert sind und ihren Kostenverursachern klar zugeordnet werden können, bleiben die Fixkosten eine black box, von der wir wissen, wo und welche Kosten entstehen, aber nicht wodurch. Während die Reduzierung der Grenzherstellkosten durch fortschreitende Automatisierung und Rationalisierung im Mittelpunkt des Interesses stand, wuchsen die Fixkosten mit einem Automatismus, dem das Controlling oder die Betriebswirtschaft keine methodischen Abwehrinstrumente entgegensetzen konnte. Da das Kostensenkungspotential bei den Grenzherstellkosten laufend abnimmt, ist das Controlling jetzt gefordert, dem Management geeignete Instrumente zur Verfügung zu stellen, um auch die Fixkosten in den Griff zu bekommen.

In den 60er Jahren haben wir begeistert und überzeugt ein Einfachticket Richtung Grenzkostenrechnung gelöst. Es sieht so aus, als müßten wir jetzt eine Netzkarte kaufen, damit wir nach Bedarf pendeln können. Wir brauchen die Grenzkostenrechnung nach wie vor, müssen aber bei Bedarf zum Ausgangspunkt, der verursachungsgerechten Totalkostenrechnung, zurückkehren können. Wir müssen einen Weg finden, Gemeinkosten transparent sowie meßbar und damit verursachungsgerecht zuordenbar zu machen. Wir müssen Instrumente schaffen, mit denen wir Fixkosten managen können.

Ausgehend von den USA ist, seit Mitte der achtziger Jahre, die Methode des „Activity Based Costing", der Prozeßkostenrechnung (PKR), in den Vordergrund gerückt und wurde in einigen Unternehmen bereits etabliert, um die in den USA noch weit verbreitete Zuschlagskalkulation abzulösen. Für die PKR gibt es im Grunde genommen noch kein allgemein akzeptiertes, wissenschaftlich fundiertes Standardverfahren. Die Anwendungs- und Gestaltungsmöglichkeiten sind vielfältig: Von der Kalkulation bis zur Entscheidungshilfe und dem Gemeinkostenmanagement. Im folgenden Beitrag werde ich aufzuzeigen versuchen, wie wir bei GARDENA die Gemeinkosten mit Hilfe der PKR beherrschbar machen wollen.

Dem betriebswirtschaftlich orientierten Leser wird schon jetzt aufgefallen sein, daß abwechselnd von Gemeinkosten und Fixkosten die Rede ist, wohl aber das gleiche gemeint zu sein scheint. Um dies zu klären, sollten wir den Deyhleschen Kostenwürfel mit den Begriffspaaren variable/fixe Kosten und Einzel-/Gemeinkosten sowie der Kostenstufung nach der Möglichkeit der Kostenbeeinflussung (kurz- bis langfristig) bemühen. Wenn wir von Fixkosten sprechen, dann meinen wir in der Tat gleichzeitig Gemeinkosten und zwar aus folgenden Gründen: Einzelkosten sehen wir als Sondereinzelkosten, die ausschließlich mit der Herstellung zu tun haben und als variable Kosten in die Grenzherstellkosten eingehen. Sicher gibt es noch andere Einzelkosten, wie für Forschung und Entwicklung, für Qualitätssicherung, für Vertrieb und Marketing etc. Nur erfassen und verarbeiten wir sie nicht als solche, also sind sie für uns Gemeinkosten. Und fix sind diese Einzelkosten allemal, da sie nicht zur physischen Existenz des Produkts erforderlich sind. Darum verwenden wir im Endeffekt die Begriffe Fixkosten und Gemeinkosten synonym für praktisch ein und dasselbe.

2. Unzureichende Beherrschbarkeit der Fixkosten mit herkömmlichen Methoden

2.1 Fehlorientierung durch die Grenzkostentheorie

Das Problem mit den Fixkosten beginnt, unterstützt durch dogmatische Grenzkostenanhänger, in den Köpfen: Fixkosten sind fix, also ohnehin vorhanden und nicht beeinflußbar. Wenn Fixkosten steigen, dann sind das sprungfixe Kosten, mit denen gerechnet wird, die eben einfach sein müssen („... oder wollen Sie, daß wir keinen Umsatz mehr machen, die Lieferanten nicht mehr bezahlen, wir nicht mehr lieferbereit sind, wir keine neuen Produkte mehr bringen, wir zu teuer einkaufen, die Antwortzeiten auf Minuten steigen ... usw.?").

Damit haben wir ein Denken im Unternehmen gefördert und gefordert, welches Fixkosten immer dann, wenn Entscheidungen zu treffen waren, aus den Überlegungen weitgehend ausschloß. So wurden beispielsweise *Make-or-Buy-Entscheidungen* fast immer auf Grenzkostenbasis getroffen. Natürlich nur, wenn noch freie Kapazitäten angenommen werden konnten. Daß diese Annahme gerne getroffen wurde, ist menschlich, da andernfalls ein komplexer und theoretischer Rechenprozeß in Gang gesetzt worden wäre, der jeden Praxisbezug vermissen lassen würde. Also bleibt es in der Regel dann doch bei den Grenzkosten, vielleicht erhöht um pauschale „Sicherheitszuschläge". Kaum ein Lieferant oder Lohnveredler wäre in der Lage, kaufmännisch sinnvoll unsere Grenzkosten zu unterbieten! Daraus resultiert fast zwangsläufig, daß es fast immer günstiger ist, selbst zu produzieren statt zu beziehen. Die gleiche Folge gilt sinngemäß für die Hereinnahme von Handelsware. Für den Vertrieb kann es keinen Anreiz geben, sich durch Handelsware, die vermutlich immer teurer sein wird als unsere Grenzkosten, die relativen Deckungsbeiträge zu verschandeln. Als Folge steigen Fertigungstiefe und -breite sowie die Wertschöpfung, ohne daß die zwangsläufig steigenden Fixkosten jemals einkalkuliert worden wären.

Auch *Sortimentsentscheidungen* können durch die Grenzkostenrechnung fehlgeleitet werden: Artikel mit kleiner Auflage oder Varianten, die die gleichen Prozesse auslösen wie die Standardartikel, erzielen häufig höhere Preise als die Standardartikel und damit höhere Deckungsbeiträge. Was wir übersehen, ist, daß die gleichen Prozesse und die damit verbundenen Prozeßkosten von bedeutend weniger Umsatz getragen werden müssen als die Standardartikel. Tendenziell verursachen wir mit solch falschen Sortimentsentscheidungen Fixkosten, die nicht gedeckt werden können, wissen aber nicht, warum.

Als letztes Beispiel seien u. a. Konstrukteure, Arbeitsplaner und Einkäufer genannt, die durch die Grenzkostentheorie jahrzehntelang auf Grenzkostenminimierung eingeschworen wurden. Anstatt die *Teilevielfalt* zu reduzieren, wurden lieber weitere Teilenummern und Arbeitsgänge geschaffen, wenn sich dadurch Einsparungen erzielen ließen, die im Zehntel-Pfennig-Bereich lagen und das ohne Gewichtung mit der Menge. Darum rechnen wir ja auch mit Kosten pro hundert – anders ließen sich die Zehntel Pfennige nicht darstellen.

Unbestreitbar war es früher von übergeordneter Priorität, Produktionsprozesse zu rationalisieren und den Materialeinsatz zu minimieren, da dort die Kostenschwerpunkte lagen. Dies ging einher mit der Forderung, den Output zu erhöhen, um die Nachfrage zu befriedigen. Heute liegt der Anteil der Grenzherstellkosten an der Wertschöpfung weit unter fünfzig Prozent und ein engpaß- und problemorientiertes Controlling muß sich schwerpunktmäßig der Fixkosten annehmen. Darum erweist sich die bisherige Sichtweise erst durch die Verschiebung der Kostenstruktur als Fehlorientierung zum heutigen Zeitpunkt.

2.2 Probleme der Fixkostenplanung

Operatives Controlling beginnt bei der zielorientieren Planung. Zu fragen ist: Wie wurden die Fixkosten denn nun in der Vergangenheit geplant? Mit Methoden des Zero Base Budgeting, mit Standards of Performance? Welches Unternehmen ist, Jahr für Jahr, so vorgegangen? Vermutlich keines, vielmehr wurde versucht, mit folgenden Problemen mehr oder weniger ziel- und sachgerecht fertig zu werden:

- Die Leistung in den Fixkostenbereichen von Verwaltung und Vertrieb, von Logistik sowie Forschung und Entwicklung war kaum meßbar und damit objektiv schwer planbar. Fixkosten waren „Verhandlungssache" und wurden an Hilfsgrößen festgemacht.
- Allgemein beliebt ist die *Ausrichtung am Vorjahr*, ergänzt um angenommene Inflationsfaktoren und gegebenenfalls um die Auswirkung bestimmter, geplanter Maßnahmen. Das Vorjahr als Maßstab ist jedoch eine Einbahnstraße. Die Kosten können nur steigen, da Änderungen der Leistungsmengen nicht bekannt sind bzw. geplant werden. Unwirtschaftlichkeiten werden übernommen, die Reduzierung der Leistungsanforderungen bleibt verborgen, Strukturänderungen werden nicht berücksichtigt.

- Nicht weniger beliebt bleibt die *Ausrichtung am Umsatz* – sofern er als wachsend geplant wird. Damit werden Fixkosten ohne Bezug auf die Leistungsanforderung proportionalisiert. Aber wodurch ändert sich beispielsweise der Aufwand in der Lieferantenbuchhaltung, wenn die Rechnungsbeträge steigen oder im Einkauf, wenn der Auftragswert zunimmt? Grundsätzlich muß darum die Ausrichtung am Umsatz kontraproduktiv sein, kann aber auch zu Engpässen führen.
- Die *Leistungsanforderungen* im Fixkostenbereich sind, wie wir wissen, objektiv schlecht zu beurteilen. Was geschieht nun, wenn die Fixkostenplanung eine Zielüberschreitung ergibt und in der Planungsphase eine Kostensenkung erforderlich wird. Was wird entschieden – in Ermangelung objektiver Beurteilungskriterien? Pauschale Kürzung der Fixkostenbudgets um x % und Einstellungsstops (nehmen wir an, das Werbebudget ist bereits drastisch gekürzt worden)! Diese Rituale sind altbekannt und werden vom Kostenstellenverantwortlichen vorweggenommen, indem ausreichende Polster gebildet werden. Polster sind kontraproduktiv und neigen dazu, ausgeschöpft zu werden – auch dann, wenn man sie gar nicht „opfern" mußte. Und die Kostenstellen, deren Kosten wirklich leistungsmengeninduziert sind, werden trotz allem benachteiligt – nur wissen sie es nicht.

Während die Grenzkosten durch Stücklisten und Arbeitspläne exakt bestimm- und planbar sind, ist dies, wie wir gesehen haben, bei den Fixkosten nicht der Fall. Im Grunde genommen war es dem Controlling nicht möglich, objektive Kriterien zu liefern, die den Kostenstellenverantwortlichen bei der Kostenplanung unterstützen konnten.

2.3 Probleme der Fixkostensteuerung

Wie konnte das Controlling dem Management dann bei der Fixkostensteuerung, dem operativen Fixkostenmanagement Unterstützung geben? Kaum besser als bei der Fixkostenplanung:

- Mit unseren Kostenrechnungssystemen konnten wir sehr genau darstellen, *wo welche Kosten* entstanden. Es ließen sich damit die Symptome erkennen, nicht aber die Ursachen von Kostenveränderungen. Eine bekannte Größe war der Input als der Verbrauch an Ressourcen, nicht aber der Output als die erbrachte Leistung. Das Controlling konnte, besonders was Technik und Logistik anbetrifft, zwar den Finger auf die Wunde legen, den Kostenstellenverantwortlichen aber kaum helfen, die Ursachen seiner „Wunden" zu ergründen.
- Die *Kostenauflösung* in proportionale und fixe Gemeinkosten mag analytisch so perfekt gewesen sein, wie irgend möglich. Es blieben trotzdem Fixkosten übrig, die sich in etwa linear mit den sie bestimmenden Einflußgrößen veränderten.

Für die Berücksichtigung dieser Abhängigkeiten gab es keine Instrumente. Es blieb darum nicht aus, daß das unveränderliche Fixkostenbudget an Glaubwürdigkeit und Akzeptanz bei den Kostenstellenverantwortlichen verlor. Jeder wußte, daß Abhängigkeiten vorhanden waren, die jedoch bei der Ermittlung des Soll-Wertes methodisch nicht berücksichtigt werden konnten.

- Ein ständiges Problem lag in der *Substitution von Grenzherstellkosten durch Fixkosten*. Es wurde in kapital-, wartungs- und serviceintensive Anlagen investiert, was den direkten Lohn zwar drastisch reduzierte, andererseits aber die Fixkosten praktisch unkontrolliert und ungesteuert in die Höhe trieb. In Wirtschaftlichkeitsanalysen blieb dieser Effekt, da vorwiegend auf Grenzkostenbasis gearbeitet wurde, unerkannt oder zumindest ungenau spezifiziert, und die Kostenstellen sahen sich Kostensteigerungen gegenüber, die sie eigentlich nicht zu verantworten hatten. Sinkende Grenzkosten gingen im verbesserten Deckungsbeitrag unter, während der Fixkostenanstieg die Kostenstellenverantwortlichen belastete. Dieses Phänomen verringerte den Wert der Kostenstellen-Soll-Ist-Vergleiche als Steuerungsinstrument – zumindest emotional.
- Noch ein Beispiel für unbefriedigte Möglichkeiten der Kostensteuerung sind Kostenverschiebungen, die durch Umstrukturierungen entstanden, jedoch nicht transparent gemacht werden konnten. Bei einer vermehrten Umstellung auf just-in-time Anlieferung wurden zwar Bestände reduziert, auf der anderen Seite aber wurde durch die hohe Lieferfrequenz auch eine entsprechende Vielzahl von Vorgängen ausgelöst, die im Wareneingang, der Einlagerung, der Rechnungsprüfung usw. einen Kostenanstieg verursachten, der weder transparent noch der Höhe nach zu bestimmen war.
- Schließlich und nur ungern jemals zugegeben, neigt ein Kostenstellenverantwortlicher angesichts der bekannten Planungsschwächen tendenziell doch dazu, sein *Budget auszuschöpfen*. Wenn die Planung auf dem Vorjahr aufbaut, wäre er seiner Abteilung gegenüber ja schließlich verantwortungslos, denn „man weiß ja nie, was kommt". Unter diesen Umständen kann dann kaum noch von Gemeinkostensteuerung und -management gesprochen werden.

2.4 Unzureichendes Anti-Fixkosten-Arsenal

Nehmen wir an, das Controlling hat sehr eindringlich dargestellt, daß die Fixkosten zu hoch sind, wo sie zu hoch sind und durch welche Kostenarten oder Aufträge sie zu hoch sind – mit welchen Instrumenten kann es dann helfen, die Fixkosten wieder in den Griff zu bekommen?

- Ein sofort wirkungsvolles, aber sehr gefährliches und wenig zielorientiertes Instrument der Fixkostensenkung ist ein kategorischer *Einstellungsstop*. Hierbei

ist die Kollision mit langfristigen Strategien unvermeidlich, da nur auf kurzfristige Wirkung abgestellt wird.
- Ebenso ungeeignet ist eine *pauschale Kostensenkung* mit einem einheitlichen Kostenreduzierungsziel von x %. Hierbei ist die Gefahr groß, daß strategische Positionen und personelle Ressourcen, die unter langfristigen Zielsetzungen aufgebaut wurden, zunichte gemacht werden, anstatt zu versuchen, die echten Ursachen für die Fixkostensteigerung zu beseitigen.
- *Zero Base Budgeting*, ein aufwendiges Verfahren, das uns als jährliches Planungsinstrument als zu aufwendig und darum praktisch nicht durchführbar erscheint.
- *Standards of Performance* (SOPs), die Dr. Deyhle schon seit langem propagiert, die aber nach unserer Erfahrung ein theoretischer Ansatz blieben, da sie in keinem geschlossenen System eingebunden waren, die Erfassung der Leistungsmengen für die Praxis ungeklärt war, eine Weiterverrechnung der SOPs auf Kostenträger nicht vorgesehen war und sich keine DV-Unterstützung bei den Software-Anbietern fand. Tatsächlich jedoch kommt der SOP-Ansatz der PKR sehr nahe und kam vielleicht einfach zu früh.
- *Gemeinkostenwertanalyse* als die Methode, die mit größter Wahrscheinlichkeit zu realen Fixkostensenkungen führt. Dabei sehe ich die GWA eher als Mittel, Unwirtschaftlichkeiten, die sich in wachsenden Unternehmen wegen geringer Priorität der Fixkosten gebildet haben, offenzulegen und zu beseitigen. Bei schrumpfenden Unternehmen dagegen werden Leerkosten aufgedeckt und beseitigt, auf die das Management zu spät reagiert hat. Nachteil der GWA ist, daß sie eine Einmalaktion bleibt, die den Fixkostensockel in einer Gewaltaktion senkt, Unwirtschaftlichkeiten und Ineffizienzen zwar beseitigen hilft, die wahren Kostentreiber aber nicht beeinflußt und den Fixkostenanstieg damit nicht nachhaltig bremst, sondern lediglich die Ausgangsbasis verbessert. Damit stellt sich die Frage, was denn die wahren Gründe für den dramatischen Fixkostenanstieg sind. Läßt sich diese Frage beantworten, so sind damit konkrete Ansatzpunkte für ein Fixkostenmanagement geschaffen.

3. Gründe für die Fixkostendominanz

3.1 Ineffizienzen

Es ist unwahrscheinlich, daß mangelnde Leistungsbereitschaft, fehlende Motivation und Anspruchsdenken der Mitarbeiter oder der Trend zur „Freizeitgesellschaft" die Ursachen für wachsende Ineffizienzen und damit steigende Fixkosten sind. Die Gründe dafür sehe ich eher bei folgenden Ursachen:

- In der Vergangenheit schenkte das Management den Grenzkosten die höchste

Aufmerksamkeit, welche quantifizierbar waren und besonders im Zuge von Rationalisierung und neuen Technologien allgemein sichtbar gesenkt werden konnten. Einsparungen bei den Fixkosten dagegen verschwanden im großen Fixkostentopf, der insgesamt unbeirrbar zu wachsen schien aus nicht konkret definierbaren Gründen.
- Durch den *fehlenden Bezug zur Leistung* war es für das Management äußerst schwer, den echten Fixkostenbedarf abzuschätzen. Das führte auch dazu, daß bei einem Unternehmen, welches in der Regel mit Ausschlägen nach oben und unten wuchs, die Fixkosten konstant anstiegen, den Ausschlägen nach unten also nicht folgten. Wie sollte das Management auch wissen, welche Gemeinkosten nun leistungsmengeninduziert bzw. -neutral waren?
- Nicht zuletzt hat die Betriebswirtschaftslehre mit der *einseitigen Ausrichtung auf die Grenzkosten* zu der heutigen Fehlorientierung beigetragen. Während die Fixkosten in den Unternehmen faktisch zu einem immer größeren Problem wurden, gab es wenig Ansätze für moderne und problemorientierte Instrumente zur Unterstützung des Managements. Während sich in den Unternehmen und den Märkten die Strukturen extrem gewandelt haben, verharrte die Betriebswirtschaftslehre auf dem Stand der 60er Jahre.

3.2 Strukturänderungen

Ein großer Teil des Fixkostenanstiegs ist auf Strukturänderungen zurückzuführen, deren Auswirkungen bisher nicht transparent gemacht werden konnten. Wir haben diese Kosten als *Strukturanpassungskosten* bezeichnet.

- *Markt- und Kundenstrukturen* haben sich in den letzten zwanzig Jahren signifikant geändert und damit zu einer ganz anderen Leistungsanforderung in den Unternehmen geführt. Wir haben globalisierte Käufermärkte mit internationaler Konkurrenz. Auch das Käuferverhalten hat sich gewandelt und ist geprägt durch hohe Ansprüche an Flexibilität und Produktprogramm der Hersteller. Durch den kürzeren Lebenszyklus der Modelle müssen deren Kosten sehr schnell amortisiert werden. Die Konzentration im Handel nimmt permanent zu, Großhandelsstrukturen verschwinden, Logistik und Lagerhaltung im Handel werden optimiert. Das alles führt zu einer stark überproportionalen Erhöhung von Kundenaufträgen und Versandprozessen, zu höheren Ansprüchen an Lieferfähigkeit und Lieferfrequenz und zu erhöhtem Aufwand in der Kundenbetreuung. All das erhöht die Fixkosten, ohne daß wir die Wirkung der Strukturänderungen transparent machen können.
- Im Unternehmen selbst hat die Revolution der *Technologien* die Strukturen in Fertigung und Montage, in der Logistik und Informationsverarbeitung stark beeinflußt. Wir haben Arbeitskosten durch Kapital und direkte Lohnkosten

durch indirekte Gehaltskosten substituiert. Logistik und Informationsverarbeitung wurden zu Potentialen, die echte Wettbewerbsvorteile darstellen, aber auch bislang unbekannte Fixkostenanteile binden.
- Strukturen können sich auch ändern, wenn neue oder veränderte *Unternehmensstrategien* verfolgt werden. Die Kostenbeeinflussung durch Strategieänderungen ist oft nicht zu ermitteln. Dadurch kann die „Investition in die Zukunft zur langfristigen Unternehmenssicherung" eine gewollte Kostenerhöhung bedeuten, deren Umfang heute nicht ausreichend dargestellt werden kann.

Damit sind die Strukturänderungen ein Dreh- und Angelpunkt für die Fixkosten. Läßt man sie ohne aktives Management über sich ergehen, ziehen sie zwangsläufig Ineffizienz und Organisationsmängel auf der einen und Explosion der wahren Kostentreiber auf der anderen Seite nach sich.

3.3 Die wahren Kostentreiber

In jedem Unternehmen gibt es einige Hauptprozesse, die als Querschnittsfunktionen über das ganze Unternehmen hinweg die wahren Kostentreiber sind. Welche Hauptprozesse, nennen wir sie lieber Kostenbestimmungsfaktoren, vorhanden sind, ist spezifisch für jedes Unternehmen zu bestimmen. Dafür gibt es kein allgemein gültiges Schema, viele der Kostenbestimmungsfaktoren werden jedoch überall anzutreffen sein. Bei GARDENA beispielsweise sind es die folgenden:

- Anzahl Teile-Nummern
- Anzahl neue Teile-Nummern (Gemeinkosteninvestitionen = Einmalkosten)
- Anzahl Artikel/Varianten
- Anzahl neue Artikel/Varianten (Gemeinkosteninvestitionen = Einmalkosten)
- Anzahl Fertigungsstufen/Arbeitsplanpositionen
- Anzahl Paletten
- Anzahl Kunden
- Anzahl Länder
- Umsatz.

Wenn wir die Fixkosten auf diese Kostenbestimmungsfaktoren zuordnen, dann ist bereits ein großer Teil des Fixkostenblocks verursachungsgerecht verteilt. Das Wissen um die wahren Kostentreiber und ihre Kostenverursachung gibt bestimmten Entscheidungen, wie wir später sehen werden, eine bedeutend bessere Basis (Abb. 1).

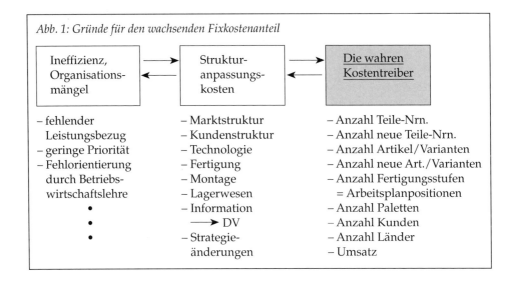

Abb. 1: Gründe für den wachsenden Fixkostenanteil

4. Leistungsorientiertes Gemeinkostenmanagement

4.1 Die Prozeßkostenrechnung

4.1.1 Die Methode

Im Rahmen der Analyse der PKR sollte meines Erachtens prinzipiell unterschieden werden, welchen Zweck das Unternehmen mit dieser Methodik verfolgt und welcher Anspruch an die Genauigkeit und Nachprüfbarkeit der ermittelten *Prozeßkostensätze und -mengen* gestellt wird. Grundsätzlich sehe ich drei *Anwendungsgebiete*:

- Kalkulation auf verursachungsgerechter Totalkostenbasis.
- Bessere Unterstützung der Entscheidungsfindung.
- Gemeinkostenmanagement, welches mittelbar mit verbesserter Entscheidungsfindung verknüpft ist.

Die Genauigkeit der Prozeßkostensätze wird bestimmt über die Methode der Mengen- und Kostenerfassung. Für den Anfang reicht es bereits aus, wenn die wichtigsten Prozesse im Gespräch mit den Verantwortlichen festgelegt und die Prozeßkosten durch Zuordnung nach Köpfen ermittelt werden. Die Sachkosten werden bei GARDENA im wesentlichen nach dem Schlüssel zugeordnet, der sich aus der Verteilung nach Köpfen ergibt. Auch die Prozeßmengen können durch Schätzung oder, was vielfach möglich ist, mit Hilfe der in der DV gespeicherten Bewegungsdaten ermittelt werden (vgl. Abb. 2).

Abb. 2: Ermittlung von Prozeßkostensätzen

GARDENA					Datum:			
Kress+Kastner GmbH					Bearbeitet:			

Kostenstelle:	Wareneingang			Anzahl MA:	15			
KST-Nr:	3226			Gesamtkosten:	600.000 DM/Jahr			
Verantwortlich:	N.N.							

Teilprozesse	MA	Gesamt-kosten	Prozeßgröße	Prozeß-menge	Prozeßkostensatz		
					lmi	lmn	Gesamt
Ware entladen	5,00	200.000	Paletten über Rampe	106.000	1,89	0,13	2,02
Ware umpacken	2,00	80.000	umzupackende Paletten	12.000	6,67	0,48	7,15
Ware einlagern	7,00	280.000	einzulagernde Paletten	160.000	1,75	0,13	1,88
Zwischensumme	14,00	560.000					
Sonstiges Abteilungsleitung (incl. Sachkosten)	1,00	40.000					
Summe Sonstiges	1,00	40.000					
Gesamtsumme	15,00	600.000					

Die verwendeten Zahlen sind fiktiv.

Sobald der Anspruch auf Verwendung von Istdaten kommt, wird es bedeutend schwieriger, da die Mitarbeiter ihre Zeit (noch) nicht in bezug auf Prozesse kontieren und die Mengenerfassung nicht konsequent systemmäßig abläuft. Auch muß klar sein, daß die Prozeßkosten selbst, anders als in Arbeitsplänen und Stücklisten exakt definierte Grenzkosten, keine eindeutigen Größen sind. Prozesse lassen sich nicht standardisieren. Wenn das versucht werden sollte, dann würde sich die PKR wegen der immensen Zahl von Prozessen und der damit verbundenen Erfassungskosten selbst lahmlegen. Es muß also klar sein, daß die Prozeßkosten immer nur Durchschnittskosten sein können, die unter Umständen durch Komplexitätsgrade (z. B. einfach, normal, schwer) verfeinert werden können – wenn es unbedingt sein muß. Stellen Sie sich einen Wareneingangsprozeß vor: Je nachdem von welcher Rampe entladen wird, von welcher Stelle im LKW aus die Paletten entladen werden, welche Größe der LKW hat usw. wird mehr oder weniger Zeit zum Entladen verbraucht und müßten entsprechend unterschiedliche Prozeßkostensätze gebildet werden. Darum ist mir, obwohl er sich nicht durchgesetzt hat, der Begriff der prozeßorientierten Kostenrechnung oder des Activity Based Costing lieber als der der PKR. Letzterer vermittelt fälschlicherweise den Eindruck, es handle sich um klar definierte Prozesse, was eigentlich nicht stimmt.

4.1.2 Erste Erfahrungen

Wir beschäftigen uns seit Mitte 1988 mit der PKR, anfangs nur mit fallweisen Analysen. Seit Juli 1990 haben wir die Planstelle eines Prozeßkosten-Controllers geschaffen und besetzt und nutzen die PKR seit 1991 im praktischen Einsatz. Wir haben zwei externe Arbeitskreise ins Leben gerufen und pflegen einen internen Arbeitskreis sehr intensiv. Trotz allem müssen wir feststellen, daß wir noch mitten in der Realisierung stecken, daß die PKR eine neue und relativ unbekannte Methode und damit ein selbstlernendes System ist, das ständig verbessert werden muß. So haben wir folgende Erfahrungen gemacht:

- Es gibt noch keine Standardverfahren oder -rezepturen. Auch die Softwareanbieter befinden sich nach unseren Eindrücken noch in der konzeptionellen und experimentellen Phase. Wir sind SAP-Anwender und wissen von daher, daß zumindest dieses Unternehmen die Wichtigkeit (und den potentiellen Markt) der PKR erkannt hat und intensiv an einer Lösung zur Integration der PKR in ihr System arbeitet.
- Theoretische und logisch klingende Ansätze müssen anfangs noch häufiger revidiert werden. So war uns z. B. klar, daß mehrere Prozesse sinnvollerweise zu Hauptprozessen zusammengefaßt werden müssen. Bei der Realisierung mußten wir feststellen, daß dies nicht machbar ist, da wir es mit verschiedenen Nennern zu tun haben, die Prozesse also gar nicht gleichnamig zu machen sind. Ohne gemeinsamen Nenner aber sind Hauptprozesse keine sinnvollen Größen.

- Wir gingen davon aus, mit Hilfe der Prozeßmengen gut planen zu können. Dies nur solange, bis wir bemerkten, daß die Prozesse selbst wieder abhängig sind von Kostenbestimmungsfaktoren. Wovon hängt beispielsweise die Anzahl der Bestellungen ab? Natürlich von der logistischen Strategie – ganz wesentlich aber von der Anzahl an Stücknummern, die zusätzlich zu bestellen sind. Diese Informationen mit allen die Prozeßmengen bestimmenden Bezugsgrößen zu erhalten, erwies sich als ungeheuer aufwendig, eher sogar als völlig unrealistisch.
- Erstaunlich ist die Erfahrung, daß gerade die Betriebswirte sich mit der PKR *nur sehr zögernd*, wenn nicht gar widerwillig auseinandersetzen wollen. Der große Schritt von der „falschen" Vollkostenrechnung zur Grenzkostenrechnung wurde nach vielen Richtungskämpfen vollzogen und wurde jahrelang erfolgreich als richtig bestätigt. Jetzt wieder den Weg zurück zur Vollkostenrechnung, wenn auch unter anderem Namen, zu finden, fällt offensichtlich sehr schwer. Ein normaler Vorgang, wenn tradierte Verfahren modernisiert oder durch andere ersetzt werden sollen.
- Schließlich haben wir festgestellt, daß sich die *Prioritäten* der PKR-Anwendungsziele, besonders am Anfang, häufig *verschieben*. Je mehr wir uns mit der Materie befaßt haben und je mehr Mitarbeiter aus anderen Funktionsbereichen wir in das Projekt mit einbezogen haben, desto mehr wurden die positiven Effekte der PKR bei anderen als den ursprünglich geplanten Anwendungsgebieten gefunden. So haben wir mit der Fixkostenplanung den Einstieg gesucht und sind dann über die Artikelkalkulation zur besseren Entscheidungsfindung und schließlich zum antizipativen Gemeinkostenmanagement gekommen.

Insgesamt können wir festhalten, daß auch wir noch mitten in der Realisierung stecken. Uns scheint es auch nicht erforderlich, mit einem geschlossenen und fertigen Konzept oder Pflichtenheft in die PKR einzusteigen. Wichtig ist es, sich überhaupt mit dem Thema zu beschäftigen: Wir haben festgestellt, daß dies allein ausreicht, um wesentliche Umdenkungsprozesse einzuleiten. Wir müssen berücksichtigen, daß die PKR eine Innovation in der Kostenrechnungswelt bedeutet, welche das Management bedeutend intensiver als früher aktiv unterstützen kann. Allerdings kann die PKR erst dann positive Wirkung zeigen, wenn das Management mit dem neuen Instrument leben will und auch wirklich lebt. Damit beginnt der Erfolg der PKR nicht in einem ausgefeilten, DV-gestützten und schlüssigen Konzept, sondern in den Köpfen des Managements und seiner Mitarbeiter.

In diesem Zusammenhang haben wir drei grundsätzliche Erkenntnisse gewonnen:

- Allein die Auseinandersetzung der Mitarbeiter mit der PKR *ändert die Denkstrukturen*. Es wird transparent, welche Prozesse und Kosten durch Entscheidungen und Maßnahmen ausgelöst werden. Wo beispielsweise ein Konstrukteur bisher die Grenzkosten minimieren sollte, wurde er eher bestraft, wenn er Rücksicht auf Teilevielfalt, logistische Prozesse, Wertschöpfungsaspekte, Servicefreundlichkeit, Umweltkosten etc. nahm – alle diese Aspekte haben die Grenzkosten des betroffenen Artikels erhöht und ihn von seinem Grenzkostenziel entfernt. PKR dagegen fördert ganzheitliches, unternehmerisches Denken, es führt weg von den abteilungsbezogenen Egoismen hin zum Gesamtoptimum. Durch die Kostentransparenz kann beispielsweise gezeigt werden, daß die Übernahme von Aufgaben anderer Kostenstellen und damit auch von deren Kosten sich für das Unternehmen positiv auswirkt, wenn dadurch Prozesse vereinfacht und die Totalkosten gesenkt werden. Kurzum, PKR schärft den Blick über den eigenen Tellerrand hinaus.

– Das Rechnungswesen muß sich an den Bedürfnissen, Zielen und Strategien des Unternehmens ausrichten. Der *Rechenzweck* muß die Rechenmethode und den Recheninhalt bestimmen. Wir haben erkannt, daß wir von den Anforderungen der „reinen Lehre" wegkommen müssen, hin zu der situativ richtigen „Praktikerlösung". Reine Lehre ist beispielsweise die Forderung, daß Sortimentsentscheidungen bei freien Kapazitäten mit Grenzkosten plus evtl. entstehenden Einzelkosten wie Fracht oder Werbung getroffen werden müssen. Situativ richtig wäre es unserer Meinung nach, leistungsmengeninduzierte und evtl. auch -neutrale, bisher als „fixe Gemeinkosten" bezeichnete Prozeßkosten in die Entscheidung einzubeziehen, obwohl wir wissen, daß diese Kosten nicht direkt beeinflußbar sind.

– Als dritten Effekt der PKR haben wir festgestellt, daß die technisch orientierten Mitarbeiter, z. B. in Konstruktion, Arbeitsvorbereitung, Beschaffung, Fertigung und Qualitätssicherung mit der PKR operativ mehr anfangen können, als mit der bisherigen Kostenrechnung. Während Kosten eine eher abstrakte Größe darstellen, sind Prozeßkosten abgeleitet aus Prozessen, Bezugsgrößen und Prozeßmengen. Damit werden die Kosten zu einer Funktion dieser Prozeßgrößen und für den Techniker genauso transparent, wie es Stücklisten und Arbeitspläne heute schon sind. Wenn wir der prinzipiellen Forderung folgen wollen, daß ein Controller die Sprache seiner „Kunden" sprechen muß, dann ist die PKR der richtige Schritt in diese Richtung. Der Techniker lebt damit in „seiner Welt", und der Controller kann ihm Informationen liefern, die nicht kosten- sondern leistungsorientiert sind.

4.1.3 Einführungsstrategie

PKR ist eine neue Methode, für die Management und Mitarbeiter erst noch motiviert werden müssen. Wir haben festgestellt, daß dies nicht schwer fällt, da die Fixkostenentwicklung der letzten Jahre wohl allgemein Sorgen bereitet und die Fixkosten, außer für Soll-Ist-Vergleiche von Kostenstellen, bei wenigen Entscheidungen systematisch einbezogen werden. Das ist ein Zustand, der Unbehagen erzeugen muß und nach neuen Methoden verlangt. Man sieht die Fixkosten davonlaufen, hat aber keine praktikablen Instrumente, sie unter Kontrolle zu halten. Der ideale Einstieg in die PKR wäre eine Anwendung, die einen Aha-Effekt auslöst.

Auch wenn das Management für PKR motiviert ist, bleibt es ein Muß, daß die PKR gewollt wird und Klarheit darüber besteht, wie sie eingesetzt und genutzt werden soll. Die Ziele, die mit PKR erreicht werden sollen, müssen klar sein. PKR ist kein Instrument, das der Controller am grünen Tisch in seinem Büro entwickeln kann. Er muß mit vielen Kostenstellenverantwortlichen Interviews führen, die Anwendung der PKR trainieren und die Ergebnisse interpretieren lernen. Für diese Vorbereitungen sind Vorlaufinvestitionen zu tätigen. Wenn PKR dann nicht vom *Top-Management* gewollt und vertreten wird, hat sie bei der Durchführung kaum eine Chance.

Es ist sinnvoll, PKR *sukzessive in Schwerpunktbereichen* einzuführen, am besten mit interessierten Pilotanwendern. Erfolgreiche Pilotanwendungen haben eine positive Signalwirkung auf andere Abteilungen im Hause und können auch bei Skeptikern Interesse wecken.

PKR sollte *flexibel* und *bedarfsorientiert* genutzt werden. Es muß bewußt bleiben, daß diese Methode neu ist, Unzulänglichkeiten, Fehler und Unklarheiten auftauchen werden und Umorientierungen erlaubt sind.

Ohne großen Aufwand bietet PKR ausreichend Daten, um Entscheidungen besser zu unterstützen. Man sollte gezielt bei Entscheidungen beginnen, deren Tragweite nicht existentiell ist, etwa über Varianten oder Make-or-Buy-Lösungen.

Die PKR-Ergebnisse und ermittelten Daten sollten unbedingt im Hause *bekannt gemacht werden*. Wir waren erstaunt, welche Stellen im Hause schon lange nach genau den Prozeßdaten gesucht haben, die die PKR jetzt bieten kann. Dadurch wird die PKR zu einem „Selbstläufer", der zunehmend nachgefragt wird und sich quasi automatisch immer stärker weiterentwickelt.

Wir haben ganz gezielt ein Clearing im Kollegenkreis initiiert, welches seit über einem Jahr in Arbeitskreisen und Einzelgesprächen gepflegt wird. Wie bereits festgestellt: Die PKR ist ein neues Instrument, vieles muß ausprobiert und verworfen werden, genauso werden viele neue Erkenntnisse gewonnen und realisiert. Die PKR ist also noch kein endgültiges System, darum kann die Berichterstattung und Diskussion über Erfahrungen in anderen Unternehmen immer gegenseitigen Nutzen bringen.

4.1.4 Praktische Einführung

Wir haben die PKR in Verbindung mit folgenden fünf Leitsätzen gestartet:

- *„Ein Problem bleibt komplex und undurchschaubar, solange es noch nicht angepackt wurde."* Gerade die PKR bietet Stoff für unendliche Diskussionen, da die Methode nicht festgeschrieben ist und die Prozesse nicht gezählt oder gemessen werden, sondern eher mit durchschnittlichen Schätzungen gearbeitet wird. Die Materie erscheint durch die Diskussion immer komplexer und die Einstiegsbarrieren werden immer höher. Darum ist es unbedingt zu empfehlen, erst einmal konkret anzufangen.
- *„Man weiß erst dann, was man wirklich will, wenn man schon etwas gemacht hat."* Das ist ein Phänomen, das immer wieder anzutreffen ist. Liegt z. B. für eine Besprechung ein schriftlicher Vorschlag vor, dann kommen wir schnell und effizient zu einem Ergebnis, selbst wenn der Vorschlag von der Lösung weit entfernt war. Genau das gleiche gilt für die Einführung der PKR. Liegen Ergebnisse vor, kann schnell festgestellt werden, was zu verbessern ist.
- *„Mit Teillösungen starten. Die Summe der Teillösungen ist die Gesamtlösung."* Diesem Leitsatz zu folgen heißt, sich nicht zu verzetteln und sich schrittweise unter ständiger Fehlerkorrektur und Verbesserung einer Gesamtlösung zu nähern. So sind Korrekturen schmerzlos durchführbar und weitere Lernprozesse in Gang zu setzen.
- *„Lieber ungefähr richtig als haargenau falsch."* Dieser Leitsatz ist speziell für Kostenrechner, die gewohnt waren, auf vier Stellen hinter dem Komma zu rechnen, ungeheuer schwer. Wir müssen uns immer wieder klar machen, daß die PKR auf ungefähr richtigen, durchschnittlich ermittelten Kosten basiert. Große Genauigkeit wäre eine sinnlose Zeitverschwendung und für die Zwecke der PKR unnötig.
- *„Mut zur Lücke!"* Mit der PKR muß man Mut zum Risiko haben, denn jeder Prozeßkostensatz kann angegriffen und als falsch bewiesen werden. Es muß allgemein akzeptiertes Verständnis sein, daß mit durchschnittlichen Werten gearbeitet und mit Annahmen operiert wird, die der Nachprüfung im Einzelfall nicht widerstehen können. Im Laufe der Zeit und mit zunehmendem Einsatz der Datenverarbeitung wird der Genauigkeitsgrad sicherlich steigen, Lücken werden aber nach wie vor auftauchen und zu akzeptieren sein.

Wir haben die *Einführung schrittweise* vorgenommen:

Im *ersten Schritt* haben wir die Verwaltungskosten einer Stücknummer ermittelt. Dazu wurde in Interviews mit über 60 Kostenstellenverantwortlichen festgestellt, welcher Anteil der Arbeitszeit für die „Verwaltung" von Stücknummern aufgewendet wird. Dabei wurden die Stücknummern aufgeteilt in Einkaufsteile, Rohware, Eigenfertigungsteile, Baugruppen, Artikel und Handelsware. Als Ergebnis kamen wir zu durchschnittlichen Kosten, die je Stücknummernkategorie aufgewendet wurden. Dieses Verfahren ist einfach und zu empfehlen, da die ermittelten Werte „Augen öffnen" und zum Weitermachen in Richtung PKR animieren. Die ermittelten Werte wurden fallweise zur Unterstützung der Entscheidungsfindung herangezogen.

Im *zweiten Schritt* wurden im wesentlichen für die Kostenstellen der Logistik die relevanten Prozesse, Prozeßmengen und -kosten ermittelt.

Im *dritten Schritt* wurde eine Planstelle PKR im Controlling geschaffen. Der Controller hat, wiederum in Interviewtechnik und teilweise bereits DV-gestützt, die Ermittlung der Prozeßkosten ausgedehnt und Entscheidungsgrundlagen detailliert auf PKR-Basis erstellt. Gemeinkostenanalyse und -planung wurden von ihm für bestimmte Logistikbereiche mit Prozeßmengen und -kosten unterstützt.

Im *vierten Schritt* wurden die Kosten der für uns entscheidenden Kostenbestimmungsfaktoren (= Hauptprozesse) ermittelt und für Neuprodukt- und Variantenentscheidungen genutzt.

4.2 Gemeinkostenplanung mit der Prozeßkostenrechnung

Nach unserer ersten Zielsetzung war es klar, daß wir die Gemeinkostenplanung auf Basis der PKR durchführen wollten, um die bekannten Fehler der herkömmlichen Methode zu beseitigen. Schließlich mußten wir jedoch erkennen, daß eine rein PKR-orientierte Kostenplanung einen Zielkonflikt auslöst, der unbedingt vermieden werden sollte: Die *PKR proportionalisiert Fixkosten* und erlaubt damit ein flexibles, mengenabhängiges Budget, zumindest für die leistungsmengeninduzierten Gemeinkosten. Allerdings, wie wir schon mehrfach gesehen haben, sind dies zumeist empirisch ermittelte Durchschnittskosten. Bestehende Unwirtschaftlichkeiten sind in diesen Kosten genauso enthalten wie Rationalisierungspotentiale und kritische Engpässe. Wenn wir jetzt aufgrund der geplanten Mengenstrukturen und Prozeßkostensätze unsere Kosten planen würden, dann wären diese „Zustände" in die nächste Periode übernommen.

Für uns ungelöst scheint zudem das Problem der *Planbarkeit der Prozeßmengen*. Für systematische und DV-gestützte Planungsverfahren sehen wir – wenigstens zur Zeit – wenig Chancen. Es bleiben dann ersatzweise nur Schätzungen und Erwartungen der Prozeßverantwortlichen übrig – eingeschlossen aller dann möglichen Manipulationsmöglichkeiten.

Wo liegt der Zielkonflikt? Es muß die permanente Aufgabe jedes Kostenstellenverantwortlichen sein, Kosten zu senken. Im Rahmen der PKR heißt das: Prozesse vereinfachen, damit der Prozeß*kostensatz* sinkt und/oder Prozesse reduzieren oder eliminieren, damit die Prozeß*menge* sinkt. Resultat ist in jedem Fall das Reduzieren der sogenannten Fixkosten. Darüber hinaus gibt es zwei weitere Möglichkeiten, die Kosten selbst in einer bestimmten Abteilung zu ändern, ohne daß dies durch die flexible Planung der Prozeßkosten erfaßt würde: Zum einen die horizontale Fixkosten-Substitution in den Fällen, wo z. B. die Kosten in der einen zu Lasten der anderen Kostenstelle sinken (z. B. DV-Kosten, die zur Rationalisierung bei den Anwendern führen). Zum anderen die vertikale Substitution, wenn z. B. die Grenzkosten zu Lasten der Abschreibung in den produzierenden Kostenstellen sinken.

Dieser Zielkonflikt hat uns dazu bewogen, zielorientierte Kostenbudgets je Bereich vorzugeben (vgl. Abb. 3), bei der Planung selbst den Kostenstellenverantwortlichen dann aber mit den Prozeßinformationen Hilfestellung zu geben. Die Bestimmung des Kostenziels je Bereich, Abteilung oder Kostenstelle bleibt bei der zielorientierten Planung das schwierigste Problem. In der Theorie werden die Kostenziele in einem iterativen Prozeß down-up ausgehandelt; in der Praxis ist dies eine Vorstellung, die Angst und Schrecken verbreitet: „Wie sollen wir da jemals zu einem Ziel kommen?" Dementsprechend wird eher nach einem Kostenverteilungsschlüssel gearbeitet, der aufgrund logisch klingender Annahmen gebildet wurde. Die PKR unterstützt den Zielfindungsprozeß, da sie den Ressourcenbedarf der Kostenstellen objektiviert und Verständnis für bereichsübergreifende Budgetverschiebungen weckt. Die leistungsorientierten, mengenbezogenen Prozeßanforderungen machen zusätzlichen Kostenbedarf transparent. Hier kommt dann wieder die Unterstützung des ganzheitlichen Denkens, das wir unbedingt fördern

---

Abb. 3: Kostenziel als Basis der Kostenplanung

	Zielbruttoumsatz
−	Rabatte
−	Erlösschmälerungen
−	Ziel-GHK

=	Deckungsbeitrag I
+/−	Finanzergebnis
−	betrieblicher sonstiger Aufwand
+	betrieblicher sonstiger Ertrag
−	Zielgewinn

=	Fixkostenobergrenze
−	Budget Geschäftsbereiche
−	Budget Bereiche
−	Budget Abteilungen
−	Budget Kostenstellen

DM-Ziel und Prozeßinformationen ermöglichen dann eine gezielte, leistungsorientierte Gemeinkostenplanung

müssen, zum Tragen. Bis eine derartig objektivierte Zielfindung Planungsverhalten und -verständnis wirklich durchgreifend und konsistent ändert, werden noch Jahre vergehen. Mit PKR sorgen wir für die erforderliche Transparenz; für eine allgemeine Akzeptanz und Nutzung der Chancen muß sich das Management verantwortlich fühlen.

4.3 Gemeinkostensteuerung mit der Prozeßkostenrechnung

Der Bedarf zum operativen Fixkostenmanagement wird nach wie vor durch rote Lampen erzeugt, die in den verschiedenen Regelkreisen zu leuchten beginnen. Ist-Kosten also, die gegenüber den Soll-Kosten zu hoch sind: Kostenabweichungen. Früher haben wir uns gefragt: Bei welchen Kostenarten liegen die Schwerpunkte, wo kann ich die Sachkosten senken, wie kann ich Personal abbauen, wo kann ich etwas einsparen? Diese Fragen gingen oft ins Leere, weil unklar war, wodurch die Kosten entstanden. Heute können Fragen ganz anderer Qualität gestellt und beantwortet werden, Fragen, die direkt zu Maßnahmen führen, da sie leistungsorientiert sind: Welche Prozesse habe ich in meinem Bereich, bei welchen Prozessen liegt der Schwerpunkt, wie kann ich die Prozeßmenge verringern oder eliminieren, wie kann ich den Prozeß vereinfachen? Mit der PKR kommen wir von der Tätigkeit zu den Kosten, wir lernen in Ressourcen zu denken, die wir verbrauchen. Darum reden wir vom leistungsorientierten Gemeinkostenmanagement.

Was wir bei der Jahresplanung wegen des Zielkonflikts ausgeschlossen haben, sollten wir im monatlichen Soll-Ist-Vergleich da, wo es sinnvoll erscheint, gezielt nutzen: Das flexible Budget für leistungsmengeninduzierte Gemeinkosten. Es gibt einen großen Anteil an Gemeinkosten, besonders im Logistikbereich, der bisher als fix geplant wurde, sich jedoch im Sinne der PKR proportional zu seinen Bezugsgrößen verhält. Die betreffenden Prozeßkosten müssen entsprechend proportional geplant werden, gegebenenfalls nach entsprechender Kostenauflösung in leistungsmengeninduzierte und -neutrale Kosten (beides Begriffe, die Professor Horváth geprägt hat). In unserer Standardsoftware (SAP) ist dies durchaus möglich und lediglich eine Sache der Kostenstellendefinition. Mit dieser Maßnahme wollen wir verhindern, daß bisherige Gemeinkosten, von denen jeder weiß, daß sie sich mehr oder weniger linear mit schwankender Auslastung verändern, wegen ihrer „Unveränderlichkeit" zu Abweichungen führen und damit unser Kostenrechnungssystem unglaubwürdig machen.

5. Antizipatives Gemeinkostenmanagement

5.1 Begriffsbestimmung

Dieser Begriff dürfte neu sein und mit der herkömmlichen „reinen Lehre" in Konflikt geraten. Unter antizipativem Gemeinkostenmanagement verstehen wir das Einbeziehen von – fiktiven – Kosten in Entscheidungen, ohne daß diese Kosten durch die Entscheidung kausal verursacht werden bzw. ohne daß sie tatsächlich anfallen müssen. Genauso rechnen wir Einsparungen von fixen Kosten als Bonus oder als Erfolg eines Managers, auch wenn diese Kosten nicht (sofort) gewinnerhöhend abgebaut werden.

Beispiel: Wir wissen, ein neuer Artikel beansprucht Ressourcen, die sich über das ganze Unternehmen verstreuen. Ein Artikel ist also ein wesentlicher Kostenbestimmungsfaktor, der als Querschnittsfunktion überall im Hause kostenwirksame Prozesse auslöst und Ressourcen (z. B. auch Raum- und Lagerfläche) beansprucht. Trotzdem ist mit einiger Wahrscheinlichkeit nicht zu erwarten, daß mit Entwicklung und Absatz eines neuen, zusätzlichen Artikels diese benötigten Prozesse auch unverzüglich zu Ausgaben führen. Vorausgesetzt, das Unternehmen wächst, wird zu einem bestimmbaren Zeitpunkt und nach Entwicklung weiterer neuer Produkte ein Kostensprung stattfinden. Beim antizipativen Gemeinkostenmanagement werden diese Kostensprünge „verstetigt" und auf Basis des bestehenden Kostengerüsts in die Entscheidungen einbezogen. Das heißt beim Beispiel Artikel, daß dieser die Hauptprozesse bzw. Kostenbestimmungsfaktoren, die er beansprucht, auch verdienen können muß.

Dem antizipativen Gemeinkostenmanagement möchte ich folgende drei Thesen voranstellen:

1) Früher: „Wenn wir über sprungfixe Gemeinkosten entscheiden, sind diese im allgemeinen schon nicht mehr zu vermeiden."
   Heute: „Entscheidungen werden unter Berücksichtigung der zukünftig entstehenden Kosten getroffen. Wir beziehen dabei Kosten ein, die ursächlich noch nicht entstehen müssen. Wenn wir dann über sprungfixe Kosten real entscheiden müssen, können wir unterstellen, daß wir uns diese ‚leisten' können."
2) Früher: „Bestehende Fixkosten werden bei Entscheidungen nur berücksichtigt, wenn die angenommene Kapazitätsgrenze erreicht ist oder ein echter Fixkostenabbau erfolgt."
   Heute: „Leistungsmengeninduzierte Prozeßkosten werden als abbaubar angenommen. Dabei entstehende Leerkosten müssen als Managementaufgabe abgebaut oder durch höheren Output genutzt werden."
3) Früher: „Strukturkosten sind vom einzelnen Manager nicht zu beeinflussen."
   Heute: „Gesparte Ressourcen (= Strukturkosten) sind ein Erfolg des zuständi-

gen Managers, auch wenn die Kosten nicht direkt abgebaut werden. Leerkosten müssen auch hier als Managementaufgabe abgebaut oder durch höheren Output genutzt werden."

Im Sinne unserer bereits erwähnten Forderung, daß wir ziel- und strategieorientierte Informationen bereitstellen wollen, ist antizipatives Gemeinkostenmanagement primär auf wachsende Unternehmen ausgerichtet. Es ist davon auszugehen, daß die Strukturen kostenerhöhend wachsen müssen, wir dies dann aber auch mit Maßnahmen bewerkstelligen wollen, die das Wachstum tragen können. Zudem müssen wir dem Management einen quantifizierbaren Anreiz geben, permanent die Strukturen zu prüfen und wo möglich zu vereinfachen, zu rationalisieren oder abzubauen. Erfolg muß sichtbar werden! Ziel ist dann eine Erhöhung des Outputs bei gleichen Kosten.

Während bei wachsenden Unternehmen antizipatives Gemeinkostenmanagement fast zwangsläufig erfolgreich sein dürfte, ist dies bei schrumpfenden Unternehmen nicht unbedingt der Fall. Die Methode kann auch hier zutreffen, sie bedarf jedoch eines konsequenten und harten Managements, um die transparent gewordenen Leerkosten oder Überkapazitäten auch wirklich abzubauen. Ich bin überzeugt, daß die Gemeinkostenwertanalyse in defizitären Unternehmen deshalb so erfolgreich ist, weil sie im wesentlichen bis dahin unerkannte Leerkosten aufzeigt, also antizipatives Management als Momentaufnahme betreibt.

5.2 Die Hauptprozesse

5.2.1. Definition der Hauptprozesse im Unternehmen

Welches die wesentlichen Kostenbestimmungsfaktoren oder Hauptprozesse sind, ist nach unserer Erfahrung von Unternehmen zu Unternehmen verschieden. Bei einem Handelsbetrieb sind es andere als bei Banken oder Versicherungen, bei einem Einzelfertiger andere als bei einem Serienfertiger, in der chemischen andere als in der metallverarbeitenden Industrie usw. Auf jeden Fall sind Hauptprozesse Querschnittsfunktionen, die viele oder alle Bereiche des Unternehmens beanspruchen. In der Regel wird es kaum mehr als zehn Hauptprozesse geben. Die Definition der Hauptprozesse läßt sich am besten in einem Team finden, dessen Mitglieder einen Querschnitt aller Funktionen des Unternehmens repräsentieren.

5.2.2 Ermittlung der Hauptprozeßkosten

Die Ermittlung der Hauptprozeßkosten erfolgt zweckmäßigerweise durch *Interviews* mit Mitarbeitern aus allen Funktionsbereichen. Wir haben das ähnlich wie bei einem BAB durchgeführt, indem wir die Kosten je Kostenstelle oder Kostenstellenhierarchie auf die einzelnen Hauptprozesse verteilt haben. Teilweise zu 100 %, teilweise weniger.

Vielleicht ist es sinnvoll, an diesem Punkt noch einmal auf den Kostenwürfel hinzuweisen: Die auf Hauptprozesse zugeordneten Kostenstellenkosten sind Fixkosten, d. h. Kostenstellenergebnisse nach Gutschriften für die Grenzfertigungskosten und aktivierte Eigenleistungen. Diese Fixkosten können sowohl Gemeinkosten als auch Einzelkosten enthalten – nur verzichten wir eben auf die Trennung.

Die *Kostensumme je Hauptprozeß* haben wir dann *durch die Prozeßmengen je Hauptprozeß dividiert*. Ergebnis: Prozeßkosten je Hauptprozeß. Nicht unproblematisch ist die Bestimmung der Prozeßmengen. Diese unreflektiert aus den DV-Systemen zu entnehmen, ist gefährlich, da Ausreißer eines Jahres oder „DV-Leichen" enthalten sein können. Auch hier ist durch Befragen von Mitarbeitern ein sinnvoller, normalisierter Wert festzulegen.

Mit dieser Methode haben wir folgende Prozeßmengen festgelegt (vgl. Abb. 4):

- Anzahl Einkaufsteile
- Anzahl Eigenfertigungsteile/Baugruppen
- Anzahl Artikel/Varianten
- Anzahl neue Teile-Nummern (EK, EF, BG)
- Anzahl neue Artikel/Varianten
- Anzahl Fertigungsstufen
- Anzahl Arbeitsplanpositionen
- Anzahl Paletten
- Anzahl Kunden/Länder
- Umsatz.

Mit Ausnahme der Kosten für neue Teile-Nummern und Artikel handelt es sich bei den Prozeßkosten um laufende jährliche Kosten.

5.3 Gemeinkostenbeeinflussung durch sichere Entscheidungen

Sichere Entscheidungen wollen wir nicht so interpretiert wissen, daß wir Risiken, die durch unvorhergesehene Änderungen in unserem externen Umfeld immer eintreffen können, ausschließen können. Mit dem antizipativen Gemeinkostenmanagement wollen wir vielmehr unseren Mikrokosmos GARDENA und die dort verbrauchten Ressourcen so steuern, daß wir dauerhaft Gewinne erzielen und die

Abb. 4: Kostenbestimmungsfaktoren DCF Neuprodukte (Basis: Original-Planung GKK 1990/91, RC – 04.12.1990)

Kst.-Nr.	Bezeichnung	verrechnet Plan 90/91		Umlage Gebäude 100 % = 0		Umlage EDV 100 % = 0		Gesamtkosten nach Umlage	Anz. Versandpaletten z. B. 100 000		Anz. Endprodukte/Palette z. B. 48 DM/Palette	Anz. Teilenummern z. B. 10 000	Anz. Stück-Nrn./Endprodukt z. B. 26 DM/Teilenr.
Hierarchie Nr.		max. 100 % Kostenanteil	in TDM	in %	in TDM	in %	in TDM	in TDM	abh. in %	in TDM	abh. in %	in TDM	
H-4100	Absatz Inland	100 %	0	0,5 %	0	5,0 %	0	0	0,0 %	0	0,0 %	0	0
3150	Produktmanagement	50 %	0	0,5 %	0	0,0 %	0	0	0,0 %	0	0,0 %	0	0
3210	Auftragsbearbeitung	100 %	0	1,0 %	0	5,0 %	0	0	100,0 %	0	0,0 %	0	0
3211	Kommissionierung	100 %	0	5,0 %	0	0,0 %	0	0	100,0 %	0	0,0 %	0	0
3212	Verp. + Verladung	100 %	0	4,0 %	0	0,0 %	0	0	100,0 %	0	0,0 %	0	0
3215	Zentrale Steuerung	100 %	0	1,0 %	0	10,0 %	0	0	0,0 %	0	100,0 %	0	0
4120	Einkauf Ulm	100 %	0	1,0 %	0	3,0 %	0	0	0,0 %	0	40,0 %	0	0
6110	Q-Produktbetreuung	100 %	0	4,0 %	0	0,0 %	0	0	0,0 %	0	60,0 %	0	0
6120	Qualitätskontr. Ulm	90 %	0	4,0 %	0	0,0 %	0	0	0,0 %	0	80,0 %	0	0
7201	AV Ulm	100 %	0	1,0 %	0	5,0 %	0	0	0,0 %	0	30,0 %	0	0
7202	FS Ulm	100 %	0	1,0 %	0	5,0 %	0	0	0,0 %	0	30,0 %	0	0
H-7110	Mech. Fertigung	100 %	0	16,0 %	0	0,0 %	0	0	0,0 %	0	30,0 %	0	0
8110	Konstrukt. Neuprod.	100 %	0	2,0 %	0	4,0 %	0	0	0,0 %	0	0,0 %	0	0
8115	Konstruktion Prodpfl.	100 %	0	2,0 %	0	1,0 %	0	0	0,0 %	0	0,0 %	0	0
⋮	⋮	⋮	⋮	⋮	⋮	⋮	⋮	⋮	⋮	⋮	⋮	⋮	⋮

Die obige Tabelle ist nur ein Ausschnitt. Im Ganzen enthält die Tabelle alle Kostenstellen sowie die Kostenzuordnungen für die anderen Kostenbestimmungsfaktoren, die in die DCF-Analyse eingehen.

Die Gebäudeumlagen werden aufgrund echter qm-Beanspruchung und die Umlage der DV-Kosten wird empirisch ermittelt.

Als Ergebnis dieser Kostenzuordnung ergeben sich durchschnittlich richtige Kosten für beispielsweise den gesamten Prozeß der Entwicklung eines Neuprodukts bis hin zur Markteinführung – als Einmalkosten praktisch Gemeinkosten-Investitionen.

Oder die durchschnittlichen, laufenden Kosten, die u. a. für die Produktpflege, das Verwalten des Artikels, sowie für Vertrieb und Marketing entstehen. Die Daten werden ohne Zugriff auf den Host in Zusammenarbeit mit den Fachbereichen ermittelt, dann im PC mit Excel verarbeitet und gepflegt.

Existenz des Unternehmens langfristig sichern helfen. Dafür müssen wir wissen, welche Kosten durch eine Entscheidung tatsächlich verursacht bzw. welche Ressourcen wir dadurch verbrauchen werden. Daneben müssen wir die Kosten so einbeziehen, daß Entscheidungen strategieorientiert unterstützt werden können. Dazu ein Beispiel: Wenn strategisch geplant ist, ein neues Marktsegment zu bearbeiten, dann sollten strategische Kosten, wie z. B. eine Einführungs- und Image-Kampagne, bei der Wirtschaftlichkeitsrechnung für das Marktsegment außen vor bleiben. Diese Kosten sind dann von der Geschäftsleitung zu verantworten und müssen vom Gesamtdeckungsbeitrag getragen werden, aber nicht von den Produkten selbst.

Insgesamt vermeiden wir mit dieser Methodik nicht unbedingt zusätzliche Fixkosten oder Fixkostensprünge. Diese können ja auch absolut sinnvoll sein, wenn die Maßnahmen, die diese zusätzlichen Fixkosten verursachen, rentabel sind. Aber wir vermeiden gezielt, daß Entscheidungen getroffen werden, die die dadurch benötigten Ressourcen nicht selbst verdienen oder tragen können. Selbstverständlich wollen wir mit der PKR kein Netz knüpfen, durch das unwirtschaftliche Entscheidungen automatisch und zwangsläufig durchfallen. Die unternehmerische Freiheit bleibt unberührt – nur weiß der Unternehmer dann konkret, was ihn seine Entscheidung kostet.

Nachfolgend soll gezeigt werden, wie antizipatives Gemeinkostenmanagement im Rahmen bestimmter Standardentscheidungssituationen genutzt wird.

5.3.1 Sortimentsentscheidungen

Wir verwenden heute einen erheblichen Aufwand dafür, die Grenzherstellkosten laufender Produkte möglichst exakt zu ermitteln und neue Produkte entwicklungsbegleitend permanent zu kalkulieren. Verborgen bleiben uns jedoch die Prozesse, die ein neues Produkt oder auch eine neue Variante über das ganze Unternehmen hinweg verursachen. Während der Anteil der Grenzfertigungskosten an der Wertschöpfung kontinuierlich abnimmt und heute in den meisten Unternehmen unter 30 % liegt, ignorieren wir die Fixkosten – außer wir bauen sie ganz gezielt wegen eines neuen Produkts auf, was aber relativ selten der Fall ist.

Mit dem antizipativen Gemeinkostenmanagement sorgen wir dafür, daß die Prozeßkosten in einer Wirtschaftlichkeitsrechnung, die den gesamten Produktlebenszyklus abdeckt, mitberücksichtigt werden. Damit verhindern wir, daß Produkte, die zwar einen sehr positiven Deckungsbeitrag erwarten lassen, unter Totalkostenbetrachtung jedoch negativ abschneiden, forciert entwickelt und vermarktet werden. Wir wissen, daß 80 % der Produktkosten bereits während der Konstruktionsphase festgelegt werden. Liegt es da nicht nahe, sich mit der Wirtschaftlichkeit eines Produkts unter Totalkostenbetrachtung zu beschäftigen, bevor Geld in die Hand genommen wird? Man muß sich grundsätzlich fragen, warum wir eigentlich für die laufende und die Standardkalkulation noch soviel Aufwand betreiben, anstatt eine seriös durchgeführte Wirtschaftlichkeitsanalyse als Geburtshilfe für ein neues Produkt durchzuführen und diese durch jährliche Nachkalkulationen zu überprüfen. Reicht es nicht aus, wenn Handlungsbedarf zu diesem Zeitpunkt erkennbar gemacht wird?

Von einer prozeßkostenorientierten Nachkalkulation, einer Produktergebnisrechnung, sind wir allerdings noch weit entfernt. Während wir bei der anfänglichen Wirtschaftlichkeitsrechnung von Hauptprozessen ausgehen, sollte bei der Produkterfolgsrechnung mit Prozeßkosten gerechnet werden, die auf Einzelprozessen je Kostenstelle basieren. Beispielsweise Bestellungen, Wareneingänge, Lagerung, Anzahl Lose, über Aufträge direkt erfaßte Kosten etc. Um dies zu realisieren, sind wir auf DV-Unterstützung angewiesen und da besonders auf die Hersteller von Standardsoftware. Es müssen Mengen- und Leistungsdaten erfaßt und den Produkten samt ihrer Stücklisten- und Arbeitsplanstruktur zugeordnet werden. Vielleicht ist das zu pessimistisch, aber es scheint uns derzeit nicht realistisch, mit einer produktiven Gesamtlösung, im Gegensatz zu einer experimentellen und partiellen Insellösung, vor 1993 zu rechnen. Zu befürchten ist eher noch, daß wir sowohl bei der Plan- als auch bei der Istkalkulation aufgrund der hohen Komplexität und des immensen Datenvolumens gar nicht weiterkommen werden, sondern nach Vereinfachungsmöglichkeiten zu suchen haben. Konzentrieren sollten wir uns darum vorerst auf die Vermeidung von zukünftigen Kosten durch eine Wirtschaftlichkeitsanalyse unter Prozeßkostengesichtspunkten.

Die meisten Hauptprozesse im Unternehmen werden durch Produkte verursacht. Die Anzahl der Hauptprozesse kann ohne Schwierigkeit je Produkt bestimmt werden, und zwar noch bevor konstruiert wird – dann eben als ungefähr richtige Schätzung. Wissen wir, welche Hauptprozesse in welcher Menge durch ein Produkt verursacht werden, dann wissen wir auch, wieviel Prozeßkosten ein Produkt verdienen muß, um wirtschaftlich zu sein. Diese Prozeßkosten werden als Einmalkosten oder als laufende Kosten in die Wirtschaftlichkeitsanalyse eingeschlossen. Wird die gewünschte Rendite erreicht, werden die Prozeßkosten auch dann verdient werden, wenn sie konkret anfallen (vgl. Abb. 5 und 6).

Die Prozeßkosten können zu leidenschaftlichen Diskussionen führen, wenn klar ist, daß sich das Kostenvolumen durch die Produktentscheidung und noch häufiger durch die Entscheidung für eine zusätzliche Variante nicht direkt ändern wird. Gegebenenfalls ist es hilfreich, wenn in Ressourcen anstatt in Kosten gedacht wird. Eine Stück-Nr. oder ein Artikel verbrauchen Ressourcen, Ressourcen kosten Geld, und das Geld muß verdient werden. Die bisher vertretene Zielsetzung, den Fixkostenblock durch die Summe der erwirtschafteten Deckungsbeiträge abzudecken,

Abb. 5: Kalkulation Neuprodukte – Basis Konzerngrenzherstellkosten (Daten für projektbegleitende DCF – Analyse durch RC)

Artikelbezeichnung:		Datum: Aussteller: RC:			Datum: Aussteller: RC:			Datum: Aussteller: RC:		
Artikelnummer:										
Pos.	Bezeichnung	Kostenschätzung			Vorkalkulation			Standardkalkulation		
		Menge (St.)		DM/%	Menge (St.)		DM/%	Menge (St.)		DM/%
1	Fertigungsmaterial									
2	Warenbezugskosten									
3	Verpackungsmaterial									
4	Materialkosten									
5	Fremdkosten									
6	Fertigungskosten (prop.)									
7	Sondereinzelkosten der Fertigung pro Stück (prop.)									
8	Grenzherstellkosten									
POK Zusatzinformationen		DM	POK							
9	Anzahl neuer Teilenummern pro Endprodukt									
10	Anzahl Teilenummern pro Endprodukt									
11	Anzahl Endprodukte pro Palette									
12	Anzahl Fertigungsstufen									
13	Durchschn. Jahres-absatzstückzahl									
14	Produkt-Lebenszyklus in Jahren									
15	Gesamtkosten (8+14)									

Abb. 6: Discounted-Cash-Flow-Analyse	DCF-Analyse		Artikel:	Erstellt:
	Proj. Nr. 123456	TDM	PG:	Datum:

Periode	1991/92	1992/93	1993/94	1994/95	1995/96	1996/97+++
Absatzmenge Inland						
Absatzmenge Export						
HP Inland						
Step Export						
./. Rabatt in %						
./. Erlösschmälerungen in %						
Nettoerlös Inland/Stk.						
Nettoerlös Export/Stk.						
Netto-Umsatz Inland						
Netto-Umsatz Export						
Gesamt-Netto-Umsatz						
./. Summe Konzern-GHK						
./. Frachtkost. (x% v. U.)						
./. Delkred. (x% v. Inl. U.)						
./. Änd.kost (x% v. U.)						
./. Insthltg. Wkzg. (x% d. Inv.)						
= Gesamt – DB						
./. POK (lt. Anlage) für:						
–> neue St.-Nrn. (Einmalkosten)						
–> Neuprodukt (Einmalkosten)						
–> Teilenummern (lfd. Kosten)						
–> Artikel (lfd. Kosten)						
–> Versandpaletten						
–> Fertigungsstufen						
./. GEKO-Investitionen						
–> Patentkosten						
–> Garantiekosten						
–> sonstige						
./. AfA (bilanziell)						

Abb. 6: Discounted-Cash-Flow-Analyse (Fortsetzung)	DCF-Analyse		Artikel:	Erstellt:
	Proj. Nr. 123456	TDM	PG:	Datum:

Periode	1991/92	1992/93	1993/94	1994/95	1995/96	1996/97+++
= Gew./(Verl.) vor Steuern						
./. Steuern						
= Gew./(Verl.) nach Steuern						
+ AfA (bilanziell)						
./. Investitionen						
./. Working Capital						
= Cash flow nach Steuern						
C.F. kumuliert nach Steuern						
R.O.I. (MIZF)						
Payback						

Standard-Sensitivitätsanalyse für:	+10%	+5%	0%	-5%	-10%
-> Investitionen					
-> Absatzmenge					
-> Preis					
-> Konzern-GHK					
-> POK' (Prozeßkosten)					

ist dann nicht mehr das problemgerechte Steuerungsinstrument, wenn die Beanspruchung des Fixkostenblocks durch die verschiedenen Produkte nicht homogen ist. Und dies ist der Normalfall.

Ein wichtiger Nebeneffekt der PKR sollte nicht unerwähnt bleiben: Durch die Quantifizierung der Hauptprozesse in DM wurden die Konstrukteure, die letztlich die Höhe der Produktkosten bestimmen, für die Auswirkung ihrer Entscheidungen auf die Kosten des gesamten Unternehmens sensibilisiert. Die Entscheidung z. B. über die Anlage eines zusätzlichen Teilestamms oder die Verpackungsmaße eines Produkts bekommen eine ganz andere Qualität, wenn bekannt ist, welche Kosten insgesamt dadurch verursacht werden.

Auch im Vertrieb erscheinen Varianten in einem ganz anderen Zusammenhang, wenn deren Totalkosten bekannt sind. Varianten in kleiner Auflage erzielen tendenziell einen erstaunlich guten Deckungsbeitrag I, da kleine Auflagen vom Kunden auch entsprechend honoriert werden. Rechnet man mit Prozeßkosten, dann verkehrt sich dieser Eindruck, da wegen geringer Menge keine Degressionseffekte wirksam werden.

Kann die altbewährte stufenweise Deckungsbeitragsrechnung nicht zu den gleichen Ergebnissen kommen? Wir meinen nein, da diese auch nur mit Zuschlägen rechnen kann und es keine Möglichkeit gibt, die Zuschläge leistungs- oder ressourcenorientiert zu ermitteln. Das gleiche gilt für die Soll-Deckungsbeiträge, da auch hier die objektiv richtige Basis fehlt.

5.3.2 Make-or-Buy-Entscheidungen

Make-or-Buy-Entscheidungen werden auf Grenzkostenbasis getroffen, sofern nicht Engpaßmaschinen betroffen sind. In diesem Falle werden zusätzlich entstehende Fixkosten durch notwendige Kapazitätserweiterungen in die Entscheidung einbezogen, oder es wird die Komponente oder der Arbeitsgang zugekauft, der den schlechtesten relativen Deckungsbeitrag, bezogen auf die Engpaßeinheit, aufweist. Diese Weisheit resultiert aus meinem Betriebswirtschaftsstudium, aber ich kann mich nicht entsinnen, jemals ihre praktische Anwendung erlebt zu haben: Entsteht ein kurzfristiger Engpaß, dann wird nicht gerechnet, sondern verlagert, denn schließlich muß man ja liefern können. Ist der Engpaß dauerhaft, dann wird per Investitionsrechnung und auf Grenzkostenbasis die wirtschaftlichste Maschine ermittelt und gekauft. Flankierende Make-or-Buy-Analysen resultieren zumeist im Make, da die Grenzkosten allemal günstiger sein sollten als Einstandspreise eines Lieferanten. Dieser muß seine Strukturkosten und seinen Gewinnanteil ja schließlich auch berechnen.

Zusammenfassend kann man sagen, daß Make-or-Buy-Entscheidungen in aller Regel auf Basis der Grenzkosten getroffen werden, wegen „schlechten betriebswirtschaftlichen Gewissens" der Beteiligten eventuell noch ergänzt um gewisse Sicherheitszuschläge, die der Sache aber genauso wenig dienlich sind.

Im Prinzip gilt das auch für den Zukauf von Komplettprodukten als Handelsware. Eine Verringerung des Deckungsbeitrags, welche beim Zukauf zwangsläufig eintreten wird, gilt als Mißmanagement. Die Eigenfertigung wird in der Regel zu niedrigeren Grenzkosten möglich sein als der Zukauf, dessen Grenzkosten zu Einstandspreisen plus Fracht gerechnet werden.

Das Controlling war in der Vergangenheit, außer durch intensive, zeitraubende Analysen, nicht in der Lage, Kostenvorteile im Fixkostenbereich, die durch ein Buy entstehen, transparent und in DM sichtbar zu machen. Darum sehe ich die dogmatische Grenzkostenrechnung als Mitschuldner an, wenn Fertigungstiefe und -breite permanent zunehmen und dadurch die Fixkosten mehr oder weniger schleichend, aber unaufhörlich wachsen. Diesen Effekt wollen wir mit dem antizipativen Gemeinkostenmanagement in einer Zangenbewegung vermeiden. Zum einen machen wir deutlich, welche Totalkosten wir beim Make verursachen, wodurch dann bedeutend öfter das Buy die günstigere Alternative sein wird. Zum anderen vermeiden wir durch häufigeres Buy Kapazitätsengpässe sowie Kapazitätserweiterungen, die zu wachsenden (sprungfixen) Kosten führen. Das Controlling gibt eine strategieorientierte Entscheidungshilfe natürlich nur, wenn die strategische Planung Wachstum möglichst ohne Erweiterung des Anlagevermögens vorsieht.

Wie nutzen wir die PKR? Anders als bei Entscheidungen über Neuprodukte rechnen wir bei Make-or-Buy-Entscheidungen die konkrete Situation durch und verwenden nicht die Hauptprozesse, sondern die Beanspruchung der einzelnen Prozesse je Kostenstelle. Dazu haben wir dem Einkauf ein „Prozeßkostenmenu" gegeben, mit dem er selbständig die Prozeßvollkosten der Herstellung ermitteln kann. Auch hier haben wir die Erfahrung gemacht, daß die Methodik und der Denkansatz der PKR problemlos verstanden wurden und die praktische Arbeit mit den Prozeßkosten kaum Schwierigkeiten bereitet. Es ist bekannt, daß die Prozeßkosten Durchschnittswerte sind, die auf geschätzten Planwerten beruhen. Trotzdem werden wir ungefähr, besonders auch strategieorientiert, richtig liegen – und das reicht aus (vgl. Abb. 7 und 8).

	Abb. 7: Make-or-Buy-Kalkulationsschema	Datum:	
		Bearbeitet:	
	Artikel: Sach-Nr.:	GARDENA	Lieferant
	(1) Materialkosten (2) Fremdkosten (3) Prop. Kosten der Fertigung (4) Prop. Wkz. AfA	0,00 0,00 0,00 0,00	0,00 0,00 0,00 0,00
(1-4)	(5) GHK (Grenzherstellkosten)	0,00	0,00
	(6) Fixkosten der Fertigung (7) Fixe Wkz. AfA (8) Materialgemeinkosten	0,00 0,00 0,00	0,00 0,00 0,00
(5-8)	(9) VHK (Vollherstellkosten)	0,00	0,00
	(10) PHK (Prozeßherstellkosten) lt. Anlage	0,00	0,00
(9+10)	(11) PVHK (Prozeßvollherstellkosten)	0,00	0,00

Abb. 8: Ermittlung der Prozeßvollherstellkosten bei Make-or-Buy-Entscheidungen

Datum:

Bearbeitet:

Artikel:	Sach-Nr.:			Jahresbedarf:		
Kostenstelle	Prozeßgröße	Prozeß-kosten-satz	GARDENA		Lieferant	
			Menge	Kosten	Menge	Kosten
Einkauf	Kaufteile (Rahmenverträge)	0,00	0	0,00	0	0,00
	Anzahl Anfragen	0,00	0	0,00	0	0,00
Disposition	Anzahl Bestellungen	0,00	0	0,00	0	0,00
		0,00	0	0,00	0	0,00
Wareneingang	Wareneingänge	0,00	0	0,00	0	0,00
Qualitäts-kontrolle	Anz. prüfpfl. WE (Rampe)	0,00	0	0,00	0	0,00
Lager	nutzbare Stell-plätze	0,00	0	0,00	0	0,00
Kapitalbildung	Formel			0,00		0,00
Kommissio-nierung	auszulagernde Paletten	0,00	0	0,00	0	0,00
	Fertigungsauf-tragspositionen	0,00	0	0,00	0	0,00
Arbeits-vorbereitung	Anzahl Arbeits-pläne	0,00	0	0,00	0	0,00
Fertigungs-steuerung	Anzahl Ferti-gungsaufträge	0,00	0	0,00	0	0,00
Qualitäts-kontrolle	Anz. prüfpfl. WE (Fertigung)	0,00	0	0,00	0	0,00
	Summe			0,00		0,00
	Kosten pro Stück			0,00		0,00

5.3.3 Investitionsentscheidungen

Die Unterstützung von Investitionsentscheidungen durch das Controlling ist parallel zur technischen Entwicklung der Fertigungs- und Montageverfahren immer unzureichender geworden. Früher lagen die Schwerpunkte einer Investitionsentscheidung in leicht rechenbaren Rationalisierungseffekten. Heute ist die Auswirkung auf den direkten Lohn weniger wichtig. Entscheidend sind Vorteile der Flexibilität durch minimale Rüstzeiten, der Beschleunigung der Durchlaufzeiten und Reduzierung des innerbetrieblichen Transports, Vermeidung von Zwischenlägern, Verkürzung der Produktentwicklungszeiten bis zur Serienreife, Bildung von Überkapazitäten, um marktnäher produzieren zu können usw. Die meisten dieser Vorteile sind mit herkömmlichen Methoden kaum quantifizierbar, wodurch Investitionsentscheidungen zunehmend ohne fundierte betriebswirtschaftliche Unterstützung getroffen werden.

Mit der PKR kann der Anschluß an die technischen Entwicklungen gefunden werden, da sie Transparenz und quantifizierbare Größen schafft.

6. Prozeßkostenrechnung und ihr Anspruch an das Management

Bei allen Vorteilen bedeutet die konsequente Anwendung der PKR und des antizipativen Gemeinkostenmanagements allerdings eine hohe Anforderung an das Management. Dabei ist zu unterscheiden zwischen den Prozeßkosten, die wir berücksichtigen, obwohl sie noch nicht anfallen und denen, die wir bereits haben, aber eliminieren oder für andere Aufgaben freisetzen wollen.

Im ersten Fall muß das Management die Unternehmenssituation bewerten und unterscheiden in beeinflußbare und nicht beeinflußbare Kosten. Ist das Unternehmen nicht ausgelastet, dann müssen zusätzliche Produkte als Minimum die beeinflußbaren Prozeßkosten decken. Ist die Auslastung gut und konkurrieren mehrere Produktideen um knappe Ressourcen, dann müßte das Ranking auf Renditen bei vollen Prozeßkosten basieren. Ähnlich verhält es sich bei Make-or-Buy-Entscheidungen.

Im zweiten Fall muß das Management verstehen, daß Prozeßkosten nicht automatisch dann verschwinden, wenn wir die Prozesse sparen. Das gleiche gilt beispielsweise immer schon für den produktiven Lohn. Auch dieser verschwindet nicht, wenn die Produktion heruntergefahren wird. Wir wissen jedoch ganz genau, wieviel Lohn an welcher Stelle durch welche Mitarbeiter freigesetzt und gesteuert werden muß. Bei der PKR gibt es keine Arbeitspläne, d. h. es ist nicht bekannt, wo genau und in welcher Höhe Leerkosten vorhanden sind. Darum muß das Controlling PKR-gestützte Entscheidungen begleiten und dem Management transparent machen, welche Prozeßkostenreduzierungen möglich wären. Werden beispielsweise Baugruppen nach außen verlagert, weil der Lieferant die eigenen Prozeßvollherstellkosten nennenswert unterbietet, dann sind die derart freigesetzten Prozesse auch wirklich zu eliminieren oder durch erhöhten Output zu nutzen. Geschieht dies nicht, dann greifen die gleichen Mechanismen, die zum Ersatz der Vollkostenrechnung durch die Grenzkostenrechnung geführt haben: Die Gegenwartssituation wird positiver bewertet, als sie wirklich ist. Der Unterschied zur Zuschlagskalkulation liegt bei der PKR darin, daß man weiß, welche Ressourcen nicht mehr benötigt werden. Leerkosten werden als Managementaufgabe sichtbar.

Leerkosten gelten nicht nur dann als Managementaufgabe, wenn sie durch Entscheidungen oder Maßnahmen entstehen. Auch dann, wenn Umsatzrückgänge hinzunehmen sind, entstehen Leerkosten, die durch die PKR transparent gemacht werden und gezielt abgebaut werden können. *PKR als permanente Gemeinkostenwertanalyse*!

Noch ein Beispiel für den Umgang mit Leerkosten: In wachsenden Unternehmen ist Raumknappheit vorprogrammiert. Das Controlling muß einen Anreiz geben, den notwendigen Erweiterungsbau hinauszuschieben, indem die bestehende Fläche optimal genutzt wird. Darum wird wieder dazu übergegangen, beanspruchte Fläche auf die verursachenden Kostenstellen umzulegen und die Kostenstelle mit den anteiligen Gebäudekosten zu belasten. Dieses Verfahren war verpönt, da die Gebäudekosten vom einzelnen nicht zu beeinflussen sind. Heute bekommt der Kostenstellenverantwortliche, wenn er die Fläche ökonomischer nutzen kann, eine Kostenreduzierung angerechnet und die freigewordenen Gebäudekosten werden auf eine Leerkostenstelle gebucht. Die Nutzung dieser Leerkosten ist wieder Aufgabe des Managements. Wird dieses Instrument falsch verstanden und sind die Steuerungs- und Führungssysteme nicht ziel- und strategieorientiert, dann kann es zu Fehlentwicklungen führen. Wenn „gesparte" Kosten vom Kostenstellenverantwortlichen gleich wieder ausgegeben werden, dann stehen fiktive Einsparungen echten Kosten gegenüber. Ist die Strategie auf Wachstum ausgerichtet und sind klare Kostenziele formuliert, dann wird dieses Steuerungsinstrument jedoch greifen.

Auch wird zu entgegnen sein, daß dem Kostenstellenverantwortlichen Manipulationsspielraum gegeben wird. Er gibt beispielsweise toten Raum unter einer Treppe oder ein paar ungenutzte Quadratmeter mitten in der Montagehalle ab. Klar, daß das beste Management diese Fläche (= Leerkosten) nicht nutzen kann. Darum gehören zu einem solchen Verfahren Spielregeln, die vom Management festgelegt werden. Wenn wir, eingebettet in eine klar zielorientierte Führung, unternehmerisches Denken der Mitarbeiter fördern wollen, dann muß das Controlling sein Rechenwerk entsprechend gestalten. Es müssen Anreize geschaffen werden, um den Erfolg unternehmerischen Handelns sichtbar zu machen.

7. Zusammenfassung und Fazit

Die Prozeßkostenrechnung ist die Antwort des Rechnungswesens und Controllings auf die veränderten Kostenstrukturen in den Unternehmen. Gegenwärtig entbrennt der Streit um die Urheberrechte: Schmalenbach, Plaut, Kilger, Deyhle, Kaplan usw. Hat nicht einfach der Sachzwang durch die Gemein- und Fixkostenexplosion eine neue Methode hervorbringen *müssen*? War es nicht unumgänglich, die verlorene Transparenz im Gemeinkostenbereich wieder herzustellen und zu zeigen, wodurch Kosten entstehen? Mit der PKR werden Gemeinkosten aufgelöst in Ressourcen, die das Unternehmen zur Erzielung seiner Leistung am Markt benötigt. Die benötigten Ressourcen werden mengenmäßig erfaßt, ihre Kosten werden quantifiziert und damit steuerbar gemacht. Anwendungsbereiche der PKR sind die Kalkulation auf Totalkostenbasis, die Unterstützung von Entscheidungen und eng damit verbunden ein verbessertes Gemeinkostenmanagement.

Für die Kalkulation, besonders wenn es um eine Nachkalkulation auf Istkostenbasis geht, sind wir jedoch noch auf der Suche nach einer Lösung. Wenn wir hier systematisch vorgehen wollen, sehen wir einen immensen Aufwand für die Einrichtung von Prozeßarbeitsplänen und für die erforderliche Erfassung der Prozeßmengen und -zeiten durch die Mitarbeiter. Es wird aus unserer Sicht erforderlich sein, die *Anzahl der Prozesse* auf die wirklich wesentlichen zu *beschränken* und organisatorisch Prozeßkostenstellen einzurichten. Aber das sind Gedanken, die noch von keiner praktischen Realisierung gestützt werden.

Anders beim Gemeinkostenmanagement: Durch das Sichtbarmachen der Leistung in den fixen Gemeinkostenbereichen kann ein konkretes, leistungsorientiertes Steuern der Gemeinkosten unterstützt werden. Durch die Zuordnung von Ressourcen, die durch eine Entscheidung gebunden sein werden, ohne daß dadurch die Fixkosten direkt steigen müssen, eröffnen wir mit der PKR die Chance, Fixkosten zu berücksichtigen, bevor sie überhaupt entstehen bzw. sicherzustellen, daß die geplanten und zu entscheidenden Maßnahmen diese Fixkosten auch „verdienen" können.

Durch die Berücksichtigung von Prozeßkosten bei Entscheidungen werden Fixkosten fiktiv proportionalisiert, eigentlich ein betriebswirtschaftliches Sakrileg. Dies wird aber nötig, um Gesamtkostensituationen ganzheitlich transparent zu machen. Die Nutzung der PKR in diesem Sinne verlangt vom Management gute Urteilsfähigkeit und Verständnis des Instrumentariums sowie seine flexible, problem- und entscheidungsorientierte Anwendung. Entscheidend ist letzten Endes die *Umsetzung der Informationen in Aktionen*.

Die Einführung der PKR sollte *schrittweise* erfolgen und mit *Teilbereichen* beginnen. Eine Unterstützung durch den Großrechner und durch Software ist nicht erforderlich. Ein PC reicht für den Anfang aus. Wichtig ist, überhaupt den Anfang zu wagen. Dazu reicht ein rein manuelles System, das die Daten in Interviewtechnik gewinnt.

Nach dem Umdenken von der Zuschlagskalkulation auf Vollkostenbasis zur Grenzkostenrechnung gehen wir mit der PKR den Weg zurück zur verursachungsgerechten Totalkostenbetrachtung – ein notwendiger Schritt angesichts der dramatischen Verlagerung des Kostenschwerpunkts auf die Fixkosten. Die PKR wird die Denkstrukturen ändern, indem es eine ganzheitliche und unternehmerische Denkweise fördert und den Fokus weniger auf Kosten als auf Ressourcen und Leistung legt.

Wo das einzelne Unternehmen bei der PKR den Schwerpunkt legt, wie die methodische Gestaltung gewählt wird, wie detailliert sie ausgeprägt werden soll und wie stark die DV-Anbindung sein soll, wird jedes Unternehmen individuell entscheiden müssen. Die Auswirkungen der PKR und der Erfolg ihrer Anwendung werden letztlich nicht von der technischen und instrumentellen Perfektion abhängen, sondern davon, welche Ziele das Management mit ihr verfolgt und wie die tatsächliche Anwendung und die Umsetzung ihrer Ergebnisse in konkrete Maßnahmen aussehen.

Management der gemeinkostentreibenden Faktoren am Beispiel eines Maschinenbau-Unternehmens

von

Dieter Wäscher

Gliederung

1. Einfluß der stetig ansteigenden Gemeinkosten auf das Risiko- und Gewinnschwellen-Management
2. Strategisch orientierter Ansatz zur dauerhaften Senkung der Gemeinkosten durch Identifikation und Quantifizierung der gemeinkostentreibenden Prozesse
2.1 Veränderte Entscheidungen und neue Erkenntnisse durch die Prozeßkalkulation
2.2 Ergänzung der Deckungsbeitragsrechnung um prozeßorientierte Kosten
2.3 Prozeßorientierte Kalkulation als Steuerungsinstrument zur Sicherstellung einer gemeinkostenfreundlichen Konstruktion
2.4 DV-Implementierung der Prozeßkalkulation
2.5 Exkurs zum Subprozeß „Wareneingangskontrolle"
2.6 Wirkungszusammenhang von strategisch orientierter (Gemeinkosten-)Kalkulation und prozeßorientiertem Gemeinkosten-Controlling
3. Entwicklung von Instrumenten zur Kontrolle und ständigen Verbesserung der Produktivität in den Gemeinkostenbereichen
3.1 „Standards of Performance" im Gemeinkostenbereich
3.2 Organisatorische Handhabung des prozeßorientierten Gemeinkosten-Controllings mit Hilfe von Leistungsmeßgrößen
3.3 Chancen und Risiken durch Meßgrößen in Gemeinkostenbereichen
3.4 Simulation von Strategiemaßnahmen zur Verringerung der Komplexität in Gemeinkostenbereichen
4. Prozeßmanagement als „Support" für die Gemeinkostenverantwortlichen zur Sicherstellung von Produktivitätssteigerungen
4.1 Bereichsübergreifende Geschäftsprozeß-Analyse
4.2 Beschleunigung und Optimierung der Prozeßketten durch prozeßorientierte Wertanalyse

4.3 Aktualisierung und Ergänzung des Dimensionierungssystems für die Leistungsmeßgrößen
4.4 Schnittstellenentstörung
4.5 Prozeß-Strukturierung durch Konzentration auf die Kerntätigkeiten in einzelnen Funktionen innerhalb der Geschäftsprozesse
4.6 Wirkung des Prozeßmanagements auf die Ablauforganisation
5. Zusammenfassung der Wirkungen des Gemeinkostenmanagements mit Hilfe der Prozeßkostenrechnung
6. Exkurs: Vergleich des „Instruments" der Prozeßkostenrechnung mit der flexiblen Plankostenrechnung
Literatur

1. Einfluß der stetig ansteigenden Gemeinkosten auf das Risiko- und Gewinnschwellen-Management

In fast allen Unternehmen steigt der Anteil der Gemeinkosten an den Gesamtkosten. Im Durchschnitt des deutschen Maschinenbaus ist mittlerweile ein Anteil von über 50 % erreicht. Prognosen deuten auf einen drastischen Anstieg durch weitere Automatisierung hin, mit der Folge, daß nur noch wenige Mitarbeiter physisch mit der Fertigung der Produkte zu tun haben werden. Die Unternehmen werden durch den Anstieg der Gemeinkosten zunehmend unbeweglicher. Die aus diesem Anstieg häufig resultierende „Erlös-/Kostenschere" wird für viele Unternehmen eine Existenzfrage.

Die zunehmende Automatisierung der Fertigung hat zu einer Verlagerung von produktiven zu administrativen Tätigkeiten geführt. Der Fertigungslohn hat seine zentrale Maßgröße für die Kostenrechnung verloren, weil administrative Tätigkeiten wie Koordinieren, Planen, Informieren, Steuern und Kontrollieren in den Vordergrund gerückt sind. Diese Tätigkeiten werden jedoch in den Entscheidungsinformationen des traditionellen Rechnungswesens nicht abgebildet – häufig mit der Folge falscher Entscheidungen sowie dem Beharren auf unwirtschaftlichen und die Gemeinkosten aufblähenden Organisationsstrukturen.

2. Strategisch orientierter Ansatz zur dauerhaften Senkung der Gemeinkosten durch Identifikation und Quantifizierung der gemeinkostentreibenden Prozesse

Eine langfristige Beeinflussung der Gemeinkosten ist nur durch eine Identifikation und Quantifizierung der gemeinkostentreibenden Faktoren und der ihnen zugrundeliegenden komplexen Vorgänge bzw. Aktivitäten und Prozesse möglich. Herstellkostenkalkulationen müssen die verschiedenen Arten von Prozessen in einer modernen Fertigung mit Blick auf die Fabrik der Zukunft vorgangs- bzw. prozeßorientiert und damit verursachungsgerecht aufzeigen. Die traditionellen Kostenrechnungs- und Kalkulationsverfahren sind angesichts des stetig wachsenden Anteils der Gemeinkosten an den Gesamtkosten nicht in der Lage, die hinsichtlich des Kostengewichts immer mehr dominierenden, planenden, steuernden, vorbereitenden und überwachenden Vorgänge und Prozesse in der Prozeßkette der Auftragsabwicklung für Entscheidungen abzubilden (vgl. WÄSCHER 1991 a).

Die gemeinkostentreibenden Faktoren drücken sich in Prozeß-Steuerungsvorgängen, wie z. B. Ein- und Auslagerungsvorgängen, Wareneingangsvorgängen, Transportvorgängen, Werkzeugvorbereitungsvorgängen, Kontrollvorgängen usw. aus. Eine wirksame Aktivierung der in den Gemeinkostenbereichen steckenden Rationalisierungsreserven ist m. E. nur durch eine langfristig angelegte Beeinflussung der gemeinkostentreibenden Faktoren möglich. Wenn wir es verstehen, die gemeinkostentreibenden Faktoren bei allen Entscheidungen über die Preispolitik, über die Produktpolitik, über die kostengünstigste Alternative bei der Konstruktion, über Eigenfertigung oder Fremdbezug zu berücksichtigen und damit zu beeinflussen, werden sich auf Dauer eine verringerte Anzahl von Teilen einstellen und wenige komplexe Teile übrigbleiben mit weniger Prozeß-Steuerungsvorgängen.

Die Identifikation der gemeinkostentreibenden Faktoren in einer an Prozessen bzw. Aktivitäten orientierten Kalkulation hat strategische Bedeutung für die Produktgestaltung, die Produktpolitik und eine wirtschaftliche Nutzung der Gemeinkosten-Ressourcen.

Viele Unternehmen machen sich falsche Vorstellungen über den Ertrag der Variantenvielfalt. Deshalb ist die Frage zu beantworten: Was kosten die Varianten wirklich? Hierzu sind die von ihnen verursachten zahlreichen aufwendigen Prozesse im indirekten Bereich in den Herstellkosten eindeutig sichtbar zu machen.

Kundenspezifische Lösungen erfordern ein neues Controlling-Verständnis. Wenn Anpassungen und Modifikationen, d. h. Abweichungen von Standardprodukten immer mehr von den Kunden geordert werden, hat dies weitreichende Folgen für den Auftragsabwicklungsprozeß und für die personelle Ausgestaltung einzelner Funktionen innerhalb der Auftragsabwicklungsprozeßkette. Die dadurch entstehenden neuen Tätigkeiten (Prozesse/Aktivitäten) müssen für Entscheidungen über die Preisqualität eines Auftrags in den Kosteninformationen sichtbar gemacht werden.

Bei falscher Gemeinkostenzuordnung nach dem bisherigen Durchschnittsprinzip forcieren wir gegebenenfalls ein Produkt, das Verluste bringt und vernachlässigen ein Produkt, das eigentlich ein Gewinnbringer ist. Der Verfasser hat an anderer

Stelle ausführlich aufgezeigt (vgl. WÄSCHER 1991 b), wie die gemeinkostentreibenden Faktoren bzw. die in den indirekten Bereichen versteckten vielfältigen Aktivitäten und Prozesse, insbesondere im Logistikbereich, in einer strategisch wirkenden Produktkalkulation Berücksichtigung finden können.

2.1 Veränderte Entscheidungen und neue Erkenntnisse durch die Prozeßkalkulation

Bei unterschiedlicher Inanspruchnahme der gemeinkostentreibenden Faktoren durch die verschiedenen Produkte müssen die von Prozessen abhängigen Gemeinkosten in der Kalkulation entsprechend der Losgröße der einzelnen Produkte unterschiedlich vertreten sein, je nachdem, ob z. B.

- ein Produkt aus vielen oder wenigen Teilen besteht,
- ein Produkt in der Fertigung viele oder wenige Prozeß-Steuerungsvorgänge beansprucht.

Das Kalkulationsverfahren mit Einbezug der gemeinkostentreibenden Faktoren führt zu einer grundsätzlichen *Verschiebung der Herstellkosten-Strukturen* insbesondere bei komplexen Teilen, für deren Herstellung und Auftragsdurchsteuerung durch den Betrieb viele Prozeß-Steuerungsvorgänge anfallen.

Bei Teilen und Produkten mit kleinen Stückzahlen kommen die Prozeß-Steuerungskosten bzw. die gemeinkostentreibenden Faktoren in den Stückkosten sehr stark zum Ausdruck. Durch die verringerten fixen Teile der Maschinenstunden- oder Bezugsgrößensätze (nämlich durch die Herausnahme der separat verrechneten Kosten für Prozeß-Steuerungsvorgänge) ergeben sich bei großen Auftragsstückzahlen verringerte Voll-Herstellkosten.

Mit dieser Art der strategisch orientierten Kalkulation wird die tatsächliche Komplexität bei der Herstellung eines Teils wertmäßig aufgezeigt, indem alle Prozeß-Steuerungsvorgänge, die repetitiver Natur sind, in der Kalkulation sichtbar gemacht werden.

Dadurch ergeben sich völlig neue Entscheidungsstrukturen und Erkenntnisse

- hinsichtlich von Entscheidungen über Eigenfertigung oder Fremdbezug,
- hinsichtlich der Ertragskraft der Produkte, insbesondere bei Varianten und seltenen Ersatzteilen und
- bei der Entscheidung über konstruktive Alternativen (vgl. WÄSCHER 1991 a, S. 70 f.).

Ein weiteres Problem stellt in diesem Zusammenhang die *Bewertung des Vorratsvermögens* dar. Bei Teilen und Produkten mit vielen Fertigungsstufen und vielen

Prozeß-Steuerungsvorgängen und darüber hinaus kleinen Losgrößenstückzahlen wirkt sich die Prozeßkalkulation besonders drastisch in einer Erhöhung der Stück-Herstellkosten aus und umgekehrt. Da jedoch Variantenteile und Ersatzteile, die keine Serienteile mehr sind, die Tendenz aufweisen, geringere Lagerumschläge aufzuweisen, kann es sehr leicht sein, daß die Lagerbestände solcher Teile beim Übergang auf die prozeßorientierte Kalkulation zu höheren Lagerbestandswerten führen. Wenn ein Unternehmen das aus bilanzpolitischen Gründen nicht akzeptieren will, kann dafür ein erhöhter Wertberichtungsabschlag (wegen geringer Umschlagshäufigkeit) in Anspruch genommen werden. Das ist im Einzelfall mit dem Betriebsprüfer zu vereinbaren. Es gibt aber auch die sehr einfache Möglichkeit, die Lagerbestände bei Eigenfertigungsteilen hinsichtlich der Prozeßkosten aus dem Materialgemeinkostenbereich und/oder aus dem Fertigungsgemeinkosten- und Logistikbereich weiterhin mit einem einzigen steuerlichen Pauschalzuschlag zu bewerten. Für die Rohmaterial- und Zukaufteile empfiehlt sich für Bewertungszwecke auch weiterhin der Ansatz der Netto-Einstandspreise nach dem Niederstwertprinzip.

2.2 Ergänzung der Deckungsbeitragsrechnung um prozeßorientierte Kosten

Zumindest bei mittelfristiger Betrachtungsweise haben die gemeinkostentreibenden Faktoren, die repetitiver Natur sind, proportionalen Charakter. Das bedeutet, daß die Kosten der repetitiven Prozeß-Steuerungsvorgänge den Ausweis des Deckungsbeitrags beeinflussen. Die prozeßorientierte Kalkulation führt somit zu einer *erweiterten Qualität der Deckungsbeitragsrechnung*.

Voraussetzung hierfür ist, daß es uns gelingt, die eigentlich fixen Prozeßkosten zumindest mittelfristig (Zeitraum: 1 Jahr) entsprechend der Veränderung der Zahl der Prozesse/Vorgänge disponibel zu machen.

2.3 Prozeßorientierte Kalkulation als Steuerungsinstrument zur Sicherstellung einer gemeinkostenfreundlichen Konstruktion

Besonders das Entwicklungsmanagement muß durch entsprechende Entscheidungsdaten aus Kostenrechnung und Kalkulation in die Lage versetzt werden, die kostenmäßigen Auswirkungen der Komplexität eines konstruktiven Designs quantitativ zu beurteilen und sich damit der *Hebelwirkung* seiner Schlüsselstellung hinsichtlich der relativen Kostenposition für ein bestimmtes Produkt bewußt werden (vgl. WÄSCHER 1991 b).

Der Konstrukteur entscheidet über die Festlegung der Geometriedaten sowohl über den Materialeinsatz und die Materialart als auch über die zur Anwendung kommenden Produktionsverfahren, die wiederum die zur Anwendung gelangenden Prozeßabläufe bestimmen. Heute verfügt der Konstrukteur meist nicht über die notwendigen Informationen, was seine Entscheidungen kostenmäßig bedeuten.

Zwei Probleme sind also zu lösen:

1. Die *Kosteninformationen* müssen dem Konstrukteur möglichst schon *in den frühen Phasen des Entwicklungsprozesses* zur Verfügung gestellt werden.
2. Für die Schlüsselentscheidungen des Konstrukteurs müssen wir *Kostenstandards* verfügbar machen, die die gemeinkostentreibenden Faktoren so abbilden, daß dem Konstrukteur eine gemeinkostenfreundliche Konstruktion ermöglicht wird.

Der Konstrukteur wird so in der Lage sein, komplexere Produkte mit mehr Materialeinsatz und möglicherweise auch mehr Fertigungslohneinsatz zu gestalten, wenn dadurch entsprechend weniger Gemeinkosten durch eine geringere Anzahl von gemeinkostentreibenden Faktoren und Prozessen möglich sind.

Wir glauben, daß diese neue Art der prozeßorientierten Herstellkostenkalkulation strategische Bedeutung hat mit der Wirkung, daß sich in unseren Unternehmen auf Dauer

- eine *verringerte Anzahl von Teilen* einstellen wird und
- *wenige komplexe Teile* übrigbleiben mit weniger Arbeitsgängen, verringerter Fertigungstiefe und insgesamt weniger Prozeß-Steuerungsvorgängen.

In der Praxis zeigt sich, daß die „Konstruktion" in der Lage ist, mit Hilfe des Instruments „Prozeßkalkulation" die Teilevielfalt drastisch zu reduzieren.

2.4 DV-Implementierung der Prozeßkalkulation

Die verschiedenen Prozesse müssen in Teilestammdateien (z. B. die Standardbestellmenge für Zukaufsteile), in teilebezogenen Kalkulationsdateien und in Unter-Arbeitsplandateien mit Standardmengen, Standardzeiten und Standardkosten je Prozeß-Steuerungsvorgang definiert und abgebildet werden.

Bei der prozeßorientierten Kalkulation werden indirekte Leistungen über *Prozeßkostensätze* (sogenannte Vorgangskostensätze) unmittelbar dem Produkt belastet.

Im EDV-Kalkulationssystem ist gleichsam neben der herkömmlichen Kalkulation ein zweiter „Strang" einzurichten, der die verschiedenen Prozesse – beginnend mit dem Bezug des Rohmaterials oder Zukaufteils – über alle in der Auftragsabwicklungsprozeßkette anfallenden Subprozesse *teilebezogen* in die Herstell- und Selbstkostenkalkulation einbezieht. Bei unterschiedlicher Inanspruchnahme dieser gemeinkostentreibenden Prozesse durch die verschiedenen Produkte müssen diese Gemeinkosten in der Kalkulation entsprechend der Losgröße der einzelnen Produkte unterschiedlich vertreten sein, je nachdem, ob ein Produkt in der Fertigung viele oder wenige Prozeß-Steuerungsvorgänge benötigt.

Wenn ein Zukaufteil mit Einstandskosten von z. B. 1,– DM/Stck. und einer Bestellmenge 1 eingekauft wird, kann das bedeuten, daß nach Einlagerung dieses Teils oder nach Anlieferung in der Montage die deckungsbeitragsrelevanten Kosten dieses Teils bereits 201,– DM/Stck. betragen.

200,– DM sind allein die bei dem Beschaffungsprozeß anfallenden Kosten für folgende *Prozeßvorgänge*:

– Kosten des Dispositionsvorgangs
– Kosten des Bestellvorgangs im Einkauf
– Kosten der Wareneingangskontrolle
– Kosten der Vorgänge Rechnungsprüfung, Buchung und Zahlung
– Einlagerungskosten einschl. Transport, Kosten der Lagerzugangsbuchungen.

Im Falle einer breiteren Wiederverwendung eines solchen Teils mit einer Standardbestellmenge von 1000 Stück sinken die Kosten für diese Prozeßvorgänge von 200,– DM/Stck. auf 0,20 DM/Stck. ab.

In unserem Unternehmen wurde der zweite „Strang" des Kalkulationssystems als Standardkalkulation – also mit Standard-Prozeßkostensätzen – auf Basis eines auf dem Host installierten flexiblen Grenzplankostensystems (PLAUT) in 1982 implementiert. Die Standard-Kostensätze je Vorgang bzw. Prozeßsteuerungsvorgang werden jeweils im Rahmen der operativen Jahresplanung überprüft und festgelegt.

Die wesentliche organisatorische Hürde für die Prozeßkalkulation liegt in der Fähigkeit, die in der Hauptprozeßkette Erzeugnisherstellung und Auftragsdurchsteuerung anfallenden Prozesse teilebezogen für die Standardkalkulation greifbar zu bekommen. Diese organisatorische Hürde ist relativ leicht zu nehmen, wenn das Unternehmen sowohl einen hohen Stand der Informationsverarbeitung als auch eine weit fortgeschrittene Integration der Informationsverarbeitung aufweist, aus der prozeßorientierte Informationen durch Verknüpfung von Prozeßsystemen und betriebswirtschaftlichen Systemen leicht abgeleitet werden können. Das bedeutet z. B., daß auf Basis von vorhandenen PPS- und BDE-Systemen (CIM-Bausteine) sehr einfach und neutral die Ermittlung und Verfolgung prozeßorientierter Gemeinkostenvorgänge im Sinne von Mengenbezugsgrößen prozeßbegleitend für die Standardkalkulation nutzbar sind. Typische Beispiele sind die Art und der Umfang von Transportvorgängen, von Werkzeugvorbereitungsvorgängen, von Kontrollgängen etc.

Periodenbezogen werden die in den erstellten Produkten standardmäßig verrechneten Prozeßkosten nach einzelnen Teilprozessen summiert und verglichen mit den tatsächlichen Teil- und Hauptprozeßkosten. In den einzelnen Maschinenkalkulationen und ebenfalls in den Teile-, Verwendungs- und Baugruppenkalkulationen werden die Prozeßkosten nach einzelnen Teilprozessen gesondert ausgewiesen, die unmittelbar und eindeutig verursachungsgerecht an der Herstellung und Auftragsdurchsteuerung der Erzeugnisse beteiligt sind.

2.5 Exkurs zum Subprozeß „Wareneingangskontrolle"

Es reicht für den Qualitätsmanager der Wareneingangskontrolle in Zukunft nicht mehr aus, sein Qualitätssicherungssystem ausschließlich auf seine operative Prüftätigkeit auszurichten. Vielmehr ist es im Sinne eines ganzheitlichen Ansatzes sinnvoll, darüber hinaus je Prüfvorgangsmerkmal teileunabhängig eine Standardprüfzeit festzulegen und dies in einer Referenzdatei im Qualitätssicherungssystem teileunabhängig abzuspeichern. Der Aufwand für die Ermittlung der Standardprüfzeit je Prüfvorgangsmerkmal ist – da teilunabhängig – angesichts zusätzlicher Erkenntnisse für die Prozeßkalkulation aus diesem Vorhaben vertretbar. Im Qualitätssicherungssystem selbst wird die tatsächlich geprüfte Menge je Prüfvorgang, je Teil und Wareneingangsvorgang und in Kumulation über einen längeren Zeitraum die tatsächlich notwendige Gesamt-Prüfzeit (auf Basis der Standardvorgaben je Prüfvorgangsmerkmal) ermittelt.

Wir erhalten so für alle Wareneingänge eines bestimmten Teils in einem Jahr die insgesamt angefallene Summe an Standardprüfzeiten. Durch die Division mit der tatsächlichen Gesamt-Wareneingangsmenge (nicht der tatsächlichen im Rahmen eines dynamischen Prüfungssystems geprüften Menge) erhalten wir je Teil und Stück die Durchschnittswareneingangskontrollzeit (zu Standardprüfzeiten) für ein Jahr, die wir im Kopfsatz eines Prüfplans ablegen – als Zugriffsstelle für eine prozeßorientierte Standardkalkulation. Diese Durchschnittsprüfzeiten je Teil werden jährlich einmal auf Veränderungen durch eine Auswertung aus dem Qualitätssicherungssystem überprüft.

Wir erreichen damit

– eine zuverlässigere, vorgangsorientierte und verursachungsgerechtere Herstellkostenkalkulation,
– eine deutlich verbesserte Entscheidungsgrundlage für unsere Entscheidungen zu Eigenfertigung oder Fremdbezug sowie
– darüber hinaus auch einen Indikator zur Personalbemessung der Wareneingangsprüfung unter der Voraussetzung, daß das Zukaufsteilespektrum, die Wareneingangsstückzahlen und die Lieferantenqualität gleich bleiben.

Die Art und Weise der Vorgehensweise und die Schnelligkeit bei Einführung einer geschlossenen Prozeßkalkulation ist zweifellos abhängig von dem Stand der Informationsverarbeitung in einem Unternehmen. Jedoch ist ein schrittweises und ABC-orientiertes Vorgehen durchaus denkbar und sinnvoll – auch außerhalb geschlossener Informationssysteme, um die Produktkalkulation durch Ergänzung um die wesentlichen gemeinkostentreibenden Faktoren zu verbessern und damit strategische Fehlentscheidungen zu vermeiden. Dabei wird man sich auf diese Teile, Artikel und Produkte konzentrieren, bei denen aus der Berücksichtigung der gemeinkostentreibenden Prozesse die größte Hebelwirkung für richtige Entscheidungen erwartet wird.

2.6 Wirkungszusammenhang von strategisch orientierter (Gemeinkosten-)Kalkulation und prozeßorientiertem Gemeinkosten-Controlling

Mit der neuen prozeßorientierten Kalkulation werden strategische Wirkungen nur erreicht, wenn wir die bei der Kalkulation der prozeßorientierten Kosten unterstellten *Wechselwirkungen zwischen der Anzahl der gemeinkostentreibenden Faktoren* und den *von ihnen verursachten Kosten in der Gemeinkostenentwicklung auch tatsächlich zum Niederschlag bringen*. Das heißt, daß wir bei einer Verminderung der Anzahl Steuerungsprozesse, z. B. der Anzahl Bestellvorgänge im Einkauf, auch die Mitarbeiterzahl in der Bestellabwicklung des Einkaufs entsprechend der festgelegten Wechselwirkung anpassen müssen.

Dieses Ziel schaffen wir nur, wenn wir uns Instrumente schaffen für die Messung der Leistung in den Gemeinkostenbereichen, um auch dort – wie bisher schon in der Fertigung üblich – zur Sicherstellung regelmäßiger und angemessener Produktivitätssteigerungen zu gelangen (vgl. WÄSCHER 1987, S. 313).

3. Entwicklung von Instrumenten zur Kontrolle und ständigen Verbesserung der Produktivität in den Gemeinkostenbereichen

Während in der eigentlichen Fertigung Jahr für Jahr mit schöner Regelmäßigkeit Produktivitätszuwächse von wenigstens 3–4 % erzielt werden, hat der Gemeinkostenbereich – das ist in erster Linie der Personal-Gemeinkostenbereich – bisher noch keinen gleichbleibenden und meßbaren Produktivitätsfortschritt erlebt. Wir brauchen also Instrumente für die Messung der Leistung in den Gemeinkostenbereichen, um auch dort zur Sicherstellung einer angemessenen Produktivitätssteigerung zu gelangen.

3.1 „Standards of Performance" im Gemeinkostenbereich

Die Herstellkosten für unsere Produkte können wir hinsichtlich der Prozeß-Steuerungskosten nur verbessern, wenn wir

- eine *geringere Anzahl gemeinkostentreibender Steuerungsprozesse* auf Dauer für unsere Produkte benötigen und
- wenn wir bei der Durchführung der verbleibenden gemeinkostentreibenden Steuerungsprozesse zu einer *ständigen Produktivitätsverbesserung* gelangen.

Dafür benötigen wir prozeßorientierte Instrumente, die Leistungen in Gemeinkostenbereichen messen können (vgl. WÄSCHER 1990). Als Maßstab für die Messung der Leistung in den Gemeinkostenbereichen machen wir uns diese Mengenbezugsgrößen zunutze, mit denen wir die Prozeß-Steuerungskosten verursachungsgerecht in die Herstellkosten-Kalkulation einbeziehen. Darüber hinaus haben wir weitere gemeinkostentreibende Prozeß-Steuerungsvorgänge als Maßstab für die Messung der Produktivität gefunden. Diese „zusätzlichen" kostentreibenden Faktoren haben wir aus einer gerade auf diesen Zweck hin besonders angelegten Zero-Base-Analyse gewonnen (vgl. MEYER-PIENING 1990, S. 141 ff.).

Wir haben die *Gemeinkosten je Gemeinkostenstelle* in einen sogenannten *Grundlastteil* und in einen *repetitiven Teil* zu unterteilen versucht. Wir haben also für die verursachungsgerechte Zuordnung der Gemeinkosten in die Produktkalkulation Prozeß-Steuerungsvorgänge gefunden, die die Gemeinkosten treiben. So treiben zum Beispiel die *Anzahl der Zeichnungen* die Kosten der Konstruktion und der Entwicklung, die *Anzahl der Buchungen* die Kosten der Buchhaltung, die *Anzahl der Bestellabwicklungsvorgänge* die Kosten des Einkaufs und der Disposition, die *Anzahl der Ein- und Auslagerungsvorgänge* die Kosten der Läger, die *Anzahl der Kontrollvorgänge* die Kosten der Qualitätskontrolle, die *Anzahl der Transportvorgänge* die Kosten des Innentransports usw.

Als Ausgangsbasis für die Definition von „Maßgrößen" ist allerdings eine straffe Analyse der Gemeinkosten Voraussetzung, um von einer gesicherten Grundlage aus Meßgrößen bilden zu können. Wir haben, aufbauend auf den Ergebnissen der weitgehend zu diesem Zweck durchgeführten Zero-Base-Analyse, d. h. nach den durch den Budgetschnitt vorgegebenen Ressourcen-Korrekturen die Entscheidungseinheiten daraufhin untersucht, inwieweit die dort erbrachten Leistungen repetitiven Charakter haben und inwieweit sie von einheitlichen Mengenbezugsgrößen abhängig sind.

Aus der Vielzahl der in den untersuchten Gemeinkostenbereichen existenten Mengenbezugsgrößen für die dort ausgeübten repetitiven Tätigkeiten wurde zunächst eine *Verdichtung auf höchstens zwei Leistungsbezugsgrößen* vorgenommen. Diese sollten möglichst die gesamten repetitiven Tätigkeiten direkt und/oder indirekt repräsentieren (vgl. WÄSCHER 1989).

Für die Erarbeitung der Leistungsstandards (z. B. Stunden bzw. Kosten je Buchungsvorgang) sind folgende *Grundsätze* ausschlaggebend:

- Eindeutige Definition
- Einfache Erfaßbarkeit
- Wirtschaftliche Kontrolle.

Teilweise haben wir in vorhandene EDV-Systeme „Zähler" für Gemeinkosten-Mengenbezugsgrößen eingefügt, um einfach und ohne Aufwand sowie überdies neutral an diese Mengen- bzw. Leistungsgrößen laufend heranzukommen.

Kosten für Grundlasttätigkeiten, Leitungsfunktionen und repetitive Tätigkeiten untergeordneter Bedeutung wurden aus der Bildung der Leistungsstandards herausgenommen. Kostenstellen mit überwiegender oder reiner Grundlast wurden völlig ausgeklammert.

Dabei haben wir uns wegen der Schwierigkeiten des Nachweises kausaler Zusammenhänge davon lenken lassen, daß in Zweifelsfällen zunächst zugunsten der Grundlast zu entscheiden war, um erst nach Erfahrungen im Umgang mit diesem Gemeinkosten-Controlling-System eine Revision vorzunehmen. Für die Realisierung gilt dabei das Motto: „Lieber ungefähr richtig als haargenau falsch!"

Beispielsweise werden im Bereich „Terminsteuerung und Planung von Entwicklungsprojekten" die Gemeinkosten teilweise und in unterschiedlichem Ausmaß von

- der Anzahl neuer Teile mit und ohne Tests in der Versuchswerkstatt,
- den grundsätzlich entfallenden Teilen,
- den für „Serie" entfallenden Teilen (nicht aber für Ersatzteile),
- der Anzahl Änderungsmitteilungen,
- der Anzahl Freigaben und
- der Anzahl Teileänderungen bei Beibehaltung der Teile-Nummer

getrieben.

Eine Kostenzuordnung und Kostenverteilung nach diesen verschiedenen Bezugsgrößen ist jedoch problematisch, weil diese Bezugsgrößen sich in ihrer kostentreibenden Wirkung gegenseitig überlappen. Wir haben uns deshalb zunächst für die sehr grobe Hauptbezugsgröße „Anzahl Freigaben" entschieden. Eine Verfeinerung ergibt sich aus dem Lernprozeß nach Einführung dieses Gemeinkosten-Controlling-Systems von selbst.

Bei Einführung mehrerer Bezugsgrößen, die einen Gemeinkostenbereich deutlicher strukturieren, ist abzuwägen zwischen den Vorteilen

- einer direkteren Beziehung zwischen Bezugsgrößen-Veränderung und Gemeinkostenveränderung sowie

- einer geringeren Abhängigkeit von Strukturveränderungen innerhalb der Gemeinkostenbereiche

und dem Nachteil

- einer unwirtschaftlicheren und unübersichtlicheren Handhabung.

Die *Effizienz der Gemeinkostenkontrolle* und Beeinflussung hängt im wesentlichen ab von

- der Festlegung der wesentlichsten Bezugsgröße,
- dem Anteil der Kosten einer Gemeinkosten-Stelle, der von dieser Bezugsgröße abhängig ist und
- der „richtigen" Anzahl der Standard-Bezugsgrößen für die zugrundeliegenden Gemeinkosten-Ressourcen (richtige Kapazität), d. h. die von den vorhandenen Gemeinkosten-Ressourcen unter Normalbedingungen tatsächlich durchführbare Anzahl von Leistungsbezugsgrößen.

Folgende verrechnungstechnische Voraussetzungen und Wirkungen sind zu beachten:

- Einbezug der Prozeß-Steuerungskosten – wie heute die Rüstkosten der eigentlichen Maschinenbediener – in die Herstellkosten- und Selbstkostenkalkulation;
- Aussonderung von Gemeinkosten-Teilen, die keinen unmittelbar auftragsbezogenen Charakter haben, wie
  - indirekte Kosten aus Umlagen
  - direkte Kosten in Form von Grundlastarbeiten und Leitungsarbeiten, denen keine meßbaren – auch aus praktikablen Gründen keine meßbaren Geschäftsvorgänge im Sinne repetitiver Tätigkeiten – zugrunde liegen.

Diese ausgesonderten Gemeinkostenteile werden wie bisher über den fixen Teil des Maschinenstundensatzes in die Kalkulation einbezogen.

3.2 Organisatorische Handhabung des prozeßorientierten Gemeinkosten-Controllings mit Hilfe von Leistungsmeßgrößen

Für den laufenden Controlling-Prozeß ermitteln wir für die *Gemeinkostenstellen* mit repetitiven Tätigkeiten über die anfallenden Ist-Mengen in unserem flexiblen Plankostenrechnungs-System ebenfalls *„Soll-Kosten der Ist-Beschäftigung"* – so wie wir es mit den Fertigungskostenstellen handhaben – und erkennen damit, inwieweit bei Beschäftigungsveränderungen (widergespiegelt durch die Bezugsgrößenveränderungen) die zugrunde gelegten Kosten für die repetitiven Tätigkeiten angepaßt wurden bzw. angepaßt werden müssen (siehe Abb. 1).

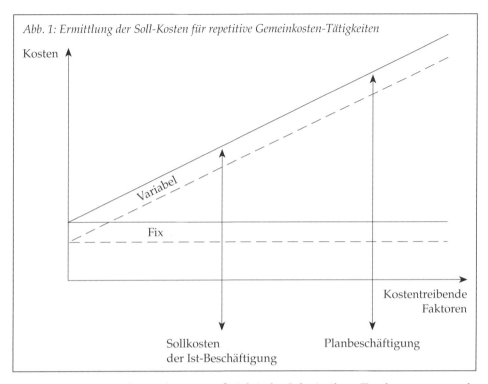

Abb. 1: Ermittlung der Soll-Kosten für repetitive Gemeinkosten-Tätigkeiten

Die Gesamt-Gemeinkostenkurve muß sich jedes Jahr in ihrer Tendenz etwas nach unten bewegen – ideal wäre dies in einer Größenordnung, bei der sich die Kostenkurve trotz inflationärer Steigerung wenigstens nicht nach oben entwickelt.

Durch die jährliche Überprüfung und Planung der auflagefixen Kosten und Kostensätze zusammen mit den Kostenstellenverantwortlichen entsteht ein Konsens über die von den Mengenbezugsgrößen für repetitive Tätigkeiten abhängigen Kostenvolumina. Die logische Konsequenz aus diesem Konsens ist die notwendige Kostenveränderung bei Veränderung der Mengen-Bezugsgrößen.

Wir ermitteln also für eine Gemeinkostenstelle die wesentlichste Bezugsgröße, die die Kosten treibt. Wir ermitteln weiter, welcher Anteil der Kosten an der Gemeinkostenstelle von dieser Bezugsgröße getrieben wird. Wir unterteilen danach die Kosten der Gemeinkostenstelle in Kosten der Grundlast und in Kosten, die sich entsprechend der Bezugsgröße ändern.

Die „Prozesse" einer Gemeinkostenstelle sind also daraufhin zu untersuchen, ob sie sich in Abhängigkeit von dem in der Kostenstelle zu erbringenden Leistungsvolumen mengenvariabel verhalten oder davon unabhängig mengenfix anfallen (vgl. MAYER 1991). HORVÁTH und MAYER haben dafür die Begriffe „leistungsmengeninduzierte" und „leistungsmengenneutrale" Prozesse geprägt (vgl. HORVÁTH/MAYER 1989).

Das Verfahren, ein Kosten-Soll (bezogen auf die verfahrenen Bezugsgrößenmengen für gemeinkostentreibende Vorgänge) zu definieren, schafft die notwendige Kostentransparenz im Gemeinkostenbereich. Es versachlicht die Diskussion über die angemessene Höhe der Gemeinkosten bei einer Veränderung der angefallenen Arbeitsmenge:

- Bei einer Veränderung der Leistungs-Bezugsgrößenmenge kann man z. B. erkennen, wie die Größenordnung der Gemeinkosten für die Bewältigung der verringerten Leistungsmenge ausschaut.
- Wie in der Fertigung muß wegen des hohen Anteils der Gemeinkosten an den Gesamtkosten (50–60 %) bei den Gemeinkostenbereichen ebenfalls eine Produktivitätsverbesserung erzielt werden. Hier ist als Instrument ein Maßstab notwendig in Form eines *Standards je Leistungsbezugsgröße*.

Bei einer Verminderung der Steuerungsprozesse (z. B. der Anzahl Ausgangsrechnungen in der Buchhaltung) sinken die Personalkosten

Gesamtkosten der Buchhaltung	1000 DM
Anteil der Grundlast an den Gesamtkosten	200 DM
Mengenbezugsgröße = Anzahl der Ausgangsrechnungen	50 Rchg.
Standardkosten je Ausgangsrechnung	$\frac{100-200}{50}$ = 16 DM
Bei Ansteigen der Anzahl Ausgangsrechnungen auf 100 betragen die Soll-Gesamt-Kosten der Debitorenbuchhaltung 200 + 16 x 100 =	1800 DM
Bei Verminderung der Anzahl Ausgangsrechnungen auf 25 betragen die Soll-Gesamtkosten der Debitorenbuchhaltung 200 + 16 x 25 =	600 DM

3.3 Chancen und Risiken durch Meßgrößen in Gemeinkostenbereichen

Die festgelegten „Standards" für den Gemeinkostenbereich hängen von den verwendeten Verfahren, Arbeitstechniken und Hilfsmitteln ab. Ändern sich diese, so müssen die Standards überprüft werden.

Neben der Definition des von einer Mengenbezugsgröße abhängigen Kostenblocks innerhalb eines Gemeinkostenbereichs ist bei der Erarbeitung der Meßgröße der Anzahl der Leistungsbezugsgrößen ein besonderes Gewicht beizumessen.

Die Anzahl der Mengenbezugsgrößen darf nicht als zufällige Ist-Zahl übernommen werden. Vielmehr ist die mit dem Gemeinkostenapparat unter Normalverhältnissen erzielbare Anzahl Bezugsgrößen für die Bildung der Meßgröße heranzuziehen (vgl. WÄSCHER 1989, S. 77).

Wir wenden dieses Verfahren überall dort an, wo wir eindeutige Bezugsgrößen leicht ermitteln können und wo der Anteil der bezugsgrößenabhängigen Gemeinkosten groß ist. Wir beziehen derzeit ca. 35 bis 40 % der Gemeinkosten in ein solches Gemeinkosten-Controlling ein. Da kurzfristige Schwankungen in den Hauptmengen-Bezugsgrößen noch nicht entsprechende Gemeinkosten-Personalveränderungen bei von repetitiven Faktoren beeinflußten Kostenblöcken nach sich ziehen müssen und in der Regel auch nicht nach sich ziehen werden, lassen wir dieses nachhaltige Controlling während des Jahres aus der Spalte „Plan" der Kostenberichte heraus. Erst am Jahresende fügen wir diese Sollkosten für repetitive Gemeinkostentätigkeiten in einem sogenannten Parallellauf im System der flexiblen Plankostenrechnung in einen Sonderkostenbericht ein (13. Lauf).

Eine laufende Berechnung während des Jahres würde dazu führen, daß kurzfristige Schwankungen der Auslastung der repetitiven Tätigkeiten von Gemeinkostenbereichen in den kurzfristigen Soll-/Ist-Vergleich einbezogen würden. Dies wäre wegen der nur mittelfristigen Wirkungen von Mengenbezugsgrößenveränderungen (= Beschäftigungsveränderungen) im repetitiven Gemeinkostenbereich nicht erwünscht und für den kurzfristigen Soll-/Ist-Vergleich sogar störend.

Zur Sicherstellung einer in unserem Hause durchgeführten PC-gestützten Trendbetrachtung ist jedoch eine monatliche Erfassung der Mengenbezugsgrößen vorteilhaft (siehe dazu die Abbildungen 2 und 3, die die Anzahl der Bestellungen im Einkauf und die Entwicklung des Zeitstandards je Bestellung aufzeigen). Diese Bilder werden in der Praxis durch Informationen ergänzt, die die Entwicklung des Personals und der Kostenstandards aufzeigen.

Während des laufenden Jahres wird durch eine einfache Soll-/Ist-Stellung der monatlich ermittelten Ist-Mengen für repetitive Gemeinkosten-Tätigkeiten im Plankostenrechnungssystem sichergestellt, daß dort keine Abweichungen entstehen können.

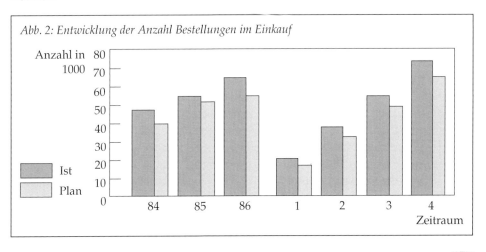

Abb. 2: Entwicklung der Anzahl Bestellungen im Einkauf

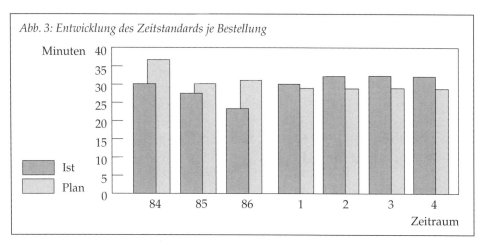

Abb. 3: Entwicklung des Zeitstandards je Bestellung

Von der zunächst jährlich vorgesehenen Kontrolle der Beschäftigungs- und Kostenentwicklung der repetitiven Gemeinkostenfunktionen in der beschriebenen Form erwarten wir folgende Vorteile:

- Eine *systematische Auslastung* jeder einbezogenen Soll-/Ist-Gemeinkostenstelle hinsichtlich ihrer repetitiven Tätigkeiten.
- Durch die Festlegung der mit den vorhandenen Gemeinkosten-Ressourcen „machbaren" Anzahl Bezugsgrößen ergibt sich häufig erstmals eine *Definition der Kapazität* eines Gemeinkostenbereiches hinsichtlich seiner repetitiven Tätigkeiten. Dadurch wird die Diskussion über die zukünftige Arbeitsbewältigung – auch unter dem Gesichtspunkt der Planung – versachlicht.
- Eine *Information über mögliche Verschiebungen der Arbeitsbelastung* innerhalb des Gemeinkostenbereichs durch Veränderung der Mengengerüste.
- Ein frühzeitiges *Erkennen von Trends* durch Rückverfolgung der Entwicklung über die vorhergegangenen Perioden.
- Eine präzise und quasi institutionalisierte Darstellung der *Notwendigkeit einer Personalanpassung* in den einzelnen Soll-/Ist-Vergleichsstellen.

Wahrscheinlich läßt sich bei den Gemeinkostenleistungen im Zeitablauf ebenfalls nachweisen, daß die im Produktionsbereich empirisch nachgewiesenen „*Erfahrungskurven*" auch in diesem Sektor Geltung besitzen. Es wird Aufgabe des Controlling-Bereiches sein, durch aktives Gemeinkosten-Management im Zusammenwirken mit den Gemeinkostenverantwortlichen dafür zu sorgen, daß sich diese Annahme bewahrheitet und daß unternehmensstrukturelle Veränderungen (z. B. Verringerung der Fertigungstiefe mit der Folge verringerter Aus- und Einlagerungsvorgänge) sowie „Technologiesprünge", wie sie durch die neueren Entwicklungen der Daten- und Textverarbeitung, Kommunikations- und Datenübertragungstechniken ausgelöst werden, sich in Produktivitätsverbesserungen des Gemeinkostenbereiches entsprechend niederschlagen.

Aufgabe eines aktiven Gemeinkosten-Managements ist es ebenfalls, Produktivitätskennzahlen im Gemeinkostenbereich als Mittel zum Führen durch Ziele zum Einsatz zu bringen. Es ist eine alte Erfahrung, daß sich die Produktivität positiv entwickelt, sobald man die Arbeiten zu messen beginnt und das Ergebnis publik macht.

3.4 Simulation von Strategiemaßnahmen zur Verringerung der Komplexität in Gemeinkostenbereichen

Im Maschinenbau wird die Komplexität wesentlich durch die Anzahl unterschiedlicher Teile getrieben. Eine strategische Maßnahme kann somit sein – induziert durch eine gemeinkostenfreundliche Konstruktion und diese wiederum gestützt durch die prozeßorientierte Kalkulation – die Teilevielfalt durch komplexere Teile und eine höhere Zahl von Mehrfach-Verwendungsteilen spürbar abzusenken bei gleichzeitiger Fertigungstiefeverringerung. Die Zielsetzung könnte für ein bestimmtes Produkt „40 % Komplexitätsreduktion" lauten. Nach Aufteilen dieser Zielsetzung auf Zukauf- und Eigenfertigungsteile sowohl nach Einzelteilen als auch nach Komplett-Teilen und deren verschiedener Fertigungsstufen läßt sich daraus bereits im Vorfeld, d. h. vor exakt vorliegenden Konstruktionsdaten und damit Arbeitsplandaten, eine grobe, aber für die Strategieentscheidungen völlig ausreichende Simulation der Wirkung auf die Art und Anzahl der zukünftigen Prozeß-Steuerungsvorgänge durchführen. Diese Simulation gründet sich auf die Abhängigkeit der Mengenbezugsgrößen (und ihrer repetitiven Tätigkeiten) für die einzelnen Gemeinkostenbereiche von strategieabhängigen Faktoren (Anzahl Zukauf- und Eigenfertigungsteile). Eine solche Simulation zeigt sehr zuverlässig die Größenordnung der notwendigen Verringerung der Gemeinkosten-Ressourcen nach Kosten und Anzahl der Mitarbeiter für das vorgegebene Ziel zur Komplexitätsreduzierung nach einzelnen Gemeinkostenbereichen auf (vgl. WÄSCHER 1989, S. 81).

Die Kenntnis der längerfristig wirkenden – kurzfristig nicht so deutlich sichtbaren und erwartbaren – gemeinkostentreibenden Faktoren in bezug auf einzelne Produkte eröffnet Chancen für *veränderte Produktstrategien* und für das frühere Erkennen *produktspezifischer Kostensenkungspotentiale*. Das ist wiederum für die langfristig zu sichernde Ertragsfähigkeit eines Unternehmens oder eines strategischen Geschäftsfeldes von besonderer Bedeutung.

4. Prozeßmanagement als „Support" für die Gemeinkostenverantwortlichen zur Sicherstellung von Produktivitätssteigerungen

Wir haben mit dem in Punkt 3 beschriebenen prozeßorientierten Gemeinkosten-Controlling in 1982 begonnen – gleichzeitig mit der Einführung unserer prozeßorientierten Kalkulation.

Nach etwa 4–5 Jahren im wesentlichen erfolgreicher Praktizierung dieses Gemeinkosten-Controlling-Systems haben wir uns entschlossen, den Gemeinkosten-Verantwortlichen mit der Gründung einer eigenen Arbeitsgruppe Hilfestellung für ihre Produktivitätssteigerungs-Aufgabe zu leisten. Diese Arbeitsgruppe hat zum Ziel, die Gemeinkosten wertanalytisch und arbeitsablaufanalytisch anhand sogenannter wesentlicher „Business-Prozesse" (siehe Abb. 4) zu untersuchen, quer über die verschiedenen Gemeinkostenfunktionen hinweg.

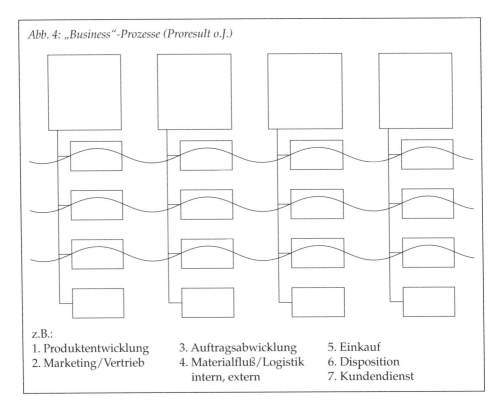

Abb. 4: „Business"-Prozesse (Proresult o.J.)

z.B.:
1. Produktentwicklung
2. Marketing/Vertrieb
3. Auftragsabwicklung
4. Materialfluß/Logistik intern, extern
5. Einkauf
6. Disposition
7. Kundendienst

Wir verfolgen gleichzeitig für die Mitarbeiter dieser Arbeitsgruppe das Ziel der Personalentwicklung, indem wir in diese Arbeitsgruppe nur potentielle Führungskräfte einbeziehen.

Diese zukünftigen Führungskräfte lernen sowohl das Instrument der arbeitsablaufanalytischen Geschäftsprozeß-Untersuchung kennen als auch – und vor allem – die Philosophie und Bedeutung des Gemeinkostenmanagements für ein Unternehmen. Die Arbeitsgruppe besteht aus einem hochrangigen Leiter und einem weiteren festen Mitarbeiter. Die übrigen Mitarbeiter arbeiten in der Arbeitsgruppe nur rund 2–5 Jahre mit. Sie können in dieser Zeit über die Prozeßanalysen das Unternehmen in hervorragender Weise kennenlernen. Dabei lernen sie durch die Behandlung hochsensibler Fragen mit Sachproblemen, Menschen und Konfliktpotential umzugehen.

Nach Bewährung in dieser Arbeitsgruppe erfolgt der Aufstieg in eine Führungsposition. Wir glauben, daß dadurch das Ziel des ständigen und nachhaltenden Gemeinkostenmanagements gleichsam in einer Art Multiplikatorwirkung stärker als bisher in alle Fachbereiche des Unternehmens hineingetragen und verankert wird.

Bei der Untersuchung der Geschäftsprozesse sollten in erster Linie die Störstellen und Störquellen an den Schnittstellen von einer Funktion zur anderen innerhalb der Geschäftsprozesse erkannt und anschließend ausgemerzt werden (siehe Abb. 5).

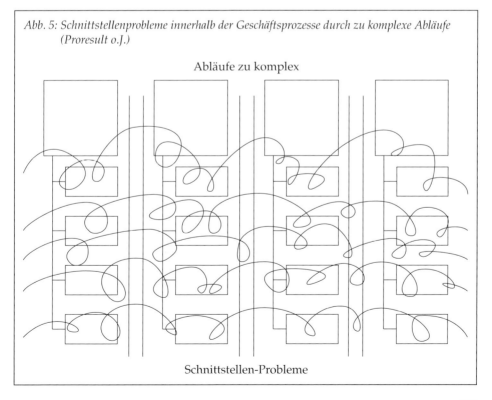

Abb. 5: Schnittstellenprobleme innerhalb der Geschäftsprozesse durch zu komplexe Abläufe (Proresult o.J.)

4.1 Bereichsübergreifende Geschäftsprozeß-Analyse

Die Prozeßanalyse geht bis auf Einzelfunktionen nach dem Zero-Base-Prinzip – wird aber im Gegensatz zur Zero-Base-Analyse voll *bereichsübergreifend* am Geschäftsprozeß orientiert durchgeführt. Sie führt zunächst zu einer genauen Dokumentation des Ist-Zustandes. Daraufhin werden in Arbeitsablaufanalysen Zielsetzungen für Verbesserungen der nächsten drei bis fünf Jahre festgelegt. Gleichzeitig werden für die Inputs und Outputs gemeinsam mit den Gemeinkostenverantwortlichen zeitliche und qualitätsmäßige Festlegungen getroffen und ein Maß bestimmt, das die Einhaltung dieses angestrebten Qualitätsstandards kennzeichnet. Wir haben besonders der Disziplin zur *Termineinhaltung* und der *Qualität des Outputs* der einzelnen Funktionen im Rahmen des Geschäftsprozesses hohe Priorität eingeräumt mit dem Ziel der *Senkung der Durchlaufzeiten* für die einzelnen Prozesse. Wir sind der Meinung, daß bei fortschreitender Verbesserung der Prozesse auch die Organisationsstrukturen eine Änderung erfahren werden. Auf jeden Fall können einzelne bereichsübergreifende Geschäftsprozesse nur mit Hilfe der Matrix-Organisation gemeinkostensparend und rationell bewältigt werden. Das System geht zunächst weniger in die Richtung einer intensitätsmäßigen Leistungssteigerung, sondern mehr in die Richtung einer zielorientierten disziplinierten und qualitätsbewußten Ausführung der Arbeit. Insoweit kann von einer Verbindung von Gemeinkostenmanagement und Qualitätsmanagement gesprochen werden.

4.2 Beschleunigung und Optimierung der Prozeßketten durch prozeßorientierte Wertanalyse

Termindisziplin und Qualität der Anlieferung von Informationen von einer Funktion zur anderen innerhalb des Geschäftsprozesses haben offensichtlich die größte Bedeutung bei der Minimierung der Störquellen und Störstellen mit dem Effekt eines verringerten Personalbedarfs und einer Senkung der Durchlaufzeiten für die einzelnen Prozesse. Dabei denke ich nicht nur an den Materialfluß, sondern ebenfalls auch an den Informationsfluß, d. h. an die Verbesserung der Durchlaufzeiten der Gesamt-Business-Prozesse.

Gerade der *Informationsfluß* ist reichlich mit Störfaktoren und Störquellen versehen. Kommunikations- und Informations-Wertanalysen zeigen, daß ebenfalls wie beim Materialfluß mehr als 90 % der Informationen unbearbeitet und ungerichtet auf dem Schreibtisch liegen und nur höchstens 10 % der Informationsflußzeit auf die Bearbeitung entfallen.

Die über *90 % Liegezeiten* sind die Folge von Unzulänglichkeiten, Unzuständigkeiten, Warteschlangen sowie Störfaktoren, die besonders in der Qualität der Informationen ihren Ursprung haben. Die Devise heißt also: Verkürzung der Informationskette, was u. a. auch durch flachen Hierarchieaufbau und durch die Sicherstellung von empfängerorientierten Informationen erreicht wird.

Hierzu ein Beispiel. Die Bearbeitung einer Kundenreklamation löste in einem Praxisfall 25 verschiedene Informationsvorgänge aus (vgl. Abb. 6).

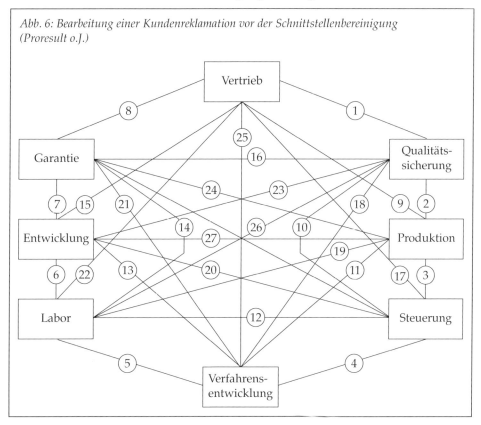

Abb. 6: Bearbeitung einer Kundenreklamation vor der Schnittstellenbereinigung (Proresult o.J.)

Diese Vorgänge konnten nach einer prozeßorientierten Arbeitsablaufanalyse auf 7 reduziert werden (siehe Abb. 7).

Solche Informationsaufblähungen können nur vermieden werden, wenn sich die Philosophie durchsetzt, daß Schnittstellen innerhalb der Geschäftsprozesse nicht als trennende, sondern als verbindende Linien auszugestalten sind.

Ford/USA beschäftigte Anfang der 80er Jahre mehr als 500 Kreditoren-Buchhalter. Ein komplettes „Reengineering" der für diese Tätigkeiten anfallenden Teilprozesse führte zu einer drastischen Verringerung der beschäftigten Mitarbeiterzahl um 75%.

Ein großer US-Lebensversicherer (MBL) verbesserte durch Prozeßoptimierung die Abwicklung von Lebensversicherungen von durchschnittlich 22 Tagen (bei tatsächlicher Arbeit verschiedener Personen von insgesamt nur 17 Minuten je Vorgang) auf 2–5 Tage. „MBL swept away existing job definitions and departmental boundaries . . ." und konnte damit über 100 Mitarbeiter freisetzen (vgl. HAMMER 1990).

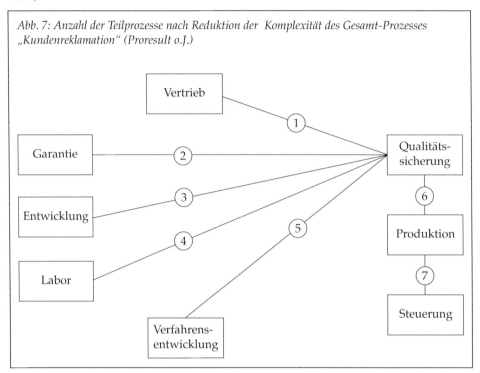

Abb. 7: Anzahl der Teilprozesse nach Reduktion der Komplexität des Gesamt-Prozesses „Kundenreklamation" (Proresult o.J.)

In beiden Fällen zeigte sich, daß solche Quantum-Leap-Verbesserungen nur durch ganzheitliches Denken und Handeln in bereichsübergreifenden Prozessen möglich sind. Dazu müssen wir die herkömmlichen arbeitsteiligen Prozeßstrukturen verlassen. Um Prozesse in höherer Qualität und größerer Schnelligkeit durchzuführen, ist eine Reintegration der Teilprozesse zu einer ganzheitlichen Lösung erforderlich. Das führt zu einer Abkehr vom Taylorismus, dessen ursprüngliche arbeitsteiligen Vorteile sich ins Gegenteil verkehrt haben durch die zunehmende Komplexität der Teilprozesse und die dadurch notwendig gewordenen vielfältigen Abstimmvorgänge zwischen einzelnen Funktionseinheiten. Prozeßoptimierung bedeutet weniger, vorhandene Abläufe zu verbessern, sondern vielmehr eine Überprüfung, welche Teilschritte innerhalb des Prozesses wirklich notwendig sind und welche Subprozesse tatsächlich eine Wertschöpfungssteigerung bedeuten und welche nicht. Beim Prozeßdesign sind grundsätzlich alle Zero-Base-Fragen zu stellen (z. B. was passiert wirklich, wenn eine Tätigkeit wegfällt usw.). *Erst nach der Prozeßoptimierung soll über den Einsatz von Informationstechnologie entschieden werden*, um zu vermeiden, daß althergebrachte Prozeßabläufe automatisiert werden.

4.3 Aktualisierung und Ergänzung des Dimensionierungssystems für die Leistungsmeßgrößen

An einem fiktiven Beispiel für die Funktion Einkauf will ich dies verdeutlichen (siehe Abb. 8):

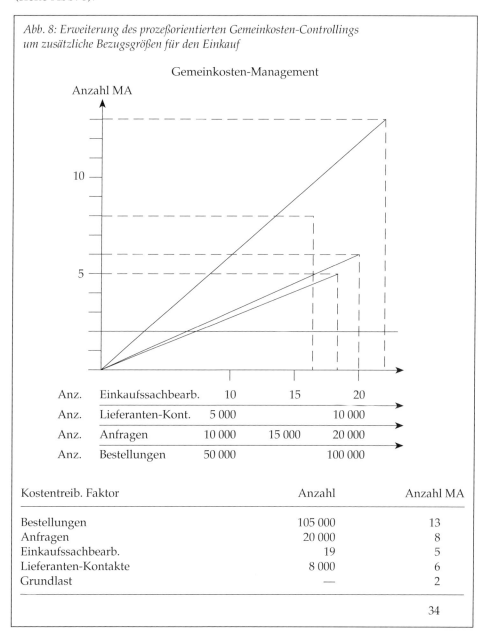

Abb. 8: Erweiterung des prozeßorientierten Gemeinkosten-Controllings um zusätzliche Bezugsgrößen für den Einkauf

Bisher hatten wir für den Einkauf nur eine Bezugsgröße „Anzahl Bestellungen" definiert und damit nur den reinen Bestellabwicklungsteil des Gemeinkostenbereichs Einkauf im Griff.

Abbildung 8 zeigt nun neben einer Restgröße „Grundlast" von zwei Mitarbeitern insgesamt vier Bezugsgrößen auf, die 94 % des gesamten Gemeinkostenbereichs Einkauf zur Produktivitätsmessung und Produktivitätszielsetzung transparent machen.

Wir würdigen die Störquellen jeder am Geschäftsprozeß beteiligten Funktionen nach Abschluß der arbeitsablaufanalytischen Untersuchungen in ihrer Gesamtheit. Der Maßstab der Bewertung ist allein an der Zielorientierung zur Beförderung des Geschäftsprozesses orientiert.

Der Zeitaufwand für unwesentliche Arbeiten – verursacht durch schlechte Organisation in der Funktion selbst, durch Störungen aufgrund schlechter Input-Anlieferung aus vorgelagerten Stellen – soll durch Entstörung minimiert werden.

4.4 Schnittstellenentstörung

Beim Geschäftsprozeß Auftragsabwicklung wird bei der Gewichtung der Störquellen und Störfaktoren, besonders der zunehmenden Kostenwertkurve im Auftragsdurchlauf, Beachtung geschenkt. Abbildung 9 zeigt beispielhaft das Ergebnis der Schnittstellenentstörung für die Meisterbereiche eines Verantwortungsbereichs auf. Die Soll-Zahlen entstehen im Konsens mit den Gemeinkostenverantwortlichen.

Abb. 9: Ergebnis einer Schnittstellen-Entstörung

	IST %	SOLL %	DIFF.: %
1. Personalführung, ...	9,87	15	+ 5,13
2. Tagesaufgaben incl. Trouble Shooting	40,40	30	- 10,40
3. Längerfristige Planungsaufgaben	3,20	3	- 0,20
4. Ratio-Aktivität	4,20	8	+ 3,80
5. Qualitätssicherung	1,00	5	+ 4,00
6. Instandhaltungs- und Reparaturaufgaben	12,10	5	- 7,10
7. Allgemeine Verwaltung	7,20	11	+ 3,80
8. Besprechungen, Teams, QZ, ...	17,10	10	- 7,10
9. Sonstiges	6,60	6	- 0,60
Summe	101,70	93	+ 16,73
			- 25,40
			Saldo: - 8,67

8,70 % der untersuchten Gemeinkosten-Ressourcen sind entsprechend den Untersuchungsergebnissen freisetzbar. In Höhe von 17 % der Gesamt-Ressourcen werden die Ressourcen für bestimmte Aufgaben gestärkt und in Höhe von 25 % verringert.

Wir wollen mit dem Prozeßmanagement eine geschäftsprozeßorientierte Verfolgung und Beeinflussung der Gemeinkosten bei gleichzeitiger Senkung der Durchlaufzeit für die wesentlichen Teil- und Hauptprozesse sicherstellen. Wir verfolgen damit die Kostenentwicklung für die wesentlichen bereichsübergreifenden Teil- und Hauptprozesse insbesondere innerhalb des Geschäftsprozesses Auftragsabwicklung und Auftragsdurchsteuerung im Zeitablauf mit dem Ziel der Produktivitätsverbesserung und logistischen Kompression. Dabei haben wir die Minimierung der Kosten der Abwicklung eines Kundenauftrags im Auge und zwar von der Auftragsakquisition über die Produktionsplanung, Materialbeschaffung, Wareneingang ... über die eigentliche Fertigung bis zum Versand, zur Fakturierung und zum Zahlungseingang und Gewährleistungsmanagement.

Gleichzeitig verfolgen wir, inwieweit wir in der Lage sind, diese Gesamt-Prozeßkosten eindeutig und verursachungsgerecht, d. h. vorgangsorientiert in der prozeßorientierten Herstell- und Selbstkostenkalkulation abzubilden. Hier wird also eine Rückkoppelung über die in Punkt 4.3 beschriebene Aktualisierung des Dimensionierungssystems für die Leistungsmeßgrößen versucht.

Wir stellen zumeist fest, daß in den Fertigungsbereichen eine *Rückverlagerung von* in Gemeinkostenstellen ausgeführten *planenden und steuernden Funktionen auf die Fertigungslöhner* die vorhandenen Störprozesse minimiert und die Gemeinkosten senkt. Ich denke hierbei insbesondere an die Wiederübernahme von Innentransportvorgängen, Reinigungs- und Kontrollvorgängen (Werker-Selbstkontrolle!) im Rahmen des Aufbaus von Fertigungszellen und Fertigungsinseln mit konsequenter Anwendung von Mehrmaschinenbedienung.

4.5 Prozeß-Strukturierung durch Konzentration auf die Kerntätigkeiten in einzelnen Funktionen innerhalb der Geschäftsprozesse

Das in Abbildung 10 gezeigte Beispiel für den Beschaffungsbereich zeigt überraschende Ergebnisse einer im Rahmen einer Prozeß-Wertanalyse durchgeführten „Selbstnotierung" der Mitarbeiter.

Die Kerntätigkeiten nehmen insgesamt nur einen geringen Anteil an der Gesamtzeit der Mitarbeiter ein. Die Masse entfällt auf flankierende Tätigkeiten zu den Haupttätigkeiten und auf Kommunikation, Korrespondenz, Registratur und sonstiges.

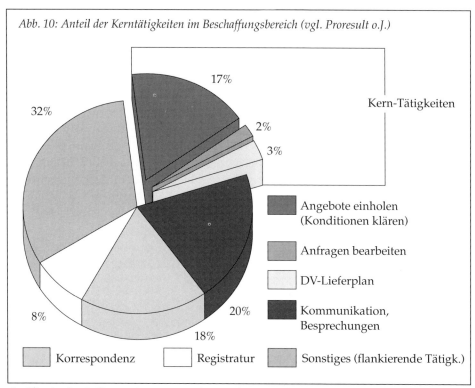

Abb. 10: Anteil der Kerntätigkeiten im Beschaffungsbereich (vgl. Proresult o.J.)

Auf Basis der Selbstnotierung ergeben sich somit detaillierte Erkenntnisse darüber, womit sich die Mitarbeiter eines Gemeinkostenbereichs im einzelnen beschäftigen. Der Zeitaufwand für die Aufschreibung ist gering. Nach einer gewissen Erfahrung sind nicht mehr als 5–10 Minuten je Tag dafür anzusetzen.

Aufgrund der Erkenntnisse aus den Aufschreibungen sind folgende Fragen zu stellen:

- Ergeben sich aus dieser für alle Vorgesetzen wahrscheinlich überraschenden Tätigkeitsübersicht Ansatzpunkte für Rationalisierungen? Ein z. B. 20 %iger Anteil für Besprechungen kann sicherlich nicht akzeptiert werden.
- Ist es nicht sinnvoll, in bestimmten Zeitabständen diese Aufschreibungen zu wiederholen, um Veränderungen der Arbeitsinhalte und Arbeitsmengen zu erkennen mit dem Ziel, permanente Transparenz zu erhalten?
- Bietet eine solche Detailtätigkeitsübersicht nicht die beste Hebelwirkung für eine Rationalisierung der Gemeinkostentätigkeiten – insbesondere dort, wo die Dimensionierungslogik mit Bezugsgrößen nicht greift und wo die Grundlast hoch ist?
- Wenn ein EDV-Projekt verwirklicht werden soll, darf das eigentlich nur geschehen, wenn eine Anzahl von Tätigkeiten im Fachbereich entfällt.

— Wenn neue Haupttätigkeiten hinzukommen, werden die Auswirkungen durch Zeitaufschreibungen sehr schnell transparent.

Solche Erkenntnisse – insbesondere über den riesigen Anteil von Kommunikation und Besprechungen sind z. B. Anlaß, eindeutige Regeln für eine effiziente Durchführung von Besprechungen aufzustellen, die strikt einzuhalten sind. Solche Regeln können wie in Abbildung 11 dargestellt aussehen.

Abb. 11: Regeln für die rationelle Durchführung von Besprechungen

- Keine Sitzung ohne Tagesordnung
- Keine Tagesordnung ohne rechtzeitig vor der Sitzung vorliegende beschlußfähige Vorlagen
- Keine Sitzung länger als zwei Stunden
- Tagesordnung wird mit Sollzeiten für die einzelnen Punkte versehen
- Protokolle werden mit Ist-Zeiten für die einzelnen Punkte versehen
- Beschlußfähige Sitzungsvorlagen sind für den sparsamen Umgang mit der Arbeitszeit wie folgt zu gliedern:
1) Ziel: Was wollen wir?
2) Fakten: Wo stehen wir?
3) Lösungsmöglichkeiten: Wie können wir die Ziele erreichen?
4) Bewertung dieser Lösungsmöglichkeiten: Welche Möglichkeit erfordert den geringsten Ressourcen-Einsatz?
5) Empfehlung und Durchführung: Wer macht bis wann was?

In vielen Fällen führt die Prozeßanalyse zwangsläufig dazu, die Verantwortung durch Abbau von überflüssigen Hierarchiestufen zu konzentrieren. Dieses Ziel erreichen wir auch durch die Umsetzung des Prinzips „Mehr Verantwortung und weniger Kontrolle", indem wir die funktionalen Bestandteile eines Prozesses klar herausarbeiten. In diesem Zusammenhang ergeben sich auch neue Ansätze für die Festlegung der wirklich notwendigen Führungsspannen.

4.6 Wirkung des Prozeßmanagements auf die Ablauforganisation

Für die Realisierung des Prozeßmanagements ist das Verhalten der Menschen der größte Hemmschuh. Von ihnen wird verlangt, daß sie in Zukunft bereichsübergreifend und ganzheitlicher denken und handeln als bisher. Gefragt ist eine neue Dimension der Kooperationsbereitschaft und Zusammenarbeit unter Hintanstellung aller Bereichsegoismen.
Es zeigt sich immer wieder, daß nachhaltige Veränderungen in einer Organisation nur erreicht werden, wenn es gelingt, Denkweisen und Verhaltensweisen zu verändern. Prozeß-Management ist wohldosiert einzuführen, am besten zuerst in je-

nen Prozessen und Subprozessen, die das höchste Rationalisierungspotential verspechen (vgl. STRIENING 1988). Prozeß-Management sollte dort eingeführt werden, wo die Arbeitssituation die höchste Motivationsfähigkeit und Motivationsbereitschaft auf seiten der Mitarbeiter erwarten läßt.

Striening empfiehlt aus seinen Erfahrungen im Hause IBM die *Einrichtung von Prozeßverantwortlichkeiten* (Prozeß-Owner). Die Nominierung eines Prozeßverantwortlichen ist gleichzusetzen mit der Einführung einer zusätzlichen Dimension der Verantwortungsübertragung. Die bestehende Stabs- und Linien-Organisation und die Bereichslinien sowie die damit verbundenen Vorgesetzten-Verhältnisse werden dadurch nicht ersetzt, sondern ergänzt. Für die einzelnen Mitarbeiter und Führungskräfte bedeutet das eine multifunktionale oder mehrdimensionale Anbindung innerhalb der Organisationsstruktur der Unternehmung. Es handelt sich also um die Übernahme zusätzlicher Verantwortung. Die Größe und Komplexität von Prozessen zwingen zur Zergliederung der Prozesse in Subprozesse, so daß sich eine Prozeßowner-Hierarchie ergibt.

In einem konkreten Beispiel heißt das z. B., daß der Leiter des Einkaufs Verantwortlicher für den Beschaffungsprozeß sein kann. Dies wird immer dann zutreffen, wenn er die meisten „Aktien" an einem solchen Subprozeß hat. Dies mag für den Einkaufsleiter zutreffen, der ja verantwortlich ist für die Bereitstellung von Zukaufteilen und Rohmaterialien in der richtigen Menge, zur richtigen Zeit, in der richtigen Qualität. Insoweit sollte er für den übergreifenden Beschaffungsprozeß verantwortlich sein, zu dem neben dem eigentlichen Einkaufsbereich auch der Dispositionsbereich für Zukaufsmaterial, der Wareneingangsabwicklungsbereich und der Wareneingangskontrollbereich gehören.

Das *Prozeß-Management* ist in seiner Konzeption *auf Dauer angelegt* und hebt sich insofern von einmaligen Qualitätsprogrammen oder vom Projekt-Management ab.

5. Zusammenfassung der Wirkungen des Gemeinkostenmanagements mit Hilfe der Prozeßkostenrechnung

Die Prozeßkosten-Rechnung ist ein neuer Ansatz, die *Kostentransparenz* in den indirekten Leistungsbereichen zu erhöhen, einen *effizienteren Ressourcenverbrauch* sicherzustellen, die *Kapazitätsauslastung* in Gemeinkostenbereichen aufzuzeigen, die *Produktkalkulation* durch Ergänzung um die gemeinkostentreibenden Faktoren erheblich zu verbessern und damit strategische Fehlentscheidungen zu vermeiden.

Wir ziehen für alle wesentlichen Entscheidungen über die Preispolitik, über die Produktpolitik, für Entscheidungen über die kostengünstigste Alternative bei der Konstruktion, über Eigenfertigung oder Fremdbezug die um die prozeßorientierten Kosten ergänzten proportionalen Herstellkosten heran. Dadurch erreichen wir, daß sich auf Dauer

- eine verringerte Anzahl von Teilen einstellen wird und
- wenige komplexe Teile übrigbleiben mit weniger Prozeß-Steuerungsvorgängen.

Mit der verringerten Teile-Vielfalt sind wir in der Lage, die Lagerbestände deutlich zu senken, und gleichzeitig schaffen wir es, dem so häufig beschworenen Ziel der Einführung einer Fließfertigung und damit einer Verringerung der Durchlaufzeiten in einem spürbaren Sprung näherzukommen.

Die Herstellkosten für unsere Produkte können wir hinsichtlich der Prozeß-Steuerungskosten nur senken, wenn wir

- auf Dauer für die Herstellung und Auftragsdurchsteuerung unserer Produkte eine geringere Anzahl gemeinkostentreibender Steuerungsprozesse benötigen und
- bei der Durchführung der verbleibenden gemeinkostentreibenden Steuerungsprozesse zu einer ständigen Produktivitätsverbesserung gelangen.

6. Exkurs: Vergleich des „Instruments" der Prozeßkostenrechnung mit der flexiblen Plankostenrechnung

Im Vergleich zum flexiblen Plankostenrechnungssystem führt die Prozeßkostenkalkulation durch die erzeugnisorientierte Abbildung von Prozeßkosten als kostenträgerorientierte Vorgangskosten aufgrund der immer mehr zunehmenden planenden, steuernden und koordinierenden Tätigkeiten im indirekten Bereich zu Herstellkosten-Strukturveränderungen mit teilweise grundsätzlich neuen Erkenntnissen für strategische Entscheidungen, u. a. für die Preis- und Produktpolitik. Insoweit führt das Denken in Vorgangsketten/gemeinkostentreibenden Steuerungsprozessen und insgesamt in Geschäftsprozessen für das Entscheidungsinstrument Kalkulation zu einer Art „Quantum Leap" in der Fortentwicklung der Kostenrechnung durch die Prozeßkalkulation.

Die repetitiven Aktivitäten und Prozesse haben mittelfristig proportionalen Charakter, wenn darüber ein Konsens mit den Gemeinkosten-Verantwortlichen herbeigeführt ist. Natürlich müssen Fixkostenanpassungen durch anhaltende Leistungsbezugsgrößen-Mengenveränderungen dispositiv herbeigeführt werden – so wie das auch für die in der Grenzplankostenrechnung als automatisch proportional unterstellten Fertigungslöhne bei den heute vorhandenen Arbeitsverhältnissen gilt.

Die Prozeßkostenrechnung erzwingt eine neue Qualität der Deckungsbeitragsrechnung durch den Einbezug der repetitiven gemeinkostentreibenden Faktoren.

Die flexible Plankostenrechnung als EDV-Instrument unterstützt und erleichtert die Einführung einer Prozeßkostenrechnung. Formal – jedoch nicht inhaltlich – ist die Bezugsgrößenhandhabung in der Prozeßkostenrechnung identisch mit der flexiblen Grenzplankostenrechnung.

Literatur

HAMMER, M. (1990), Reengineering Work: Don't Automate, Obliterate, in: Harvard Business Review, N. 90406, 1990

HORVÁTH, P./MAYER, R. (1989), Prozeßkostenrechnung – der neue Weg zu mehr Kostentransparenz und wirkungsvolleren Unternehmensstrategien, in: Controlling, Heft 4/1989

MAYER, R. (1991), Prozeßkostenrechnung: Konzept, Vorgehensweise und Einsatzmöglichkeiten in: IFUA Horváth & Partner (Hrsg): Prozeßkostenmanagement, München 1991

MEYER-PIENING, A. (1990), Zero-Base-Planning, S. 141–143, Verlag TÜV Rheinland, Köln 1990

PRORESULT (o. J.), unveröffentlichte Firmenunterlagen, Frankfurt o. J.

STRIENING, H.-D. (1988), Prozeß-Management – ein Versuch zur Hebung der Produktivitätsreserven im indirekten Bereich, in: Technologie und Management, 37/1988, S. 16–27

WÄSCHER, D. (1987), Gemeinkosten-Management im Material- und Logistikbereich, in: ZfB, 1987, Heft 3, S. 297–315

WÄSCHER, D. (1989), Strategisches Gemeinkosten-Management, in: Controller-Magazin, 2/89, S. 75–81

WÄSCHER, D. (1990), Prozeßorientiertes Gemeinkosten-Controlling, in: Der Controlling-Berater, 1990, S. 8/643

WÄSCHER, D. (1991 a), CIM als Basis für ein prozeßorientiertes Gemeinkostenmanagement, in: Controlling, 1991, Heft 2, S. 68–75

WÄSCHER, D. (1991 b), Prozeßorientiertes Gemeinkosten-Management und strategische Kalkulation in einer CIM-Umgebung in: IFUA Horváth & Partner (Hrsg.): Prozeßkostenmanagement, München 1991

4. Teil
Fixkostenmanagement

Fixkostenmanagement in einem Unternehmen der Elektroindustrie

von

Roland Rick-Lenze

Gliederung

Problemstellung
1. Organisationsansatz
2. Variable und fixe Kosten im Spannungsfeld betrieblicher Entscheidungsprozesse
3. Fixkosten und Kostenstrukturverschiebungen
3.1 Kostenschichten und Fixkostenstruktur
3.2 Differenzierung des Potentialsystems
3.2.1 Vorhaltekosten
3.2.2 Vorleistungskosten
3.2.3 Dispositionskosten
3.2.4 Kosten des Sozialpotentials
3.3 Zuordnung und Auflösung der Kostenschichten
3.3.1 Prinzipielle Darstellung einer integrierten Fixkostenrechnung
3.3.2 Aufbau der Zuordnungshierarchie
3.3.3 Auflösungslogarithmus
4. Fixkostenmanagement und Erfolgsanalyse
5. Zusammenfassung
Literatur

Problemstellung

Die Anforderungen an die Unternehmensleitung haben sich in den letzten Jahren gewandelt. Technologische Innovationen auf den Gebieten der Informationsverarbeitung, der Produktionsprozesse, der Materialflußsysteme und Distributionsverfahren erfordern neue Denkstrukturen. Der Einsatz dieser neuen Technologien im betrieblichen Umfeld gebietet ein intensives Bemühen um integrative Konzepte. Sie sollen die zum Teil erheblichen Verschiebungen in der betrieblichen Prozeß- und Kostenstruktur transparenter gestalten. Dies erfordert aber auch eine zunehmende Entscheidungsrelevanz der zur Verfügung stehenden Informationen. Es werden daher Kostenrechnungssysteme notwendig, die nicht nach „starren" Prinzipien verfahren, sondern insbesondere die indirekten Leistungsbereiche wie Logistik, Beschaffung, F+E-Bereiche, Informationsverarbeitung/EDV, aber auch den stärkeren Einsatz kapitalintensiver Verfahren im Produktions- und Verwaltungsbereich übersichtlicher darstellen. Aus dieser Sicht heraus bekommen die fixen Kosten als dispositive Entscheidungsmasse des Top-Managements gegenüber den variablen Kosten deutlich mehr Gewicht. Die zunehmende Substitution traditioneller Arbeitsprozesse durch Kapital und Information trägt dazu bei, die Kostenstruktur deutlich in Richtung fixer Kosten zu verlagern.

Dieser Beitrag soll im Überblick zeigen, wie dieser Problembereich in einem Unternehmen der Elektroindustrie behandelt wird und welche Ergebnisse erzielt werden. Der Schwerpunkt der Ausführungen wird auf die Organisation des Fixkostenmanagements gelegt, um Voraussetzungen zu schaffen, die eine wirksamere Betrachtungsweise fixer Kosten erlauben.

1. Organisationsansatz

Die Dynamik des betrieblichen Umfeldes läßt erkennen, daß traditionelle Strukturen den Belangen einer effizienten Unternehmensführung in Zukunft nicht mehr genügen werden. Eine vordringliche Aufgabe besteht darin, moderne, in die Zukunft weisende Führungssysteme zu entwickeln und in die Organisation einzugliedern. Ziel dieser Systeme ist es, eine bereichsübergreifende, auf die Unternehmensentwicklung insgesamt abgestellte Betrachtungsweise aufzubauen und einen detaillierten Überblick über das Unternehmensgeschehen im Ganzen, zum anderen aber auch die Beobachtung der relevanten Markt- und Produktentwicklungen zu ermöglichen.

Für das Umsetzen dieses Ansatzes wird ein Informations- und Controlling-System genutzt, das als System vernetzter Regelkreise gestaltet ist (vgl. Abb. 1).

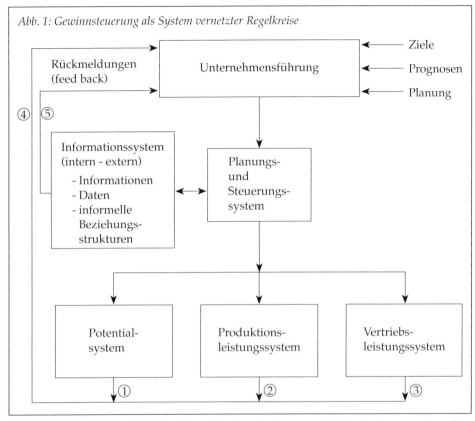

Abb. 1: Gewinnsteuerung als System vernetzter Regelkreise

Der bereichsübergreifende und -verbindende Ansatz wird in der konzeptionellen Lösung durchgängig und ohne Einschränkungen erfüllt. Die Bausteine von TRI-COS (TRILUX-Informations- und Controlling-System) sind drei Teilsysteme des Planungs- und Steuerungsmodells. Es besteht aus dem Vertriebsleistungssystem (VLS), dem Produktionsleistungssystem (PLS) sowie dem Potentialsystem (PS) (Abb. 2 und 3).

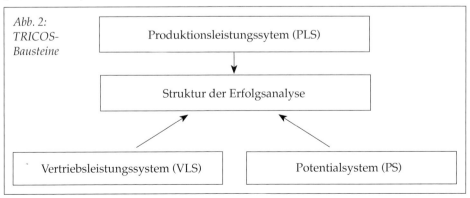

Abb. 2: TRICOS-Bausteine

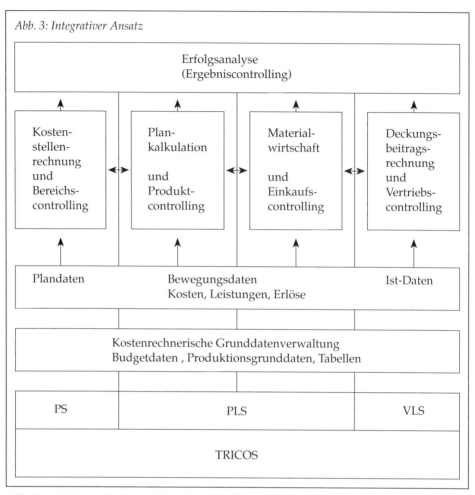

Abb. 3: Integrativer Ansatz

Alle Bausteine enthalten neben dem Ist-Datenkranz zur Information über den exakten aktuellen wirtschaftlichen Zustand des Gesamtsystems zu jeder Teilperiode innerhalb der vorgegebenen Planungsperiode (Kontroll- und Steuerungsaspekt) auch die jeweiligen Planungsparameter (Planungsfunktion) (vgl. Abb. 4).

Das *Produktionsleistungssystem* stellt Kosteninformationen zur Verfügung, die direkt aus dem betrieblichen Leistungsprozeß entstehen, und beschreibt die Erzeugungsstufe des Objektbereiches. Das *Vertriebsleistungssystem* umfaßt all die Komponenten, die primär den Absatzprozeß unterstützen. Die Strukturierung der gewinnbeeinflussenden Größen orientiert sich an der Nähe der Erlösentstehung und ermöglicht durch einen Stufenaufbau den Nachvollzug des Vertriebserfolges. Das *Potentialsystem* schließlich absorbiert solche Kostenelemente, die als Äquivalente für die zur Leistungserstellung notwendigen Potentiale von Kapital und Vermögen zu kennzeichnen sind. Es strukturiert neben den im Unternehmen vorhandenen Kapazitäten und sonstigen Nutzungspotentialen auch die bei den Lieferanten befindlichen Potentialelemente (z. B. reservierte Fertigungskapazitäten, soweit diese der Disposition des Betriebes unterliegen). Es ist ein System zur Planung der Ressourcen bzw. des Budgetrahmens. Grundsätzlich sind alle Informationsinhalte in einem Verdichtungssystem abgelegt. Damit wird gewährleistet, daß die Informationen in ihrem jeweils benötigten Entscheidungsrahmen exakt, schnell und in der notwendigen qualitativen und quantitativen Ausprägung zur Verfügung stehen. Dies ist eine Grundvoraussetzung zur Risikoreduktion betrieblicher Entscheidungen.

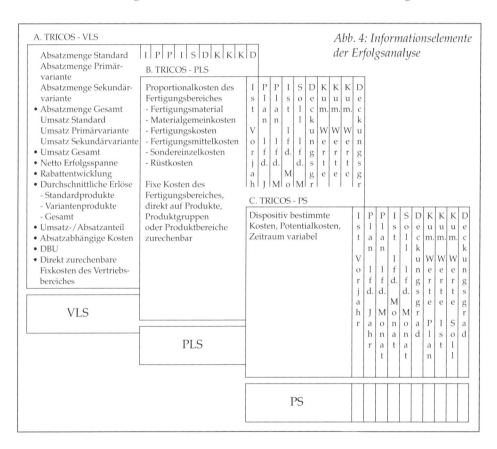

Abb. 4: Informationselemente der Erfolgsanalyse

2. Variable und fixe Kosten im Spannungsfeld betrieblicher Entscheidungsprozesse

Wirtschaftliches Handeln der Entscheidungsträger basiert auf der Kostenermittlung und Kostenverrechnung. Zurechnungsobjekte können sowohl Erzeugnisse, aber auch Kostenstellen, Investitionsobjekte, Auftragsarten, Absatzgebiete, Technologien oder sonstige interessierende Objekte sein.

Maßgebend ist jedoch die Zwecksetzung, für die eine Bewertung vorzunehmen ist. So sind Wirtschaftlichkeitskontrolle, die Preisbildung und -kontrolle, Vergleichsrechnungen und Bewertung innerbetrieblicher Leistungen Aufgaben, die Kostenrechnungssysteme erfüllen müssen.

Moderne Technologien verursachen Kostenstrukturverschiebungen zwischen den verschiedenen Produktionsfaktoren, verändern die Abhängigkeit von der Beschäftigung und der Zurechenbarkeit von Kosten.

Die tendenzielle Verschiebung der Kostenschwerpunkte in den Kapitalkostenbereich wird deutlich, wenn man sich vor Augen hält, daß die Personalkosten durch die wachsende Automation zurückgehen. Die höhere Produktivität erfordert aber auch eine höhere Qualifikationsstufe der Mitarbeiter. Gleichzeitig steigen durch die Investitionen die Abschreibungen und die Dienstleistungskosten, wie Versicherungs-, Wartungs-, Reparatur- und Informationskosten.

Die Veränderung der Kostenstruktur in Abhängigkeit von der Beschäftigung sieht ebenfalls einen Rückgang der variablen (beschäftigungsabhängigen) zugunsten der fixen (zeitabhängigen) Kosten vor. So fallen Personalkosten verstärkt in den planerischen und überwachenden Funktionen an. Die unmittelbar fertigungsprozeßbezogenen Personaleinsätze gehen zurück.

Höhere Qualitätsanforderungen an das Material, wie geringe Toleranzen in Härte, Abmessung, Form und allgemeine oder spezielle Beschaffenheit, können zu steigenden Materialkosten und zu unflexiblen Materialressourcen führen und zeigen beispielhaft die Probleme beim Einsatz neuer Technologien. Als Fazit bleibt jedoch, daß die ausbringungsabhängigen Kosten deutlich zurückgehen, die ausbringungsunabhängigen Kosten dagegen stark zunehmen werden.

Schließlich ist die Auswirkung moderner Technologien auf das Verhältnis zwischen Einzel- und Gemeinkosten von Bedeutung. Eine pauschale Verrechnung der indirekten Kosten wird der Sachlage nicht mehr gerecht. Dies wird beispielhaft häufig unter Grenzkostengesichtspunkten diskutiert (z. B. Annahme oder Ablehnung von Zusatzaufträgen), um die Qualität eines Kostenrechnungssystems zu beurteilen.

Hier hat sich neuerdings als Ergänzung zur Plankostenrechnung die Prozeßkostenrechnung in den Vordergrund geschoben, die die Kosten nach der tatsächlichen Belastung des Gemeinkostenbereichs zurechnet, aber eine Spaltung der Kosten in fixe und variable Bestandteile vermeidet. Die hierfür ersatzweise geschaffene Einteilung der Kosten in leistungsmengeninduzierte und leistungsmengenneutrale Kosten stimmt nicht mit der Kategorisierung in fixe und variable Kostenbestandteile überein. Sie liefert hinsichtlich der Veränderbarkeit der Kosten keine geeigneten Informationen. Die leistungsmengeninduzierten Kosten stehen für die (insbesondere zeitliche) Inanspruchnahme der betrieblichen Produktionsfaktoren

(z. B. der Betriebsmittel), unabhängig von ihrer realen Beeinflußbarkeit. Als Ziel der Prozeßkostenrechnung wird die längerfristig mögliche Veränderbarkeit der Kapazität hervorgehoben. Damit wird die Trennung zur kurzfristigen Investitionsrechnung (Investitionsnachrechnung) aufgegeben. Der zusätzlich im Rahmen der fixkostenmanagementorientierten Plankostenrechnung kurzfristig mögliche Auf- und Abbau der Fixkostenpotentiale (insbesondere der Vertragspotentiale) findet in diesem Rechenwerk keine Berücksichtigung.

Eine – wie auch immer – geartete Vollkostenrechnung liefert im Zusammenhang mit der Prozeßkostenrechnung keine zusätzlichen bzw. besseren Informationen, da sie nicht zwischen variablen und fixen Kosten differenziert. Als Basisinformation ist aber eine derartige Kostenspaltung unbedingt erforderlich.

3. Fixkosten und Kostenstrukturverschiebungen

Die bisherigen Ausführungen haben deutlich die Wandlungen im Kostengefüge eines modernen Unternehmens aufgezeigt. Diese Herausforderung anzunehmen, ist eine der wichtigsten Aufgaben, denen sich das Management stellen muß. Es benötigt objektiv nachvollziehbare Informationen zur Bewältigung der täglichen Aufgabenstellungen. Die Relativität der Kostenstrukturen im Unternehmen, die einzig und allein auf diese Zielsetzung hin analysiert wird, liefert den Beurteilungsmaßstab. Voraussetzung dazu ist jedoch, den betrieblichen Werte- und Informationsfluß phasen- und bereichsübergreifend steuern zu können. Dies erfordert eine einheitliche Datenstruktur, klar abgegrenzte Schnittstellen und die Möglichkeit eines einheitlichen Datentransfers (z. B. zum Material-, Vertriebs-, Produktionsbereich). Ebenso ist eine enge Verbindung der güter- und geldwirtschaftlichen Prozesse mit der Kostenrechnung notwendig.

3.1 Kostenschichten und Fixkostenstruktur

Die zunehmende Bedeutung der fixen Kosten bei gleichzeitigem Rückgang der variablen (beschäftigungsabhängigen, mengenproportionalen) Kosten führt zu einer intensiven Betrachtung und Behandlung dieses Sachkomplexes. Knappe Ressourcen fordern eine wirtschaftliche Verwendung. Sie werden als Lenkungs- und Regiekosten in die Disposition des Managements gelegt.

Die Behandlung der fixen Kosten in Kostenrechnungssystemen wird in der Abb. 5 sehr anschaulich dargestellt. Sie zeigt insbesondere, welche Verfahren und Methoden für dieses Sachgebiet zur Verfügung stehen.

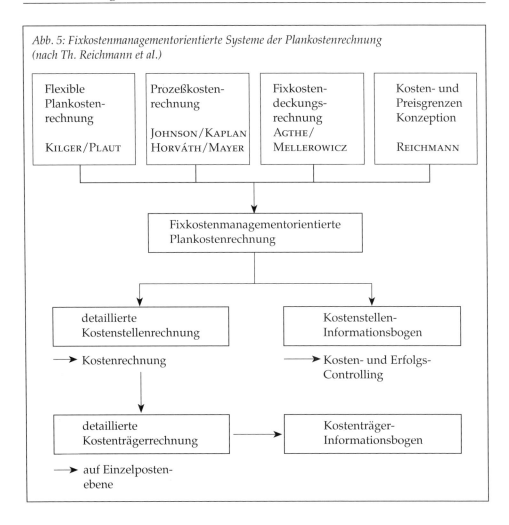

Abb. 5: Fixkostenmanagementorientierte Systeme der Plankostenrechnung (nach Th. Reichmann et al.)

So kann man allgemein feststellen, daß über die Analyse der Fixkosten und ihre Differenzierung nach Verursachung und Zurechenbarkeit, wie sie für eine differenzierende Fixkostenverrechnung notwendig sind, wertvolle Aufschlüsse über die Elastizität des Unternehmens gegenüber Marktschwankungen gewonnen werden. Die zunehmende Fixkostenbelastung beeinträchtigt diese Elastizität und wird somit zu einer wichtigen Bestimmungskomponente für unternehmerische Entscheidungen über die Verursachung neuer Fixkosten (z. B. Neuinvestitionen), zum anderen für Entscheidungen über den Abbau bisher anfallender Fixkosten (z. B. Desinvestitionen). Die daraus resultierenden Veränderungen sind von größtem Interesse. Insbesondere beim Aufbau von Fixkosten ist darauf zu achten, ob der Bruttoerfolg der zusätzlichen Leistung ausreicht, die zusätzlich durch die Investition verursachten Fixkosten zu decken.

Die relative Starrheit der Fixkosten verleitet zu der Schlußfolgerung, daß den Fixkosten nur vor der Durchführung einer Investition Beachtung geschenkt werden sollte. Danach werden sie für alle Erzeugnisse des Unternehmens zur Deckung vorgegeben aus dem sogenannten Bruttoerfolg in Form einer summarischen Vorgabe. Damit werden aber ganz entscheidende Fragen nicht beantwortet: Welches Erzeugnis kann gefördert werden, im Produktionsprogramm verbleiben oder muß aus dem Leistungsprozeß ausscheiden?

Zur Beantwortung dieser Fragen sind alle im ursächlichen Zusammenhang mit der Herstellung des betreffenden Erzeugnisses anfallenden Fixkosten einzubeziehen. Dies gilt besonders in Zeiten sinkender Erträge, bei Produkten am Ende des Lebenszyklus, aber auch bei Produkten in der Markteintrittsphase, wenn erhebliche Zusatzinvestitionen erforderlich werden (z. B. bei Erzeugnissen aus dem Elektronikbereich). Hier genügt nicht nur die Kenntnis der relativen Höhe des Deckungsbeitrages (DBU-Faktor), sondern auch dessen absolute Höhe muß in die Beurteilung einbezogen werden, um Fehlinterpretationen vorzubeugen.

Bei richtiger Kenntnis der Kostendeckung durch eine differenzierende Fixkostendeckungsrechnung werden solche Fehlschlüsse vermieden. Die Perioden-Fixkosten sind demnach zu strukturieren und zu kontrollieren, um die verschiedenen Fixkostenstufen über Deckungsbeiträge abzudecken.

Zur Erfüllung dieser Forderung muß ein System als modulares Subsystem innerhalb eines Unternehmensmodells folgende Inhalte und Funktionen aufweisen: Als konstitutives Entscheidungssystem für die Vermögens- und Erfolgsentwicklung muß es alle Elemente aufnehmen, die für die zielgerichtete Wachstums- und Entwicklungsplanung des Unternehmens nötig sind und frühzeitig Anpassungsprozesse einleiten. Dieses System wird als *Potentialsystem* (PS) bezeichnet. Es umfaßt alle Mitarbeiter, Betriebs- und Fertigungsmittel, Mensch-Maschine-Systeme (CA-Technologien) und Dauerpotentiale (z. B. Grundstücke, Gebäude), die dem Unternehmen langfristig zur Verfügung stehen. Dieses Leistungspotential kann sowohl mittelbar (z. B. Grundstücke, Gebäude) als auch unmittelbar in das Potentialsystem einfließen. Es umfaßt somit alle materiellen Potentiale, wie z. B. die verfügbaren Organisationsmittel, Kapazitäten, Werkstoffe, F+E-Kapazitäten, Absatzwege und -kanäle, Arbeitskräfte und Finanz- und Kapitalstruktur, aber auch die immateriellen Potentiale wie das Know-how, Software-Entwicklung, informelle Beziehungsstrukturen und die Informationsverarbeitung.

Grundlagen dieses Systems bilden die objektspezifische Zurechenbarkeit dieser Potentialkosten (z. B. Erzeugnis-, Auftrags-, Erzeugnisgruppen-, Unternehmensfixkosten) und ihre zeitliche Bindungsdauer (z. B. monatlich, quartalsweise, jährlich abbaufähig).

3.2 Differenzierung des Potentialsystems

Die Strukturierung der Fixkosten im System der stufenweisen Fixkostendeckung zeichnet ein zu grobes Raster für entscheidungsorientierte Deckungsvorgaben. Daher ist es notwendig, eine Struktur zu finden, die sich an den Komponenten des Potentialsystems orientiert und als *Aktionsbereiche* bezeichnet wird.

Die Leistungsfähigkeit des Potentialsystems bestimmt die Richtung und Geschwindigkeit der Entwicklung der Unternehmung in ihren externen und internen Aktionsfeldern. Diese dominante Stellung als Basissystem erfordert eine zweckorientierte Strukturierung, um im Verlauf der Leistungsbereitstellung rasch auf Veränderungen reagieren zu können. Geordnete Rückkopplungsmechanismen, die Abweichungen außerhalb vorgegebener Toleranzgrenzen aufzeigen, geben die notwendige Stabilität. Diese Stabilität ist eine grundlegende Notwendigkeit für ein störungsfreies Funktionieren des Gesamtsystems und seine Fähigkeit zur Zielerreichung.

Relationen, Verbindungsstrukturen und Vernetzungen mit den beiden anderen Hauptsystemen lassen eine Aufgliederung des Potentialsystems in vier Aktionsbereiche und die damit in direktem Zusammenhang stehenden Kostengruppen zweckmäßig erscheinen (vgl. Abb. 6). Sie werden bezeichnet als Aktionsbereiche für

- die Vorhaltekosten,
- die Vorleistungskosten,
- die Dispositionskosten und
- die Kosten des Sozialpotentials.

Diese Strukturierung der Systemkomponenten orientiert sich primär am Budgetverhalten des Planungsprozesses. Planungsprozesse folgen zunächst den gegebenen Bedingungen im Gesamtsystem. In diesem System gibt es Komponenten, die nicht ohne weiteres und nur mit erheblichem Zeit- und Kostenaufwand abgebaut oder erweitert werden können. Solche Komponenten sind einmal sehr kapitalintensiv (z. B. Gebäude), zum anderen dienen sie der Erhaltung der produktiven Ressourcen (z. B. Energie, Instandhaltung). Entscheidende Maßnahmen in diesen Sektoren können nur unter Berücksichtigung der Auswirkungen auf das Gesamtsystem eingeleitet werden. Diese Auswirkungen müssen quantifiziert werden und in einem Aktionsplan festgehalten sein.

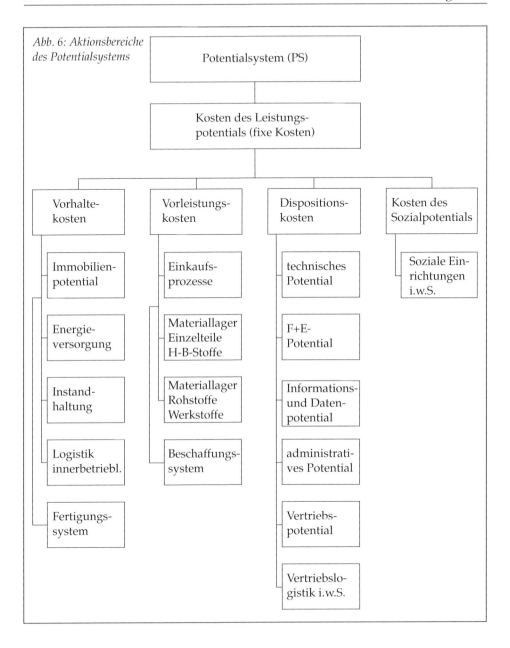

Abb. 6: Aktionsbereiche des Potentialsystems

3.2.1 Vorhaltekosten

Der Bereich *Vorhaltekosten* gliedert sich in vier Basiselemente:

- das Immobilienpotential,
- die Energieversorgung,
- die Instandhaltung und
- die innerbetriebliche Logistik.

Das *Immobilienpotential* besteht im wesentlichen aus vorhandenen Grundstücken und Gebäudekomplexen. Grundstücke können bebaut oder unbebaut sein, der Gebäudekomplex schließt die Fabrikations-, Lager- und Verwaltungsgebäude einschließlich der Außenläger ein.

Das *Energieversorgungspotential* hält die notwendigen Ressourcen für eine geordnete Abwicklung der produktiv-administrativen Prozesse bereit. Hierzu gehören Heizungsanlagen, Trafostationen und Leitungsnetze, die Wasserversorgung, Kompressoren und die notwendigen Druckluft-Leitungssysteme sowie Gasversorgungsanlagen. Auch dieses Potential muß einer Bandbreite von Zielstrukturen gewachsen sein. Ihre Dimensionierung hat eine gewisse Reservekapazität aufzunehmen. Mit dieser können im Teillastbereich gewisse wirtschaftliche Vorteile, im Vollastbereich zusätzliche Zielausprägungen erreicht werden.

Das *Instandhaltungspotential* sorgt für das reibungslose Erreichen des gestellten Unternehmenszweckes. Es hat vornehmlich dienende Funktionen im Produktionsablauf zu erfüllen. Ohne diese Dienstleistungen ist der Produktionsprozeß gefährdet, da mit dem vorhandenen Know-how während des Fertigungsprozesses auftretende Schwierigkeiten rasch beseitigt werden. Abbau-Überlegungen in diesem Sektor müssen die Konsequenzen für den Produktionsbereich einbeziehen. Dieser Bereich mit seinen personell-technischen Attributen determiniert die Qualität der Instandhaltung (z. B. Handwerker-Abteilungen, Werkzeugbau).

Das *innerbetriebliche Logistikpotential* schließt alle Hilfsmittel ein, die der rationellen Gestaltung des Warenflusses dienen. Hierzu gehören Flur- und Hebefahrzeuge, Ein- und Auslagergeräte, Hard- und Software für die Lagerverwaltung. Auch hier muß eine ausreichend dimensionierte Kapazität vorgehalten werden.

3.2.2 Vorleistungskosten

Im Gegensatz zu den Vorhaltekosten stellen die *Vorleistungskosten* die Verpflichtung von Organisationseinheiten zur Abgabe einer Leistung dar. Darunter fallen die Material- und Beschaffungsstellen. Diese Einheiten dienen unmittelbar den produktiv-administrativen Prozessen. Ihre Zweckbestimmung erfüllt sich in den

Rahmenbedingungen dieser Prozesse. Die Aktivitäten des Vorleistungspotentials werden von anderen Organisationseinheiten abgerufen. Ziel dieses Potentials ist, die abgerufene Leistung effizient an den Empfänger abzugeben. Das Effizienzkriterium wird durch die Qualitätsmerkmale Vollständigkeit, Termintreue und Zuteilung an den richtigen Empfänger unter Berücksichtigung der Kostenwirtschaftlichkeit ausgefüllt. Diese Merkmale geben dem Beschaffungssystem den Bewegungsrahmen vor.

3.2.3 Dispositionskosten

Die bislang skizzierten Elemente des Potentialsystems stellen vornehmlich auf die Hardware-Aspekte der dem Unternehmen zur Verfügung stehenden Ressourcen ab. Auf der anderen Seite sind die *Dispositionskosten* hauptsächlich mit Software-Komponenten angefüllt. Hierunter fallen die Erfahrung und das Wissen der Mitarbeiter, der Einsatz technologischer Hilfsmittel wie CAD-CAM, elektronische DV, die Entwicklung problemorientierter Programme (Anwender-Software), die Innovationsgeschwindigkeit und ihre Struktur sowie der Austausch und die Verarbeitung von Informationen und Daten. Langfristig angelegte Zielstrukturen bilden die Grundlage für den Einsatz finanzieller Mittel. Dieser Potentialbereich fußt auf einer gewissen Stetigkeit, da gravierende Änderungen innerhalb dieses Sektors auch eine Revision des vorgegebenen Zielsystems hervorrufen. In diesem Bereich werden die folgenden Elemente zusammengefaßt:

– das F+E-Potential,
– das technische Potential,
– das Informations- und Datenverarbeitungspotential,
– das administrative Potential,
– das Vertriebspotential,
– das Vertriebslogistikpotential.

Das *technische Potential* steuert die Planungs-, Entscheidungs- und operativen Prozesse auf der produktionstechnischen Ebene. Hierzu gehören insbesondere die Aktivitäten der Arbeitsvorbereitung und Instandhaltung, deren Planung, Steuerung und Überwachung. Es werden primär technisch-orientierte Führungsaufgaben wahrgenommen.

Das *F+E-Potential* definiert die qualitativen Voraussetzungen für die Erzeugnisse während der Entwicklungsphase. Das konstruktive Know-how, die Problemlösungsheuristik, der Einsatz moderner Technologien im Fertigungsprozeß und bei der Erstellung von Werkzeugen, Vorrichtungen und anderen Hilfsmitteln bestimmen die Leistungsfähigkeit und den Qualitätsstandard der marktfähigen Produkte. Das Umsetzen der Produktmerkmale in marktbeeinflussende Faktoren zeigt die Güte der anwenderorientierten Bereiche. Hier wird der Grundstein für den Erfolg einzelner Erzeugnisse oder Erzeugnisgruppen im Markt gelegt.

Das *Informations-* und *Datenverarbeitungspotential* baut ein Netzwerk von Informationswegen auf, um den Entscheidungsträgern die jeweiligen Systemzustände zu vermitteln und an den vorgegebenen Zielkoordinaten zu messen. Dazu bedient es sich moderner Informationsverarbeitungstechniken. Administrative Arbeitsvorgänge fassen die Aktivitäten der verschiedenen Potentialkomponenten zu einem überschaubaren, geordneten Zahlenwerk zusammen. Dies verdeutlicht die Dienstleistungs-, aber auch Kontrollfunktion dieser Komponente. Ihre Reglerfunktion wird dadurch hervorgehoben, daß die Abweichungen jenseits vorgegebener Intervallbreiten frühzeitig signalisiert werden.

Träger der Bewertung dieser Abweichungen sind die *administrativen* Einheiten. Sie leiten die notwendigen kompensatorischen Maßnahmen ein und überwachen die vorgegebene Zeitstruktur. Grundlage hierfür sind ein differenziertes Informationssystem und ein detailliertes Berichtswesen. Dazu müssen Hard- und Software-Komponenten installiert werden, die als Potential innerhalb des Unternehmenszieles aufgebaut werden. Als Organisationseinheiten gehören hierzu die allgemeine kaufmännische Verwaltung und die Abteilungen des Rechnungswesens mit der Finanz-, Lohn-, Gehalts- und Betriebsbuchhaltung.

Der Vertrieb als extern orientierter Bereich hat die Funktion, den Erzeugnissen einen Bekanntheitsgrad und ein qualitatives Merkmalsspektrum zu geben. Dies geschieht unter Einsatz von Werbemitteln, technischen Informationen und Veranstaltungen sowie durch Ausstellungen bei Kunden oder auf Messen. Diese Aktivitäten müssen initiiert, gesteuert, überwacht und von einer gewissen Regelmäßigkeit und Nachhaltigkeit sein. Dies ist Aufgabe der Vertriebsabteilungen. Die budgetierten Mittel werden als *Vertriebspotential* in die verschiedenen Aktivitätsbereiche eingeleitet.

Ein Sekundärbereich im Aktivitätsfeld des Vertriebes ist die *Vertriebslogistik*. Sie hat die Erzeugnisse an die Kunden optimal zu verteilen. Der Grad der qualitativen Erfüllung von Kundenanforderungen bestimmt die Leistungsfähigkeit und den Umfang des Potentialeinsatzes.

3.2.4 Kosten des Sozialpotentials

Der vierte und letzte Bereich, das *Sozialpotential*, wirkt auf den Zusammenhalt der Organisationsmitglieder untereinander und stärkt ihre Integrationsbereitschaft und die Identifizierung mit dem Unternehmenszweck. Wichtigste Komponenten sind die Einrichtungen der Sozialgebäude, Werksküchen, Sanitätsstationen und Vorkehrungen zur Betriebssicherheit. Der Aufbau des Potentialsystems stellt ein wichtiges Merkmal in der Fixkostenbetrachtung dar. Dabei ist anzumerken, daß der entscheidende Gedanke zunächst in der prinzipiellen Einordnung der Leistungsressourcen in Aktionsbereiche und in deren Unterteilung in Potentialsystem-Elemente liegt. Damit ist noch keine Aussage über mögliche Zuordnungskriterien auf Kostenträger, Profit-Center oder Kostenstellen getroffen. Dieses System dient vorwiegend Strukturierungsaufgaben. Es offenbart und zeigt Veränderungen, Schwachstellen, notwendige Anpassungen und Modifizierungen. Im Anschluß daran kann die Zuordnung und Auflösung des Leistungspotentials auf die Zurechnungsobjekte durchgeführt werden.

3.3 Zuordnung und Auflösung der Kostenschichten

Nach der Strukturierung des Potentialsystems und durch die Budgetmechanismen für die Kostenangebote kann die Zuordnung dieses Angebotsspektrums auf die institutionellen Nachfrager vorgenommen werden. Die Zielsetzung dieser Gestaltungsaufgabe liegt darin, Maßstäbe zur Beurteilung des Anspruchsniveaus für die Angebotsnachfrager zu finden und festzulegen.

Eindeutiges Kriterium ist die Homogenität des Nachfragers und seine relative Bedeutung im System der Nachfrager. Homogenität bedeutet hier in erster Linie abgrenzbare, interne Produktionsbedingungen und eine externe Marktstruktur, die sich deutlich von den anderen Nachfragebedingungen absetzt. Innerhalb dieses Segments können jedoch durchaus heterogene Relationen auftreten. Unter diesen Gesichtspunkten kann auf die Darstellung der Auflösung des Potentialsystems auf Artikel, Produktgruppen oder einzelne Profit-Center eingegangen werden.

3.3.1 Prinzipielle Darstellung einer integrierten Fixkostenrechnung

Im allgemeinen werden dem einzelnen Kostenträger nur die erzeugnisfixen Kosten direkt zugeordnet. Die Verteilung der nachgelagerten Fixkostenblöcke erfolgt nicht mehr direkt auf den einzelnen Kostenträger, sondern über die Gesamtheit der Kostenträger einer Produktgruppe, eines Produktgruppenbereiches oder der Unternehmung als Ganzes. Die Anwendung einer kostenträgerorientierten Erfolgsplanung und Kontrollrechnung in einem Mehr-Produkt-Betrieb macht es jedoch erforderlich, sämtliche Blöcke des Potentialsystems den Kostenträgern zuzuordnen. Daher wird das hier vorgeschlagene Auflösungs- und Verteilungsschema als *integrierte Fixkostenrechnung* bezeichnet. Dieser Begriff wird gewählt, um die Weiterführung der bekannten stufenweisen Fixkostendeckungsrechnung hervorzuheben. Die integrierte Fixkostenrechnung ist eine Teil- und Vollkostenrechnung mit dem Ziel, eine transparente Kostenrechnung bis hin zur periodischen Artikel-

und Unternehmenserfolgsrechnung auf Basis von Deckungsbeitragsebenen zu schaffen. Durch den Ausweis der Gewinnschwelle(n) wird sie zu einem Führungsinstrument für eine optimale Gewinnsteuerung und zielorientierte Unternehmenspolitik.

Diese Transparenz erstreckt sich sowohl auf die Kontrolle und die Kostenzusammensetzung als auch auf die Entwicklung artikelbezogener Deckungsbeiträge bei gegebenen Beschäftigungssituationen und die Möglichkeit, Preis-Absatz-Rechnungen nach Auslastung und Risiko durchzuführen. Orientierungs- und Basispunkte sind zunächst die Aktionsbereiche des Potentialsystems. Als Kriterium für die Auflösung und damit auch für die Zuordnung von Deckungssolls, sei es nun als Fixkostenvorgabe oder als Fixkostenbudget, finden Überlegungen statt, die auch für die Beanspruchung einer Kostenstellenkapazität durch einzelne Kostenstellen oder Kostenträger angewandt werden. Dieses Auflösungsverfahren setzt voraus, daß die Kapazität der Kostenstellen gemessen und deren Beanspruchung durch eine Kostenstelle bzw. eine Produktart ermittelt werden kann. Die Fertigungskostenstellen stellen ihre Kapazität den Kostenträgern unmittelbar zur Verfügung. Somit sind auch Maßgrößen für die Kapazitätsbeanspruchung dieser Kostenstellen vorhanden. Man legt die Planbezugsgröße für eine Planungsperiode rechentechnisch anhand eines Produktionsplanes und den daraus abgeleiteten Arbeitsplänen fest, um die Kapazitätsbeanspruchung in den Kostenstellen zu ermitteln. Diese durchlauforientierte Zuordnung der Fixkostendeckungssolls von Fertigungsstellen auf die Kostenträger wird als *belastungsbezogene Verrechnung* von Potentialsystemkosten bezeichnet. Die Kostenstellen der Hilfs- und Nebenbetriebe, die nicht zugleich Fertigungshauptkostenstellen sind, stellen in der Regel ihre Kapazität den Kostenträgern nur unmittelbar zur Verfügung. Ausgehend von der Zielsetzung, sämtliche Fixkosten in differenzierten Fixkostendeckungssolls auf die Zurechnungsobjekte zu verrechnen, sind die Fixkosten der allgemeinen Kostenstellen zunächst den Fertigungshauptkostenstellen vorzugeben. Über eine belastungsorientierte Kostenauflösung werden diese dann auf Kostenträger weiter verrechnet, wenn eine direkte, kostenträgerorientierte Zuordnung auf Grund vorhandener Interdependenzen nicht möglich ist.

Die Zuordnung und die Vorgaben von Fixkostendeckungssolls auf die Zurechnungsobjekte laufen in mehreren Phasen ab:

1) Zuordnung der Kostenstellen zu hierarchisch gegliederten Auflösungsstufen des Potentialsystems (vgl. Zuordnungsmatrix in Abb. 7).
2) Budgetbestimmte und stufenweise Zuordnung der einzelnen Kostenbeträge (Verrechnungsmodus).
3) Durchführung der belastungsorientierten Verrechnung der Kosten des Potentialsystems.

Abb. 7: Zuordnungsmatrix

Subsysteme	Kostenstellen	Organisationseinheiten
Aktionsbereich der Sozialkosten	130, 131, 132	Soziale Einrichtungen
Aktionsbereich der Vorleistungskosten	400, 410, 420	Vorleistungspotential für Beschaffungs- und Lagerprozesse
Aktionsbereich der Dispositionskosten	300, 380, 381	a) Technisches Potential
- keine Fertigungsbereiche		b) F+E-Potential
	520	c) Informations-, und Datenverarbeitungspotential
	500, 510	d) Administratives Potential
	600, 602, 603, 610	e) Vertriebspotential
	630	f) Vertriebslogistik
Aktionsbereich der Vorhaltekosten	110, 115, 120, 150	a) Immobilienpotential
	160, 180, 190	b) Energiepotential
	320, 321, 322	c) Potential für Instandhaltung
	229, 363	d) Potential der Innerbetrieblichen Logistik

3.3.2 Aufbau der Zuordnungshierarchie

Eine integrierte Fixkostenrechnung, deren Zielsetzung in einer produktorientierten Verteilung und Zuordnung fixer Kostenbestandteile liegt, muß die Kostenstellen des Unternehmens einer grundsätzlich neuen Ordnung unterwerfen. Dieser Neuordnung der Kostenstellen liegen die Gedanken der Fixkostenauflösung nach budgetorientierten bzw. belastungsbezogenen Kriterien zugrunde. Von dieser neuen Strukturierung sind sämtliche Kostenstellen des Unternehmens betroffen.

Ausgehend von der Einteilung nach Kostenstellen des allgemeinen Bereiches, des Hilfs- und Nebenkostenstellenbereiches, des Fertigungshauptstellenbereiches, des Verwaltungs- und Vertriebsbereiches, der technischen Administration und des Materialbereiches, werden diese in eine hierarchische Stufung gebracht; wichtigstes Kriterium dabei ist die Verwendungsfähigkeit und Nähe des Leistungsangebotes der betreffenden Kostenstellen zu den Zurechnungsobjekten. Die Kosten des angebotenen Leistungspotentials werden im Potentialsystem zu einer relationalen Verteilungsmatrix zusammengefaßt (vgl. Abb. 8).

Abb. 8: Zuordnungsmatrix der Kostenstellen zu den einzelnen Ebenen des Potentialsystems

Hierarchie	Stufe	Bezeichnung	Kostenstelle	Verrechnungsmodus
1	1.1	Sozialpotential-kosten		Budgetvorgabe
2	2.1	Vorhaltekosten		Budgetvorgabe indirekt/direkt
3	3.1	Vorleistungskosten		Budgetvorgabe direkt
4	4.1	Dispositionskosten für Erzeugnisbereiche, keine Fertigungskostenstellen		Budgetvorgabe direkt
5	5.1	Dispositionskosten für Erzeugnisgruppen, keine Fertigungskostenstellen		Budgetvorgabe direkt
6	6.1	Dispositionskosten für Erzeugnisgruppen, Fertigungshauptkostenstellen		belastungsorientiert
7	7.1	Dispositionskosten für Kostenstellen-, Fertigungshauptkostenstellen		belastungsorientiert

3.3.3 Auflösungslogarithmus

Nach dem Aufbau der einzelnen Hierarchieebenen des Potentialsystems kann auf den Verrechnungsmodus näher eingegangen werden.

Der *budgetbezogene Verrechnungsmodus* hat drei Auflösungsvarianten der Leistungskosten. Die Budgetvorgabe ohne weitere Verteilungsmechanismen beschränkt sich auf solche Kostenstellen, die allen Kostenträgern ihre Leistung zur Verfügung stellen. Diese Kostenstellen sind in der untersten Ebene zusammengefaßt. So lassen sich Leistungsangebote direkt über eine Budgetvorgabe auf Kostenträger verrechnen, bei anderen muß als Zwischenschritt die *indirekte* Verrechnung gewählt werden. Innerhalb einer Stufe können beide Verfahren auftreten.

Während sich die budgetorientierte Auflösung der Leistungskosten auf die Hierarchieebenen 2 und 5 bezieht, werden die Ebenen 6 und 7 ausschließlich *belastungsorientiert* auf die Kostenträger verteilt.

Wie aus der Zuordnung der Kostenstellen ersichtlich ist, bestehen die Budget-Kostenstellen aus allgemeinen Kostenstellen, Fertigungshilfsstellen und Nebenbetrieben, aus dem Fertigungsbereich bzw. technisch-administrativen Kostenstellen, Material- und Beschaffungsstellen, Verwaltungs- und Vertriebsstellen. Diese Kostenstellen sind dadurch gekennzeichnet, daß sie im Gegensatz zu den arbeitsplanbezogenen Kostenstellen ihre Leistungskapazität nicht unmittelbar den Kostenträgern zur Verfügung stellen. Daher werden der belastungsorientierten Auflösung der Leistungskosten ausschließlich Fertigungskostenstellen zugeordnet.

Auffällig in der Gliederungssystematik des Potentialsystems sind die Stufen 5.1 und 6.1. Beide Stufen enthalten Dispositionskosten für Erzeugnisgruppen, gehören in den Bereich der Budgetvorgabe und verwenden gleichzeitig den belastungsorientierten Verrechnungsmodus. Dadurch können innerhalb des gleichen Gliederungsmerkmals sowohl allgemeine Kostenstellen als auch Fertigungskostenstellen dem entsprechenden Verrechnungsmodus zugeordnet werden.

Werden nun einer Kostenstelle auf indirektem Wege Potentialleistungskosten zugewiesen, so ermittelt sich das Gesamtdeckungssoll aus dem von einer übergeordneten Kostenstelle erhaltenen Deckungssoll und den in der Kostenstelle direkt entstandenen Leistungskosten. Die Festlegung der Kostenstellen zu einer bestimmten Leistungsstufe wird, einmal geplant und festgelegt, für einen längeren Zeitraum unverändert bleiben.

Die Zusammenfassung dieser Planungsarbeit wird in ein Tabellensystem für die EDV-gestützte Abwicklung (vgl. Abb. 9 und 10) übernommen. Hierzu zählen insbesondere:

1) Ein Verwaltungsteil mit Zuordnungskriterien.
2) Der Schlüsselteil mit den Verteilungsstrukturen.

3) Der Kostenteil mit den Kostensummen des Potentialsystems nach den relevanten Zeiträumen (geplante Potentialkosten der Vorperiode und der laufenden Periode als Gesamtsummen und die entsprechenden Ist-Kosten der laufenden Periode für die einzelnen Unterperioden).

In diesem Zusammenhang ist nun in Kürze auf das Prinzip der budget- bzw. belastungsorientierten Verteilung der Potentialkosten einzugehen: Bestimmte budgetbezogene Kostenstellen werden in der Regel nicht auf Kostenträger verrechnet.

Es können aber Potentialbereiche gebildet werden, die auf direktem bzw. indirektem Wege oder erst über die Kostenstellen anderer Stufen auf Kostenträger verteilt werden (semidirekte Kostenrechnung). Die *budgetorientierte* Auflösung der Kosten des Potentialsystems beginnt mit der untersten Stufe, den Kosten für das Sozialpotential (Stufe 1.1). Da dieses Kostenpotential in keinem direkten Zusammenhang zur originären betrieblichen Leistungsbereitstellung steht und eine Verteilung über indirekte Wege in Form von Schlüsselungen aus prinzipiellen Gründen nicht erfolgen kann, bleiben diese Leistungskosten von einer Verteilung ausgeschlossen. Sie werden direkt in die Erfolgsanalyse übernommen und als Restdeckungsstufe allen Produkten vorgegeben.

Eine indirekte Verteilungsvorgabe geht nach dem bekannten Umlageverfahren vor. Weiterhin bietet die budgetorientierte Auflösung der Leistungskosten des Potentialsystems neben der Zuordnung von Deckungssolls auf die Fertigungshauptkostenstellen über mehrere Zwischenstufen eine direkte Verrechnung von Deckungssolls auf die Produktgruppe im Falle der Vorhaltekosten, der Vorleistungskosten und der Dispositionskosten. Mit der Auflösung der zur Stufe 5.1 gehörenden Kostenstellen ist die budgetorientierte Auflösung abgeschlossen, die Deckungssolls sind entweder Fertigungshauptkostenstellen oder Kostenträgern zugeordnet. Durch ein Festhalten der Potentialstufen im Kostenstellenstammsatz können bis zur Vorgabe an die Fertigungshauptkostenstellen die mehrfach weitergegebenen Deckungssolls unter der ursprünglichen Stufe ausgewiesen werden. Der Vorteil liegt in einer differenzierten Vorgabe der Deckungssolls auf die Kostenträger bereits in der budgetorientierten Auflösungsstruktur.

Die *belastungsorientierte Auflösung* ist der budgetorientierten nachgelagert. Ihr Prinzip liegt darin, daß jede Fertigungskostenstelle eigene und vorgegebene Deckungssolls aus der budgetbezogenen Auflösung an die Kostenträger weitergibt, die ihre Kapazität beanspruchen.

Die belastungsorientierte Verteilung bezieht sich nur auf Fertigungskostenstellen. Diese Fertigungskostenstellen werden nach den Kostenstellenbereichen differenziert, die dem Produktionsfluß entsprechen.

Die „Fixkostenleiste" der Kostendatei nimmt die beiden belastungsorientierten Dispositionsstufen auf, nämlich die Stufe 6.1 „Dispositionskosten für Erzeugnis-

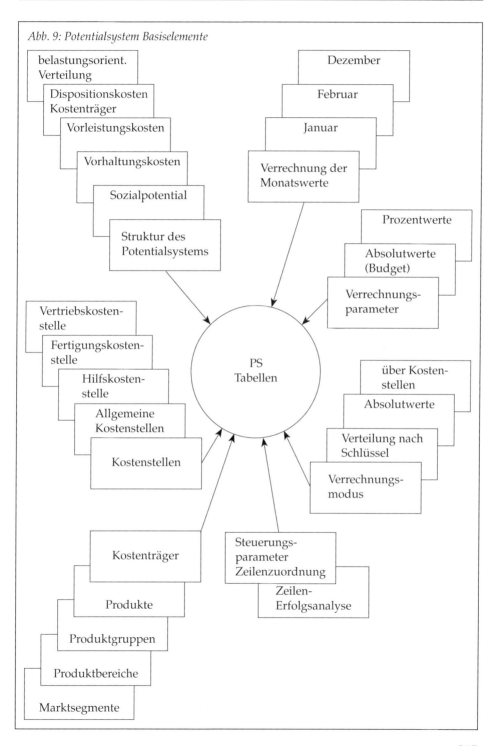

Abb. 9: Potentialsystem Basiselemente

Abb. 10: PS-Tabellenaufbau

Kopfdaten		Verrechnungsdaten				
Kostenstellen						
Verrechnungs-modus	Budgetvorgabe					
	incl. Verrechnung					
	dir. Verrechnung					
Hierarchiestufen	Stufe Verteilungsmodus					
Kostenträger:	Produkt 1...n					
	Produktgruppe 1					
	Produktgruppe 2					
Produkte,	Produktgruppe 2					
Produktgruppen,	Produktgruppe n					
Produktbereiche	Produktbereich 1					
	Produktbereich 2					
	Produktbereich 2					
	Produktbereich n					
Zuordnung	Zeilenzuordnung über Fertiggruppen					
Verrechnungs-modus	Kostenstellen ja/nein					
Verteilung		belastungs-orientierte Verteilung	Dispositions-kosten für Erzeugnis-gruppen	Dispositions-kosten für Erzeugnis-bereiche	Vorleistungs-kosten	Vorhalte-kosten	Sozial-potential
Potentialkosten Vorperiode						
Potentialkosten lfd. Periode, Plan						
Wertefelder IST- lfd. Periode						

gruppen, jedoch Fertigungskostenstellen", und die Stufe 7.1 „Dispositionskosten für Kostenstellen, jedoch Fertigungskostenstellen". Die Stufe 7.1 umfaßt all jene Fertigungskostenstellen, die keinem Produkt, keiner Produktgruppe und keinem Produktbereich zugeordnet werden können, da ihre Kapazitätsangebote von der gesamten Produktpalette relativ gleichmäßig in zeitlicher und mengenmäßiger Abfolge in Anspruch genommen werden. Somit bleibt als Verrechnungsmodus die zeitliche Inanspruchnahme, festgelegt in den Arbeitsplänen, als sachlich richtiges Kriterium übrig (vgl. Abb. 11 und 12).

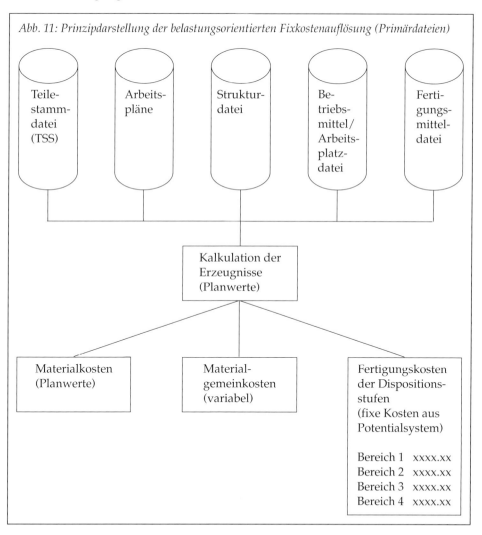

Abb. 11: Prinzipdarstellung der belastungsorientierten Fixkostenauflösung (Primärdateien)

Abb. 12: Belastungsorientierte Kostenstellenbereiche

Stufe	Kostenstellenbereich	Kostenstellen
6.1	1. Metallverarbeitung	
	2. Oberflächenabteilung	
	3. Kunststoffabteilung	
	4. Montage	
	5. OF-Eloxalanlage	
7.1	1. Metallverarbeitung	
	2. Oberflächenabteilung	
	3. Kunststoffabteilung	
	4. Montage	

4. Fixkostenmanagement und Erfolgsanalyse

Der Entscheidungsrahmen wird oftmals unter den Fragestellungen von Make-or-Buy, Preisgrenzen- oder Investitionsproblemen diskutiert. Die Leistungsfähigkeit eines Kostenrechnungssystems wird danach beurteilt, wie rasch und sicher es Antworten für die tägliche Entscheidungspraxis findet und Konsequenzen in der jeweiligen Entscheidungssituation aufzeigt. Dabei wird gefordert, die Beurteilung der Erzeugnisse nicht allein nach ihren Deckungsbeiträgen zu werten, sondern auch die Deckungsbeiträge für spezielle Fixkosten zu berücksichtigen, um die rentablen Artikel eindeutig zu identifizieren. Dies bedeutet, den Fixkostenanfall der Periode zu differenzieren und zu kontrollieren, um zu erkennen, ob die verschiedenen Fixkostenarten von den entsprechenden Deckungsbeiträgen noch gedeckt werden.

Die folgenden Abbildungen (vgl. Abb. 13–16) sollen im kurzen Überblick den Zusammenhang zwischen unterschiedlichen Teilsystemen hin zu einer modellhaften Darstellung des Unternehmens als Ganzes veranschaulichen.

Ausgehend von der kleinsten identifizierbaren Einheit, der Identifikations- oder Sachnummer, können hierarchisch gegliederte Auswertungen in verschiedenen

Dimensionen gefahren werden (vgl. Abb. 13), die dann nach DB-Strukturen geordnet, sich beispielsweise als Kuchengrafik (vgl. Abb. 14) darstellen lassen.

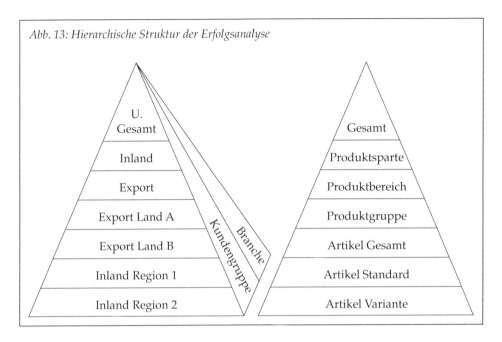

Abb. 13: Hierarchische Struktur der Erfolgsanalyse

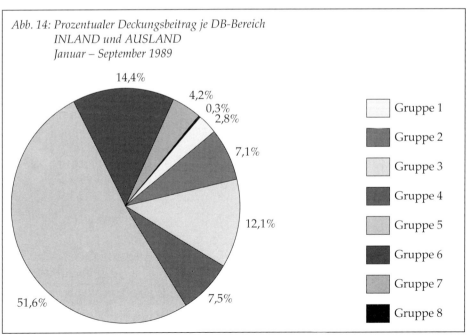

Abb. 14: Prozentualer Deckungsbeitrag je DB-Bereich
INLAND und AUSLAND
Januar – September 1989

Abb. 15: Zuordnung von Potentialkosten

Zeile der Erfolgsanalyse	Bezeichnung der Potentialkosten	Zuordnung
16 c	Werbekosten	Vertriebsleistungssystem
16 d	Kosten der Vertriebslogistik	Vertriebsleistungssystem
18 a	Kosten der kaufmännisch-administrativen Ressourcen	Vertriebsleistungssystem
18 b	Kosten der technischen Auftragsabwicklung	Vertriebsleistungssystem
28	Vorleistungskosten	Produktionsleistungssystem
29 a 29 b	Dispositionskosten	Produktionsleistungssystem
31	Kosten des Immobilienpotentials	Potentialsystem
32	Potentialkosten für die Energieversorgung	Potentialsystem
33 34	Kosten für die Instandhaltung der Werkzeuge, Maschinen und maschineller Anlagen	Potentialsystem
35	Kosten für die innerbetriebliche Logistik	Potentialsystem
37	Kosten des technischen Potentials	Potentialsystem
38	Potentialkosten für Forschung und Entwicklung	Potentialsystem
39	Kosten für Informations- und Datenpotential	Potentialsystem
40	Kosten für das administrative Potential	Potentialsystem
42	Kosten des Sozialpotentials	Potentialsystem

Abb. 16: Erfolgsanalyse für einen Arbeitsmarkt

Land/Bezirk		1 IST Vorjahr	2 PLAN lfd. Jahr	3 PLAN lfd. Mon.	4 IST lfd. Mon.	5 SOLL lfd. Mon.	6 DG% lfd. Mon.	7 PLAN kum.	8 IST kum.	9 SOLL kum.	10 DG% kum.
Artikel					KG: 00	PG: 00					
A.	VL-System										
1	Abs. Standardprodukte	40583	41504	3659	4093	0	111,8	24117	27028	0	112,0
2	Abs. Varianten										
	2 A Primärvarianten	17270	18425	1621	1346	0	83,0	10631	11247	0	105,2
	2 B Sekundärvarianten	1006	1077	94	167	0	176,5	623	623	0	99,8
3	Abs. Gesamt	53859	61107	5375	5606	0	104,2	35423	38895	0	109,8
4	Umsatznetto Standard	2162679	2379030	209095	257915	233861	123,0	1378720	1429777	1545109	103,0
5	Umsatznetto Varianten										
	5 A Primärvarianten	2975674	3291115	289553	282817	240417	97,0	1907947	2148252	2008905	112,0
	5 B Sekundärvarianten	214895	249772	21871	45632	38620	208,0	144573	168463	144343	116,0
6	Umsatznetto Gesamt	5353249	5919918	520520	586366	542873	112,0	3431241	3746493	3767815	109,0
7	Netto-Erfolgsspanne										
	7 A Standard PRS SP	14,7	13,5	13,5	14,4	0,0		13,5	14,2	0,0	
	7 B Vari. PRS SP Primär	22,4	21,2	21,2	17,6	0,0		21,2	35,0	0,0	
	7 C Vari. PRS SP Sek.	53,3	49,7	49,8	16,8	0,0		49,7	32,9	0,0	
	7 D Prod. Erf.-SP %	20,5	19,3	19,3	16,1	0,0		19,3	27,0	0,0	
8	Durchschnittliche Erlöse										
	8 A Standardprodukt	53,29	57,18	57,14	63,01	10,20		57,17	52,20	-7,50	
	8 B Variantenprodukt	174,58	181,56	181,52	217,09	19,50		181,55	195,17	7,50	
	8 C SPR. und VPR.	90,95	96,88	96,84	104,60	8,00		96,86	96,32	-0,60	
9	Rabattentwicklung										
	9 A Standardprodukt	54,3	54,3	54,3	48,7	0,0		54,3	52,0	0,0	
10	Ermittlung Anteile										
	10 A Anteil Variante	31,1/59,6	31,9/59,8	31,9/59,8	27,0/56,0	0,0/0,0		31,9/59,8	30,5/61,5	0,0/0,0	
	10 B Umsatz-Anteile VS	0,00	0,00	0,00	0,00	0,00		0,00	0,00	0,00	
11	Abweichungsanalyse										
	11 A VM-Abweichungen	0,00	0,00	0,00	0,00	0,00		0,00	0,00	0,00	
	11 B VP-Abweichungen	0,00	0,00	0,00	0,00	0,00		0,00	0,00	0,00	
	11 C Sales-Mix-Abw.	0,00	0,00	0,00	0,00	0,00		0,00	0,00	0,00	
	11 D DB-Abweichung	0,00	0,00	0,00	0,00	0,00		0,00	0,00	0,00	
	11 E Mengenbereich	0,00	0,00	0,00	0,00	0,00		0,00	0,00	0,00	
12	SKONTO (DM)	133831	147998	13013	14659	13566		85781	93663	94172	
13	Planbonus (DM)	63614	69846	6145	7008	0		40491	44399	0	
14	Plandelkredere	32044	35590	3128	3501	3262		20627	22805	22638	
15	Korr. Netto-Erlös	5123758	5666483	498233	561196	0		3284341	3585626	0	
16	Kosten des Umsatzes										
	16 A Provision	255146	233742	24939	27526	26006		164439	184530	180564	
	16 B Sonderkosten	0	0	0	0	0		0	0	0	
	16 C Werbung	63872	54892	4802	4863	0		31764	32123	0	
	16 D Vertriebslogistik	73340	70719	6211	6408	6474		40974	42411	34852	
	16 E Retouren	57236	65786	5781	6351	6026		38124	39090	44966	
17	Erfolgsbeitrag I	4674163	5191342	456496	516046	476100		3009039	3287469	3304190	
	17 A Erfolgsbeitr. (DBU)	0,4221	0,4295	0,4295	0,4271	0,0000		0,4295	0,4307	0,0000	
18	Kosten des Vertriebspotentials										
	18 A Kfm.-Administrativ	152549	165454	14519	15005	0		95837	99303	0	
	18 B Techn. Abweichung	84424	68494	6014	6390	0		39681	42048	0	
19	Vertriebserfolg II	4437144	4957393	435964	494661	454685		2873520	3146117	3155405	

Land/Bezirk	1	2	3	4	5	6	7	8	9	10
	IST	PLAN	PLAN	IST	SOLL	DG%	PLAN	IST	SOLL	DG%
	Vorjahr	lfd. Jahr	lfd. Mon.	lfd. Mon.	lfd. Mon.	lfd. Mon.	kum.	kum.	kum.	kum.
Artikel				KG: 00	PG: 00					
B. PL-System										
20 Materialkosten	1519488	1689103	143521	166715	154893		979028	1098919	1075062	
21 Mat. Gemeinkosten	16923	15593	1371	1515	1429		9038	10250	9913	
22 Fert.-Kosten Variab	875062	921815	81062	93837	84536		534315	549075	586698	
23 Rüstkosten	11295	11572	1014	1341	1053		6700	7918	7351	
24 FM-Kosten Gesamt	104265	117358	10316	11989	10757		68015	74649	74684	
25 Sek. Fertigung	14978	18342	1613	2086	1681		10633	9766	11669	
26 Sondereinzelkosten	0	0	0	0	0		0	0	0	
27 Produktionserfolg	1895111	2183608	192064	217174	0		1265738	1395536	0	
28 Vorleistungskosten	37964	51163	4496	4516	0		29650	30816	0	
29 Dispositionskosten										
29 A Disp. Kst. H6	45932	51634	4546	5084	0		29961	25375	0	
29 B Disp. Kst. H7	58138	58662	5159	5184	0		34005	33475	0	
30 PL-System-Erfolg III	1753075	2022097	177862	202389	0		1172172	1305869	0	
C. P-System										
31 Immobilienpotent	189600	195270	17148	16833	0		113135	114209	0	
32 Pot. Energieversorg.	7962	9969	875	887	0		5776	5974	0	
33 Inst. Werkzeuge	32552	53582	4707	4819	0		31048	32531	0	
34 Inst. Maschinen	8463	14085	1237	1271	0		8162	8618	0	
35 Innerbetriebl. Logistik	1862	2632	229	230	0		1012529	1142896	0	
36 Erfolg Vorhaltekosten	1512634	1746565	153662	178346	0		1012529	1142896	0	
37 Techn. Potential	169272	186131	16345	16328	0		107839	109782	0	
38 F+E Potential	63413	60980	5354	5253	0		35328	35166	0	
39 Inf.- u. Datenpotential	91670	63783	5611	6064	0		36976	40127	0	
40 Admin. Potential	107458	92823	3138	8348	0		53751	53161	0	
41 Erf. Dispos.-Potential	1080819	1342847	118211	142352	0		778633	902657	0	
42 Sozial-Potential	0	0	0	0	0		0	0	0	
43 Erfolgsbeitrag 1	1080819	1342847	118211	142352	0		778633	902657	0	

Das Zusammenwirken der einzelnen Modularsysteme VLS, PLS und PS wird in Kürze in den Abbildungen 15 und 16 aufgezeigt. Die Zuordnung von Potentialkosten, die für eine fixkostenmanagementorientierte Betrachtung von grundlegender Bedeutung ist, zeigt übersichtlich die Abb. 15. Es wird deutlich, daß dieses Basissystem in den beiden Tochtersystemen VLS und PLS seine Verzweigungen hat. Anhand der Zeilenzuordnung können die Wertestrukturen in der Erfolgsanalyse (vgl. Abb. 16) verfolgt werden.

Aus diesen differenziert aufzubauenden Erfolgsanalysen, die die Erfolgsentstehung und -entwicklung dynamisch aufzeigen, können eindeutig Rückschlüsse auf Elemente des Controlling gezogen werden (vgl. z. B. Abb. 17), die zu einer ertragsbezogenen Betrachtungsweise der unternehmerischen Handlungen führen. Die Zusammenführung dieser Systeme zu einem einheitlichen, integrativen Unternehmensmodell führt zu einer DB-Rechnung, die aus der Erfolgsanalyse heraus (vgl. Abb. 18) Abweichungen erkennen kann und durch entsprechende Anpassungsmaßnahmen das Gleichgewicht der Systeme wieder herstellt.

5. Zusammenfassung

Die betriebswirtschaftliche Behandlung der variablen und fixen Kosten im Spannungsfeld betrieblicher Entscheidungsprozesse wird maßgeblich von den jeweiligen technologischen Bedingungen abhängen. Es ist jedoch unzweifelhaft, daß die zeitabhängigen Kostenelemente eine stärkere Beachtung erfahren werden.

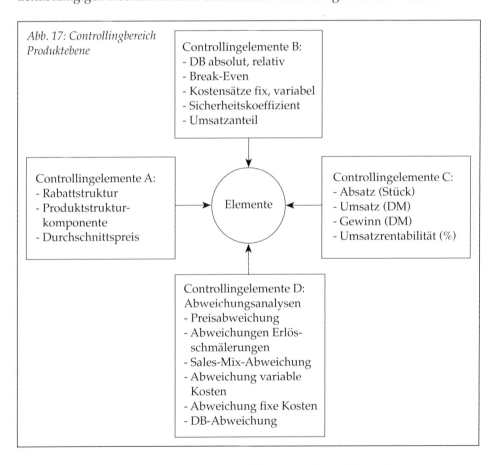

Abb. 17: Controllingbereich Produktebene

Die vorliegende Abhandlung hat ihren Schwerpunkt auf den eher organisatorischen Blickwinkel gelegt und nicht die verschiedenen Ansätze der Kostenrechnungssysteme in den Vordergrund gestellt. Als Ergebnis wird eine Erfolgsanalyse skizziert, die vier wesentliche Vorteile aufweist:

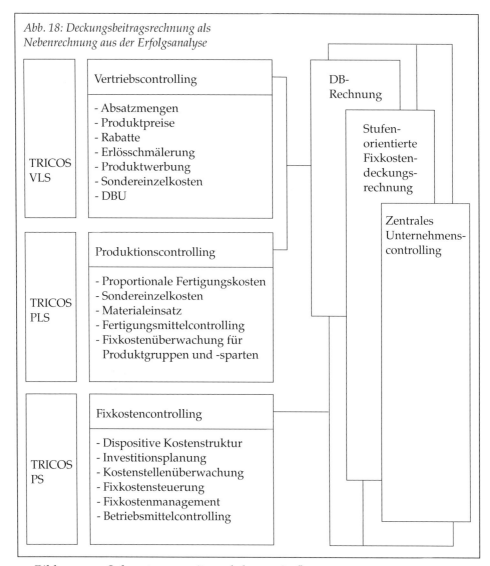

Abb. 18: Deckungsbeitragsrechnung als Nebenrechnung aus der Erfolgsanalyse

- Bildung von Subsystemen mit modularem Aufbau
- Explizite Einbettung der Fix- oder Potentialkosten in die Erfolgsstruktur
- Zielorientierte Steuerung von Primäraktivitäten (z. B. F+E-, Vertriebs-, Produktionscontrolling)
- Zuordnung der Fixkosten zu den Zurechnungsobjekten.

Mit diesem Systemaufbau ist nicht nur für die Unternehmensleitung, sondern auch für Bereichsleitungen ein Steuerungs- und Planungsinstrument an die Hand gegeben, mit dessen Hilfe Frühwarnsignale aufgebaut und zielkonformes Handeln der Entscheidungsträger erleichtert wird.

Literatur

Agthe, K. (1991), Stufenweise Fixkostendeckung im System des Direct Costing, in: ZfB, Ergänzungsheft 2/91, S. 260 ff.

Fröhling, O./Krause, H., Systematisches Gemeinkosten-Management auf der Basis der Prozeßkostenrechnung-Grundgedanken und DV-technische Implikationen-, Beiträge zum Controlling Nr. 39, Gesellschaft für Controlling e. V.

Horváth, P./Mayer, R. (1989), Prozeßkostenrechnung. Der neue Weg zu mehr Kostentransparenz und wirkungsvolleren Unternehmensstrategien, in: Controlling, 1. Jg. (1989), S. 2/4 ff. und die dort angegebene Literatur.

Johnson, H. Th./Kaplan, R. S. (1987), Relevance Lost. The Rise and Fall of Management Accounting, Boston 1987.

Kaluza, B. (1991), Kosten- und Erlösrechnung bei neuen Technologien, Diskussionsbeiträge des Fachbereiches Wirtschaftswissenschaft der Universität-Gesamthochschule-Duisburg, Nr. 148, April 1991.

Picot, A. (1990), Organisation von Informationssystemen und Controlling, in: Controlling, 2. Jg. (1990), Heft 6, S. 296 ff.

Reichmann, Th., et al., Fixkostenmanagementorientierte Plankostenrechnung, in: Beiträge zum Controlling, Nr. 37, Universität Dortmund, Gesellschaft für Controlling e. V., o. J.

Reichmann, Th./Krüger, L., Computer Integrated Controlling (CIC). Ein Beitrag zur DV-gestützten Controlling Konzeption als Instrument der Unternehmensführung, in: Beiträge zum Controlling, Nr. 35, Universität Dortmund, Gesellschaft für Controlling e. V., o. J.

Reichmann, Th. (1988), in: Controlling-Praxis. Erfolgsorientierte Unternehmenssteuerung, München 1988, S. 102 ff.

Reichmann, Th. (1989), Variantenkalkulation: Lösungswege bei Auftragsfertigung durch Integration von CAD/CAM, in: Tagungsband zum 4. Deutschen Controlling Congress, Düsseldorf 1989, S. 326 ff.

Rick-Lenze, R. (1989), Controlling-Profil: Trilux-Lenze GmbH + Co KG, in: Controlling, 1. Jg. (1989), Heft 3, S. 172 ff.

Rick-Lenze, R. (1987), Controllingsystem in der Elektroindustrie, Frankfurt/Main u. a., 1987.

5. Teil
Leistungsmessung

Permanente Leistungsmessung zur Verbesserung der Planungs- und Steuerungsabläufe

von

REINHOLD BARTH

Gliederung

1. Das Manufacturing-Resource-Planning-System als Rahmen
2. Strukturierte Planungshierarchie
3. Formale Informationswege mit Rückkopplung
4. Operationale Leistungsmessung
5. Schwerpunktmessung oder 100%-Kontrolle
6. Leistungsmessung darf nicht Selbstzweck sein
7. Leistungsmessung als Personalführungsinstrument
8. Leistungsmessung und Verantwortung
9. Fremd- oder Selbstkontrolle
10. Veröffentlichung von Leistungszahlen
11. Leistungszahlen im Managementprozeß
12. Eine Basis, auf der man aufbaut
13. Realistische Leistungsziele
14. „Lebendiges" Werkzeug des Managements

Leistungsmessung im Finanzbereich stand in den meisten Industrieunternehmen traditionell immer an erster Stelle. Hierzu wurden entsprechende Finanzplanungs- und Kontrollsysteme entwickelt, mit deren Hilfe regelmäßig monatlich, quartalsweise oder jährlich die betriebswirtschaftliche Leistung des Unternehmens gemessen wurde. Die finanztechnischen Ziele, im allgemeinen ausgedrückt in Umsatz, Erlös, Investitionen, Return-on-Investment usw., sind die am meisten gebräuchlichen Kriterien des Managements ebenso wie der Gesellschafter. Im Gegensatz hierzu sind Leistungsmeßkriterien, mit denen die operative Leistung gemessen werden kann, in den meisten Industrieunternehmen nicht in gleichem Maße verbreitet. Da die operative Leistung der betrieblichen Funktion von ganz entscheidender Bedeutung für die Effektivität und Effizienz der Organisation eines Unternehmens ist und damit indirekt das betriebswirtschaftliche Ergebnis beeinflußt, ist es von besonderer Bedeutung gerade hierfür entsprechende Leistungsmeßkriterien anzuwenden. Diese Leistungsmeßkriterien sind die idealen Hilfsmittel, um Schwachstellen in den Planungs- und Steuerungsabläufen aufzuzeigen und mittels gezielter Vorgaben kontinuierlich zu verbessern.

1. Das Manufacturing-Resource-Planning-System als Rahmen

Das Thema Messung im Bereich Fertigungssteuerung und Materialwirtschaft im engeren Sinne wird in zahlreichen Büchern sowie Fachzeitschriften behandelt. Dies trifft jedoch nicht auf das umfassendere Manufacturing-Resource-Planning-System zu. Ein solches System dient zur Planung und Steuerung aller Ressourcen eines Unternehmens und umfaßt die wichtigsten Funktionen, wie z. B. den Vertrieb, die Produktion, die gesamte Logistik und das Finanzwesen. Alle diese Funktionen müssen im Unternehmen optimal zusammenarbeiten, um die gesteckten Geschäftsziele zu erreichen.

Im folgenden soll dieses System sowie die einzelnen Elemente näher betrachtet werden, um zu verstehen, wie die Leistungsmessung zu implementieren sowie klaren Verantwortungsbereichen zuzuordnen ist (vgl. Abb. 1). Die Funktionen des Manufacturing-Resource-Planning können in drei verschiedene Gruppen gegliedert werden. Diese repräsentieren die drei Ebenen des gesamten Planungs- und Durchführungsprozesses. Die drei Ebenen sind:

– Unternehmensführung
– Operationale Fertigungsplanung
– Operationale Durchführung.

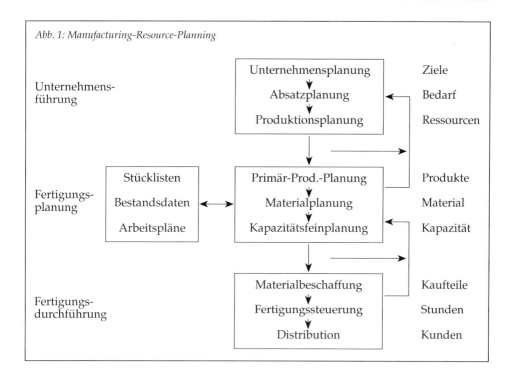

Abb. 1: Manufacturing-Resource-Planning

2. Strukturierte Planungshierarchie

Auf der Ebene der Unternehmensführung werden die strategischen Pläne entwickelt. So beschreibt der Geschäftsplan die Ziele bzgl. der Produkte und der Märkte sowie die finanztechnischen Aspekte des Unternehmens. Der Verkaufsplan enthält die Vorhersage des zu erwartenden Bedarfs der Kunden und der Produktionsplan legt den Ressourceneinsatz fest, um die Erfüllung des Kundenbedarfs sicherzustellen.

Diese Top-Management-Pläne bilden den Rahmen für die operationalen Pläne, die auf der darunter liegenden Ebene entwickelt werden. Sie stellen also die Vorgaben für das operationale Management dar und werden üblicherweise ausgedrückt in DM bzw. Stückzahlen pro Produktfamilie. Das Management auf der operationalen Ebene übersetzt die strategischen Pläne des Top-Managements in die Detailpläne der operationalen Ebene.

Auf dieser Ebene der operationalen Fertigungsplanung werden die Pläne ausgedrückt in Endprodukten und auch das Planungszeitraster ist wesentlich feiner als auf der darüber liegenden Ebene. Der Primärproduktionsplan enthält Angaben darüber, welche spezifischen Endprodukte wann fertiggestellt werden. Es ist also ein Plan der Fertigung über das, was produziert wird und nicht ein Plan des Bedarfs. Dieser Primärproduktionsplan ist die Basis sowohl für den Material-, als auch für den Kapazitätsplan.

Im Materialplan wird festgelegt, welche Einzelteile bzw. Baugruppen extern beschafft oder auch in Eigenfertigung hergestellt werden. Der Kapazitätsplan beschreibt den Bedarf an Mitarbeitern und Maschinen. In diesen detaillierten operationalen Plänen werden also die Ziele des operationalen Managements festgelegt, um den Geschäftsplan zu unterstützen.

Auf der Durchführungsebene werden diese Pläne des operationalen Managements umgesetzt. Der Einkauf ist hierbei für die Realisierung des Materialplans der Einkaufsteile und die Fertigungssteuerung für die Ausführung des Materialplans für die Eigenfertigungsteile verantwortlich.

3. Formale Informationswege mit Rückkopplung

Das operationale Management ist also für die Durchführung der Pläne, d. h. die Erfüllung des Kundenbedarfs und damit für die Erfüllung des Geschäftsplanes verantwortlich. Damit schließt sich der Kreis des gesamten Manufacturing-Resource-Planning-Systems. In einem solchen System ist die Unternehmensführung sicher, daß ihre strategischen Pläne tatsächlich die Pläne auf den darunterliegenden Ebenen treiben. Es besteht also eine wechselseitige Beziehung zwischen der Unternehmensleitung und dem operationalen Management. Die Pläne sind nicht Makulatur oder gehen irgendwo zwischen der Geschäftsführung und der Fertigung verloren.

Ein solches Manufacturing-Resource-Planning-System ist das formale Informationssystem, mit dessen Hilfe die notwendigen Informationen zur Planung, Steuerung und Kontrolle eines Fertigungsunternehmens zwischen den verschiedenen Ebenen in beiden Richtungen kommuniziert werden.

Die Zuverlässigkeit und Genauigkeit eines solchen Systems steht und fällt natürlich mit der Qualität der Informationswege. Obwohl in einem solchen sogenannten MRP-II-System heute fast immer integrierte Produktionsplanungs- und -steuerungssoftware eingesetzt wird, von der man erwarten kann, daß die Daten korrekt berechnet und übertragen werden, sind die Mitarbeiter und das Management trotzdem sehr stark am Informationsfluß beteiligt. So werden fast alle Stammdaten und auch die Bewegungsdaten von Mitarbeitern eingegeben. Hinzu kommt, daß Mitarbeiter alle Berechnungsparameter festlegen und laufend die vom System vorgeschlagenen Aktionen korrigieren. Das heißt, die Mitarbeiter bestimmen letztendlich trotz EDV die Qualität und Zuverlässigkeit des gesamten Informationsflusses.

4. Operationale Leistungsmessung

Messen von Leistung ist ein sehr wichtiger Bestandteil des Managementprozesses. Das Vorgeben von Zielen, das Festlegen von Toleranzgrenzen, das Entwickeln von Aktionsplänen, die Zuordnung von Ressourcen, das Zuweisen der Verantwortung und das Messen der Leistung um ggf. korrigierende Maßnahmen einzuleiten, wurde schon immer in den verschiedensten Bereichen des Managements erfolgreich praktiziert.

Dieser Managementprozeß kann auch sehr erfolgreich auf ein MRP-II-System angewandt werden. Mit Hilfe von spezifischen Leistungsmeßkriterien ist es möglich, dem Management eine Rückmeldung über die Qualität und Zuverlässigkeit des gesamten Planungs- und Steuerungsablaufes zu geben. Damit werden Schwachstellen in einem solchen System sichtbar und können durch korrigierende Maßnahmen gezielt verbessert bzw. beseitigt werden. Das Management wird somit in die Lage versetzt, das Unternehmen so zu steuern, daß der Geschäftsplan wirklich durchgesetzt wird.

Der erste Schritt bei der Festlegung der Leistungsmeßkriterien ist, für die einzelnen Bereiche bzw. Funktionen, die im Planungs- und Steuerungsablauf einbezogen sind, Ziele zu definieren und zu beschreiben. Diese Ziele sollten klar zu definieren, leicht zu verstehen und auch meßbar sein. Dieser Schritt ist sehr wichtig, da im nächsten Schritt die Leistungsmeßkriterien so definiert werden müssen, daß diese Ziele unterstützt werden. Da Leistungsmeßkriterien das Verhalten von Mitarbeitern beeinflussen, müssen sie so festgelegt werden, daß die Mitarbeiter durch ihr Streben nach Leistungsverbesserung gleichzeitig die Ziele unterstützen. Wird dieser Effekt bei der Definition der Meßkriterien nicht berücksichtigt, so kann es passieren, daß die entsprechende Leistung zwar verbessert wird, jedoch die eigentlichen Ziele nicht unterstützt werden.

5. Schwerpunktmessung oder 100%-Kontrolle

Neben diesen grundsätzlichen Überlegungen müssen bei der Festlegung der Meßkriterien weitere Randbedingungen berücksichtigt werden. So muß man sich darüber im klaren sein, daß eine Kennzahl nur über einen begrenzten Bereich eine Aussage zuläßt. Es kommt deshalb oft die Anforderung, noch weitere Kriterien einzuführen, was wiederum den Meß- und Berichtsaufwand erheblich vergrößern kann. Zur Begrenzung des Aufwandes ist es deshalb besser, zunächst mit nur wenigen Meßstellen zu beginnen und mit diesen die wesentlichsten Schwachstellen hervorzuheben. Erst, wenn diese bekannt sind, kann man nach Bedarf die Schwachstelle mittels weniger zusätzlicher Kriterien weiter eingrenzen.

Auch der Meß- bzw. Berichtszyklus ist einerseits unter dem Gesichtspunkt des Aufwandes und andererseits unter dem Aspekt des Managementprozesses zu betrachten. Kurze Berichtszyklen sind nur auf den unteren Ebenen, wo auch kurze Planungszyklen angewandt werden, sinnvoll. D. h., die Meß- und Berichtszyklen müssen mit den Planungszyklen in Einklang gebracht werden. Wie aber kommt man dann bei unterschiedlichen Berichtszyklen der verschiedenen Ebenen auf einen einheitlichen Zyklus für das gesamte Management? Hier hat sich das monatliche Berichtswesen bewährt, wobei die Meßwerte mit kürzeren Zyklen als arithmetischer Mittelwert der Einzelwerte in das Monatsergebnis eingehen. Dies hat zur Konsequenz, daß ein Monatswert niemals mehr auf 100 % kommen kann, wenn z. B. ein einzelner Wochenwert unter 100 % liegt, auch wenn in diesem Fall das Monatsziel am Ende des Monats erreicht wurde. Dies ist natürlich auch korrekt, da ein dazwischen liegendes Wochenziel nicht erfüllt wurde. Damit kann auch der Gesamtmonat nicht als erfüllt gelten.

6. Leistungsmessung darf nicht Selbstzweck werden

Als weiterer Aspekt bei der Festlegung der Meßkriterien und des Berichtszyklus ist der Aufwand bei der Meßdatenerfassung zu berücksichtigen. Es sollte natürlich gerade bei der Leistungsmessung ein ausgewogenes Verhältnis zwischen Aufwand und Nutzen eingehalten werden. Sind die Daten nur mit erheblichem Aufwand zu beschaffen, so besteht die Gefahr, daß die Leistungsmessung von den Mitarbeitern selbst in Frage gestellt wird und ihren eigentlichen Sinn damit vollkommen verfehlt. Da das Datenerfassen bzw. Messen ja eigentlich keine Wertschöpfung darstellt, sind Mitarbeiter, die ihre normale Arbeit aus Kapazitätsgründen kaum bewältigen, hier besonders empfindlich.

Die Erfahrung zeigt jedoch, daß in den meisten Fällen die erforderlichen Daten bereits irgendwo im System vorhanden sind und nur mit geringem Aufwand extrahiert und entsprechend aufbereitet werden können. Sind jedoch für einen bestimmten Bereich überhaupt keine entsprechenden Meßdaten vorhanden, so muß man sich ohnehin die Frage stellen, wie der entsprechende Manager die Leistung seines Bereiches beurteilen kann.

7. Leistungsmessung als Personalführungsinstrument

Aufgrund der zunächst zu erwartenden Widerstände der betreffenden Mitarbeiter gegenüber der Einführung eines Meßsystems in den Verwaltungsbereichen, ist es sehr zu empfehlen, diese Mitarbeiter bereits frühzeitig zu informieren und über den Zweck aufzuklären. Die Mitarbeiter sollten sogar bei der Definition der Kriterien selbst mitwirken. Dies führt zwar zunächst dazu, daß die Einführung sichtbar gebremst wird, hat jedoch den ganz entscheidenden Vorteil, daß dadurch die Akzeptanz bei den Mitarbeitern wesentlich gefördert wird und die Mitarbeiter dieses Werkzeug selbst aktiv nutzen. Auch erkennen die Mitarbeiter sehr schnell, daß ein Meßsystem die Probleme im System objektiviert und sie damit in die Lage versetzt werden, nachzuweisen, daß Probleme, für die sie in der Vergangenheit verantwortlich gemacht wurden, tatsächlich in anderen Bereichen verursacht wurden.

Bei den Diskussionen um die Meßkriterien weisen die Mitarbeiter auch sehr oft direkt auf Schwachstellen hin und man erhält darüber hinaus sogar noch Anregungen, wie die Probleme beseitigt werden können. Dies ist bereits der erste Schritt zur Verbesserung der Abläufe und sollte unbedingt genutzt werden.

Die in Abb. 2 dargestellten Meßkriterien haben sich in der spezifischen Anwendung des Verfassers in der Praxis sehr bewährt. Sie sollen aber trotzdem nur als ein mögliches Beispiel betrachtet werden, da die entsprechenden betrieblichen Gegebenheiten sicherlich nicht repräsentativ sind und auf andere Betriebe übertragen werden können. Die Meßkriterien sollten deshalb immer auf die betriebliche Situation zugeschnitten werden.

Abb. 2: MRP-II-Leistungsmeßkriterien

Bereich	Leistungsmeßgröße	Formel
Geschäftsplan	Return on Investment	$\dfrac{\text{aktueller ROI}}{\text{geplanter ROI}}$
Absatzplan	Genauigkeit des Absatzplanes	$\dfrac{\text{Vorhersage} - \text{Aktuell}}{\text{Vorhersage}}$
Produktionsplan	Genauigkeit des Produktionsplanes	$\dfrac{\text{geplante Produktion} - \text{Bedarf}}{\text{geplante Produktion}}$
Primär-Produktionsplan	Genauigkeit des Primär-Produktionsplanes	$\dfrac{\text{geplante} - \text{gefertigte Einheiten}}{\text{geplante Einheiten}}$
Materialplan	Genauigkeit des Materialplanes	$\dfrac{\text{Anzahl korrekter freigegebener Aufträge}}{\text{Summe freigegebener Aufträge}}$
Kapazitätsplan	Genauigkeit des Kapazitätsplanes	$\dfrac{\text{verbrauchte Stunden}}{\text{geplante Stunden}}$
Stücklisten	Genauigkeit der Stücklisten	$\dfrac{\text{Anzahl genauer Stücklisten}}{\text{Anzahl geprüfter Stücklisten}}$

Abb. 2: (Fortsetzung)

Bereich	Leistungsmeßgröße	Formel
Bestandsmanagement	Genauigkeit der Bestände	Anzahl korrekter Positionen / Anzahl geprüfter Positionen
Arbeitspläne	Genauigkeit der Arbeitspläne	Anzahl korrekter Arbeitspläne / Anzahl geprüfter Arbeitspläne
Beschaffung	Lieferpünktlichkeit	Anzahl rechtzeitiger Aufträge / Anzahl fälliger Aufträge
Fertigungssteuerung	Planungsgenauigkeit	rechtzeitig fertige Aufträge / Anzahl fälliger Aufträge
Versand	Lieferpünktlichkeit	Anzahl rechtzeitiger Aufträge / Anzahl geplanter Aufträge

8. Leistungsmessung und Verantwortung

Was nutzen Leistungsmeßzahlen, wenn sich bei schlechter Leistung niemand angesprochen fühlt? Gute Leistung ist hier sicherlich nicht das Problem, da sich meist sehr schnell gleich mehrere „Verantwortliche" finden, um die Anerkennung entgegenzunehmen.

Gerade aber die Probleme bedürfen eines Verantwortlichen, der sich darum kümmert, daß Aktionen zur Verbesserung durchgeführt werden. Aus diesem Grund ist es unabdingbar, daß für jeden Leistungsbereich ein Verantwortlicher, der möglichst auf sehr hoher Managementebene angesiedelt ist, von vornherein festgelegt wird. Diese Diskussionen um die Verantwortlichkeit sind im übrigen auch sehr nützlich, da hierbei manchmal sogar festgestellt wird, daß auf höchster Ebene zwar immer klar ist, wer für welchen Teil der Organisation verantwortlich ist, nicht jedoch für die Erfüllung bestimmter Aufgaben und Ziele. Dies ist natürlich eine Grundvoraussetzung für das Funktionieren einer Organisation und sollte bei dieser Gelegenheit dringendst festgelegt werden.

9. Fremd- oder Selbstkontrolle

Nachdem die Meßkriterien definiert wurden, ist der nächste Schritt die Leistungsmessung selbst. Hierbei stellt sich zunächst die Frage, wer die Daten erfassen und entsprechend aufbereiten soll. Grundsätzlich ist eine Bearbeitung durch abteilungsfremde Bereiche abzulehnen, da hierdurch die Mitarbeiter das Gefühl bekommen, von außen kontrolliert zu werden. Entsprechend wird dadurch die Motivation und das Betriebsklima belastet. Selbstkontrolle ist hier dringend anzuraten. Wir wollen ja, daß die Mitarbeiter die Kriterien als eigene Meßlatte auch selbst verwenden. Eigenmotivation ist dem Druck von außen unbedingt vorzuziehen.

Oft hört man als Argument gegen die Selbstkontrolle, daß die Daten manipuliert werden könnten. Selbstverständlich ist dies auch in der Praxis immer wieder der Fall. Solche Probleme werden jedoch immer dann sehr schnell aufgedeckt, wenn man die Daten verschiedener Bereiche analysiert und auf Plausibilität überprüft. Wird dies von übergeordneter Stelle nicht gemacht, so werden natürlich geschönte Zahlen nicht entdeckt. In einem solchen Fall wird aber auch der Zweck eines Meßsystems total verfehlt, da es vom Management nicht als Werkzeug zur Prozeßverbesserung genutzt wird, sondern nur Alibifunktion hat.

10. Veröffentlichung von Leistungszahlen

Betriebswirtschaftliche Leistungszahlen werden in den meisten Betrieben nur einem kleinen Kreis von Mitarbeitern aus dem Management zugänglich gemacht. Hierfür gibt es gute Gründe, u. a. werden diese Zahlen auch nicht von allen Mitarbeitern verstanden und richtig interpretiert. Die operationalen Leistungszahlen dagegen sollten offener kommuniziert werden.

Sicherlich kommen hier Fehlinterpretationen gelegentlich auch vor. Die Auswirkungen sind jedoch wegen der direkten Einbeziehung der Mitarbeiter meist unbedeutend. Aufgrund der vorwiegend positiven Erfahrung ist sogar die Veröffentlichung der Zahlen auf einer für alle Mitarbeiter sichtbaren großen Wandtafel (Abb. 3) sehr zu empfehlen. Voraussetzung hierfür ist jedoch, daß der Belegschaft durch eine entsprechende Schulung bzw. gut verständliche Information der Zweck, Inhalt und die Ziele der Leistungsmessung ausreichend bekannt gemacht wurden.

Durch diese Maßnahme werden verschiedene Effekte ausgelöst, die sich sehr positiv auf das Verhalten der Mitarbeiter auswirken. Die Mitarbeiter aus der Produktion, deren Abläufe ja traditionell schon immer sehr streng gemessen wurden, können sehen, daß nunmehr Leistung auch in der gemeinhin als unproduktiv betrachteten Verwaltung gemessen wird. Sie sind sogar in der Lage, zu sehen, warum sie, z. B. wegen schlechter Planung oder ungenauer Bedarfsvorhersagen,

Überstunden machen müssen. Dies fördert in jedem Fall das Verständnis für die Gesamtzusammenhänge im Unternehmen. Außerdem werden die entsprechenden Bereiche sowie deren Management damit mehr in den Blickpunkt der Öffentlichkeit gerückt. Durch die namentliche Benennung des verantwortlichen Managers wird dies sicherlich noch verstärkt.

11. Leistungszahlen im Managementprozeß

Im betrieblichen Alltag findet man sehr häufig Statistiken bzw. Berichte, die im Grunde nur kurz zur Kenntnis genommen werden, ohne daß irgendwelche Schlüsse oder gar Aktionen daraus abgeleitet werden. Durch eine solche Behandlung der Zahlen wird jeder Bericht zur Makulatur. Dies wird von den Mitarbeitern relativ schnell erkannt und hat natürlich sehr negative Auswirkungen. Das gesamte Konzept wird damit zur Farce und somit absolut wertlos. Auch die Ernsthaftigkeit des Managements wird damit in Frage gestellt.

Dies darf keinesfalls passieren, da sonst auch ein zweiter, noch so ernsthafter Versuch der Einführung von Leistungsmeßzahlen, erheblich schwieriger sein wird. Eine Grundregel ist deshalb, daß das Management die Leistungsmeßzahlen auch dazu verwendet, wofür sie vorgesehen sind, nämlich als Rückmeldung aus dem System, um korrigierend eingreifen zu können. Das Management muß also die Leistungszahlen als Werkzeug in den regelmäßig stattfindenden Sitzungen anwenden, d. h. analysieren und auch entsprechende Korrekturmaßnahmen einleiten.

Doch damit nicht genug. Diese Korrekturmaßnahmen müssen auch vorangetrieben und regelmäßig verfolgt werden. Nur so erreicht man wirklich dauerhafte Verbesserungen und die Akzeptanz der Leistungsmessung als Führungsinstrument.

12. Eine Basis, auf der man aufbaut

Die ersten realen Leistungsmeßzahlen sind zunächst sehr genau zu überprüfen und zu analysieren. Es muß hierbei sichergestellt werden, daß die Daten korrekt extrahiert und zusammengefaßt wurden. Auch stellen sich gelegentlich bei der ersten Erfassung technische Probleme heraus, die es notwendig machen können, das entsprechende Meßkriterium nochmals zu überdenken und ggf. auch zu modifizieren. Erst wenn sichergestellt ist, daß die Daten korrekt sind und dieses Meßkriterium weiter verwendet werden soll, kann man die Ergebnisse der ersten aufeinanderfolgenden Perioden als Basiswerte für die weitere Verbesserung festlegen.

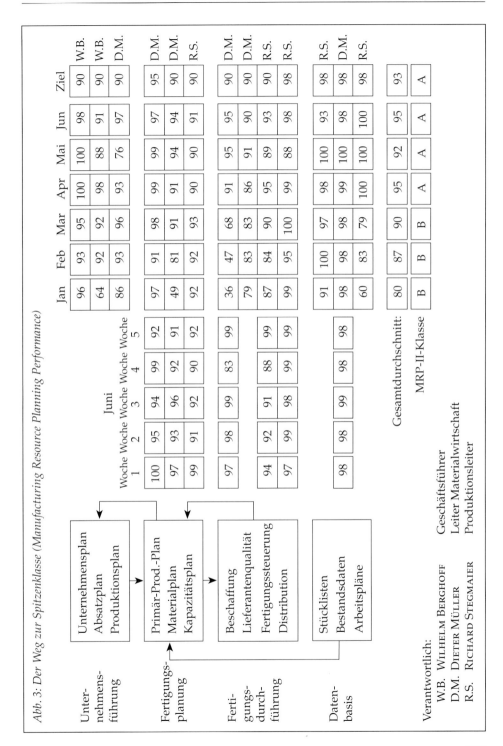

Abb. 3: Der Weg zur Spitzenklasse (Manufacturing Resource Planning Performance)

13. Realistische Leistungsziele

Nach der Standortbestimmung müssen als nächster Schritt Leistungsziele in Abstimmung mit den betroffenen Abteilungen vom Management festgelegt werden. Schnelle Verbesserung ist natürlich der Wunsch aller Beteiligten und deshalb werden häufig allzu aggressive Ziele gesteckt. Auch hierbei ist ein gesundes Augenmaß notwendig, da sonst die zu hoch gesteckten Ziele eher demotivieren als motivieren. Sie sollten aber andererseits auch nicht allzu leicht zu erreichen sein.

Abb. 4: MRP-II Performance Actuals vs. Goals

Measurement Area	Jul	Aug	Sep	Oct	Nov	Dec	Jan	Feb	Mar	Apr	May	Jun
Business Plan	97	100	100	100 / 90	97 / 90	99 / 90	96 / 90	93 / 90	95 / 90	100 / 90	100 / 90	98 / 90
Sales Plan	70	63	77	90 / 65	89 / 70	97 / 73	64 / 77	92 / 80	82 / 83	98 / 87	88 / 90	91 / 90
Production Plan	99	99	100	94 / 90	99 / 90	94 / 90	86 / 90	93 / 90	96 / 90	93 / 90	76 / 90	97 / 90
Master Schedule	96	99	99	96 / 90	98 / 90	93 / 90	97 / 92	91 / 93	98 / 94	99 / 95	89 / 95	97 / 95
Materials Plan	0	0	0	0 / 30	44 / 30	47 / 45	49 / 60	81 / 75	91 / 80	91 / 85	94 / 90	94 / 90
Capacity Plan	0	47	73	93 / 80	93 / 90	91 / 90	92 / 90	92 / 90	93 / 90	90 / 90	90 / 90	91 / 90
Material Aquisit.	37	46	35	36 / 45	36 / 50	37 / 40	36 / 50	47 / 60	68 / 75	91 / 85	95 / 90	95 / 90
Vendor Quality	83	83	82	85 / 80	81 / 80	80 / 85	79 / 85	83 / 85	83 / 88	86 / 88	91 / 90	90 / 90
Shop Floor Control	60	55	64	79 / 75	78 / 75	88 / 75	87 / 80	84 / 85	90 / 88	95 / 88	89 / 90	93 / 90
Delivery Perform.	100	100	100	94 / 95	97 / 95	96 / 95	99 / 95	95 / 95	100 / 95	99 / 98	88 / 98	98 / 98
Bom Accuracy	0	100	72	100 / 98	100 / 98	92 / 98	91 / 98	100 / 98	97 / 98	98 / 98	100 / 98	93 / 98
Routing Accuracy	95	96	97	97 / 96	100 / 96	98 / 97	98 / 97	98 / 97	98 / 98	99 / 98	100 / 98	98 / 98
Inventory Accuracy	0	0	0	0 / 0	60 / 0	83 / 0	60 / 30	83 / 60	79 / 90	100 / 95	100 / 98	100 / 98
Total	737	888	899	964 / 934	1072 / 955	1095 / 968	1034 / 1044	1132 / 1098	1170 / 1159	1239 / 1187	1200 / 1207	1235 / 1207
Total Average	57	68	69	74 / 72	82 / 73	84 / 74	80 / 80	87 / 84	90 / 89	95 / 91	92 / 93	95 / 93
Class	D	D	D	C / C	B / C	B / C	B / B	B / B	B / B	A / A	A / A	A / A

In einer Übersichtstabelle (Abb. 4) können die aktuellen Leistungswerte mit den gesteckten Zielen sehr schön verglichen werden und die Problembereiche sind bei entsprechend farblicher Gestaltung sehr leicht für jeden sichtbar. Dieser positive Einfluß der Transparenz kann in diesem Zusammenhang nicht deutlich genug herausgestellt werden.

14. „Lebendiges" Werkzeug des Managements

Sicherlich wird im einen oder anderen Bereich das gesteckte Ziel recht schnell erreicht. Was dann? Dann ist es an der Zeit, mittels veränderter Kriterien weitere Schwachstellen im Ablauf aufzuzeigen und auch diese zu beseitigen. Dies kann dadurch geschehen, daß z. B. Toleranzgrenzen eingeengt, kürzere Planungseinheiten oder aber auch völlig neu definierte Kriterien verwendet werden. Hierbei sollten aber immer die bereits genannten Randbedingungen beachtet werden.

Das allgemeine Ziel muß lauten: Kontinuierliche Verbesserung in allem was wir tun. Nur mit diesem Ziel vor Augen können wir uns den sich ständig verändernden Bedingungen unserer Märkte stellen und sind für die Zukunft gerüstet.

6. Teil
Kostenmanagement bei Großprojekten

Lebenszykluskosten

von

Klaus L. Wübbenhorst

Gliederung

1. Einleitung: Der Eisberg-Effekt
2. Konzept der Lebenszykluskosten
2.1 Definitionen
2.2 Vorteile einer lebenszykluskostenorientierten Betrachtungsweise
2.3 Charakteristische Dilemmata
2.4 Basisstrategien zur Beeinflussung der Lebenszykluskosten
3. Ansätze zur Handhabung
3.1 Relevante Gestaltungsvariablen
3.2 Ansätze zur Handhabung der Gestaltungsvariablen Leistung
3.3 Ansätze zur Handhabung der Gestaltungsvariablen Zeit
3.4 Ansätze zur Handhabung der Gestaltungsvariablen Kosten
3.4.1 Anwendung von Kostenprognosen
3.4.2 Handhabung von Kostenabweichung
4. Mensch im System der Lebenszykluskosten
Literatur

1. Einleitung: Der Eisberg-Effekt

In einer nachträglichen Betrachtung erscheinen die durch die Realisation eines komplexen Systems (Großprojekt) verursachten Kosten wie ein Eisberg. Gleich einem Eisberg, dessen gesamte Ausdehnung sogar mit modernsten Navigationsgeräten oftmals unterschätzt wird, erleidet man häufig bei der Schätzung der durch ein Großprojekt verursachten Kosten unliebsamen „Schiffbruch".

Zweifelhafte Popularität ist hier sicherlich den Projekten „Schneller Brüter", „Tornado", „Allgemeines Krankenhaus Wien" zugekommen. Aber auch weniger bekannte Projekte im eigenen Erfahrungsbereich (Neubau einer Fabrikationshalle, Installation eines EDV-Systems, Reorganisation der Verwaltung) verzeichnen häufig gravierende *Kostensteigerungen*.

Mit dem Konzept der Lebenszykluskosten soll in weiterem ein Ansatz vorgestellt werden, der sich dieser Problematik annimmt. Dabei wird nicht behauptet, Kostenabweichungen (realiter Kostenüberschreitungen) gänzlich zu vermeiden. Wichtig ist es primär, Kostenabweichungen handhabbar zu machen.

Ziel des Konzeptes ist die *aktive Gestaltung* der Entscheidungsvariablen Leistung, Zeit und Kosten eines Systems. Der Schwerpunkt liegt daher nicht allein in der Prognose der Kosten, sondern in einer Abstimmung der drei Variablen.

Die Gestaltung setzt an in den ersten Phasen des Lebenszyklus eines Systems. Dort werden die weitreichendsten Entscheidungen unter einem häufig hohen Maß an Unsicherheit (Informationsmangel) getroffen. Deswegen wird die englische Abkürzung des Begriffes LCC (= Life Cycle Costs) auch als *Life Cycle Choosing* gedeutet.

In den nachfolgenden Ausführungen sollen zwei Schwerpunkte gelegt werden:

- Die Darlegung des Konzeptes auf der Basis einer lebenszyklusorientieren Denkweise sowie
- die Formulierung von Ansätzen zur Handhabung der Entscheidungsvariablen Leistung, Zeit und Kosten.

2. Konzept der Lebenszykluskosten

2.1 Definitionen

Der Begriff Zyklus beschreibt allgemein einen Kreislauf regelmäßig wiederkehrender Dinge oder Ereignisse, eine Zusammenfassung, Reihe oder Folge. Das Konzept der Lebenszykluskosten fußt demzufolge auf dem Gedanken, daß auch künstliche Systeme analog den natürlichen Systemen bestimmte Entwicklungsstadien durchlaufen. Konkret ist solchen Definitionen der Gedanke gemeinsam, daß ein System nach einem Impuls (Problem, Initiierung) durch Maßnahmen der Planung vorbereitet, dann realisiert wird und nach einer Phase der Nutzung letztlich zu existieren aufhört.

Aus der Vielzahl möglicher Definitionen des Begriffes *Lebenszyklus* (vgl. WÜBBENHORST 1984, S. 53 ff.) soll hier die zeitliche Abfolge der Phasen Initiierung, Planung, Realisierung, Betrieb und Stillegung verstanden werden. Die einzelnen Phasen lassen sich wie in Abbildung 1 verdeutlicht weiter in Teilphasen segmentieren.

Abb. 1: Idealtypischer Lebenszyklus eines Systems		
Phasen	Teilphasen	Kurze Charakterisierung der Teilphasen
Initiierung		Problemerkennung, Abgrenzung der Systemaufgabe durch den Nutzer
Planung	Konzeption	Detaillierung der grob umrissenen Aufgabenstellung des Systems, Präzisierung in einem Forderungskatalog, Durchführbarkeitsstudium
	Design	ingenieurmäßige Realisierung: Detaillierung der Systemkonzeption, Dimensionierung, Auswahl und Kombination von Subsystemen, Erstellung von Fertigungsunterlagen, Ausfertigung von Angeboten und Leistungsverzeichnissen für Unterlieferanten, Vergabe von Teilaufgaben
	Konstruktion	Entwicklung von Details des gewählten Konzeptes, Erstellung von Konstruktionszeichnungen, Schaltungsunterlagen, Verdrahtungs- und Kabelplänen, Funktionsbeschreibungen, Montage-, Wartungs- und Inbetriebsetzungsanweisungen, Einsatz von Langzeit-Entwicklungen für neuartige Technologien
Realisierung	Herstellung/ Bau	Fertigung und Montage der Subsysteme, Transport, logistische Bewältigung der Auftragsabwicklung, Gesamtbau und Herstellung der Betriebsbereitschaft des Systems am Systemstandort
	Test/ Einführung	Überprüfung der Betriebsbereitschaft des Gesamtsystems
Betrieb	Nutzung/ Instandhaltung	Zeitraum der wirtschaftlichen Nutzung, Maßnahmen zur Instandhaltung des Systems
Stillegung		Beseitigung der Folgewirkungen

Auf der Basis der allgemeinen Definition des Begriffes Kosten als bewerteter, sachzielbezogener Güterverzehr bezeichnen die *Lebenszykluskosten* den bewerteten Güterverzehr zur Initiierung, Planung, Realisierung, zum Betrieb und zur Stillegung eines Systems.

Ebenso wie beim Begriff des Lebenszyklus kann und muß man weitere Kostenbegriffe für einzelne Teilphasen definieren (vgl. WÜBBENHORST 1984, S. 61 ff.). In diesem Zusammenhang scheinen folgende Interpretationen wichtig:

1) Nach dem Merkmal *Entscheidungsrelevanz*
   Hier ist zu differenzieren zwischen den entscheidungsrelevanten Kosten als den Kosten, die durch eigene Handlungen und Entscheidungen bewirkt werden, und irrelevanten Kosten, die von der betrachteten Handlungsmöglichkeit nicht betroffen bzw. nicht beeinflußbar sind.
   Ein Spezialfall der irrelevanten Kosten sind *Sunk Costs* (nicht wieder rückgängig zu machende Kosten). Aus diesem Blickwinkel sind Sunk Costs zum jeweiligen Entscheidungszeitpunkt irrelevant. Konsequenterweise sollten Sunk Costs keinen Einfluß auf den Abbruch bzw. die Fortsetzung von Projekten im Rahmen einer Meilensteinplanung haben.

2) Nach dem Merkmal *Häufigkeit*
   Dieses Merkmal trennt in einmalige und wiederkehrende Kosten. Letztere können kontinuierlich, in regelmäßigen oder unregelmäßigen Intervallen auftreten. Einmalige und wiederkehrende Kosten beschränken sich nicht auf einzelne Phasen, sondern sind in allen Phasen des Lebenszyklus feststellbar. Es erscheint sinnvoll, besonders auf die Entscheidungen zu achten, die das Auftreten von wiederkehrenden Kosten zur Folge haben.

3) Nach dem Merkmal *Kausalität*
   Diesem Unterschied kommt im Rahmen einer lebenszyklusorientierten Sichtweise die weitaus größte Bedeutung zu. Man differenziert zwischen *Anfangskosten* (Erstkosten, Initial Costs) und *Folgekosten* (Zweitkosten, laufende Kosten,

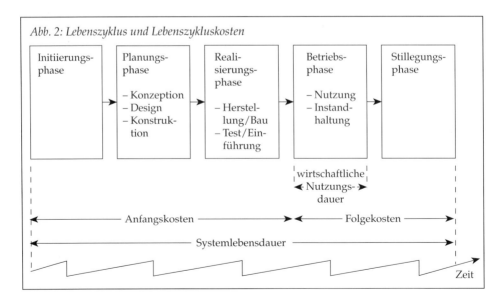

Abb. 2: Lebenszyklus und Lebenszykluskosten

Downstream Costs). Wesentlich ist, erstens die Folgen von Entscheidungen schon sehr früh in der Planungsphase des Systems zu beachten, sowie zweitens, die Folgekosten – notfalls unter Inkaufnahme höherer Anfangskosten – zu senken.

Abbildung 2 stellt die Begriffe Lebenszyklus und Lebenszykluskosten in der soeben erörterten Sichtweise zusammen.

2.2 Vorteile einer lebenszykluskostenorientierten Betrachtungsweise

Es erscheint fruchtbar, eine Lebenszykluskostenorientierung nicht als eine rein technokratische Vorgehensweise zu betrachten, sondern vielmehr als einen *Denkansatz*.

Die phasenorientierte Betrachtungsweise von Systemen birgt eine ganze Reihe von Vorteilen (vgl. WÜBBENHORST 1986, S. 88 f.).

1) Ganzheitliche, dynamische Sichtweise

   Das Postulat der *ganzheitlichen Sichtweise* ist die naheliegendste Konsequenz. Diesem entspricht das Systemdenken, welches die verschiedenen Systemelemente (hier die Leistung, die Zeit, die Kosten) und deren Beziehungen untereinander in den Mittelpunkt der Betrachtung rückt. Der Lebenszyklus ist gleichsam die Klammer um das System. Er verlangt, die Konsequenzen für alle Elemente in die Entscheidung einzubeziehen. Denn der *isolierten Betrachtung von Systemelementen* wohnt die Tendenz zur *Suboptimierung* inne.

   Die *dynamische Sichtweise* bedeutet, daß das System im Zeitverlauf seiner Existenz untersucht wird. Ein gravierendes Problem ist die Ungewißheit der zu treffenden Entscheidungen. Sie läßt sich weder aus der Welt rechnen, noch vollständig beseitigen, ist aber sichtbar zu machen. Dies kann zum Beispiel dadurch geschehen, daß man Prognosen über zukünftige Entwicklungen trifft, sich über Handlungsalternativen frühzeitig ein Bild macht, Prämissen für Entscheidungen setzt und die getroffenen Annahmen ständig mit der eingetretenen Realität oder der anhand von Indikatoren ermittelten denkbaren Realität überprüft.

2) Entscheidungsinterdependenz

   Die *Entscheidungsinterdependenz* hebt ab auf die große Bedeutung von Entscheidungen in frühen Lebensphasen des Systems und ihre Folgewirkungen in späteren Phasen. Im Laufe des Lebenszyklus nehmen die *Freiheitsgrade der Entscheidungen* immer mehr ab. Ebenso sinkt der *Wert der Entscheidungen*. Denn zu Anfang betreffen sie das System in seiner Gesamtheit. Die Folgen einer falschen Entscheidung sind groß und in den nachfolgenden Phasen nur schwer oder gar nicht zu kompensieren. Allzu häufig wird übersehen, daß zwar die Kosten*verursachung* zu Beginn des Lebenszyklus gering, die Kosten*bindung* aber sehr groß ist. Nach empirischen Erkenntnissen liegen nach der Initiierungsphase bereits ca. 50 % und am Ende der Konstruktionsphase sogar bis zu 90 % der Kosten fest.

3) Systematische Problemspezifikation

Ein weiterer Vorteil der lebenszyklusorientierten Betrachtungsweise liegt im Erkennen der Notwendigkeit eines *systematischen, verrichtungsorientierten* Vorgehens. Denn jede Phase hat ihre spezifischen Probleme, zu deren Lösung jeweils konkret zu definierende Ziele gebildet werden müssen. Des weiteren sind daraus Tätigkeiten abzuleiten, die zu phasenspezifischen Ergebnissen führen und weitere Entscheidungen ermöglichen. Bei der Durchführung der Tätigkeiten ist auf jeweils spezielle Techniken, also phasenabhängige Methoden, Instrumente und Modelle, zurückzugreifen.

4) Risikominderung und Erhöhung der Flexibilität

Die phasenorientierte Sichtweise trägt als weiteres zur *Risikominderung* und zur *Erhöhung der Flexibilität* bei. Maßnahmen zur Risikominderung setzen an an einer qualitativen Aufspaltung des Risikos in einzelne Komponenten, z. B. in das technische Realisationsrisiko, das Zeit- und Kosten- sowie das Verwertungsrisiko. Diese Risikokomponenten entwickeln sich im Zeitverlauf unterschiedlich. Durch die Einteilung des Projektes in Phasen schafft man nun eindeutig abgrenzbare Entscheidungszäsuren.

Denkt man an das Ausmaß der Kostenbindung zu Anfang des Lebenszyklus, so ist die rein phasenorientierte Bildung von Entscheidungszäsuren sogar noch zu verfeinern. Zusätzliche Schnittpunkte in den ersten Phasen sind dort vorzusehen, wo noch maßgeblich auf den Projekterfolg und die Projektkosten Einfluß genommen werden kann. Leider zeigt sich jedoch immer wieder, daß Entscheidungen über die Nichtdurchführung von Folgephasen zu selten getroffen werden.

Sunk Costs zeigen sich somit als entscheidungshemmender Faktor.

5) Lernprozeß

Die Abnahme des Risikos ist wesentlich auf die Zunahme an Informationen über das System zurückzuführen. Der Lebenszyklus von Systemen kann als *Lernprozeß* betrachtet werden, bei dem jede Unsicherheit mit einer charakteristischen Geschwindigkeit geringer wird. Die Lernraten, die die Geschwindigkeit bezeichnen, mit der die Unsicherheit abnimmt, sind im technologischen Bereich exponentiell, im technisch-ökonomischen (Zeit und Kosten) linear und im politisch-ökonomischen unterlinear.

6) Systemteilung

Dieser Punkt hängt eng mit der systematischen Problemspezifikation zusammen. Unter *Systemteilung* wird hier verstanden, daß während des Lebenszyklus unterschiedliche Personen oder Gruppen in unterschiedlichem Ausmaß am System beteiligt sind.

Als *intraorganisatorische Fragestellung* sind hier die Beziehungen verschiedener Organisationen zueinander zu untersuchen. Die Phasen bieten sich an als Bezugspunkte, wenn zwischen den Beteiligten Vereinbarungen über die Systemvariablen Leistung, Zeit und Kosten getroffen werden. So finden sich gerade in der amerikanischen Literatur und Praxis Bestrebungen, für einzelne Teilphasen oder mehrere Teilphasen zusammen rechtlich verbindliche Regelungen (Verträge) abzuschließen.

Daneben sind Überlegungen innerhalb der Organisation des Systemnutzers selbst anzustellen. Hier handelt es sich um das *intraorganisatorische Problem* der Festlegung der Anzahl, Qualifikation, Verantwortung und Kompetenz der Beteiligten, deren Zusammenarbeit und auch der notwendigen Unterstützung der Befürworter des Konzeptes durch das obere Management (Promotoren).

2.3 Charakteristische Dilemmata

Die eben beschriebenen Vorteile der Betrachtungsweise lassen die damit verbundenen Dilemmata deutlich werden. Ausgangspunkt aller Dilemmata ist das für *langfristige Entscheidungen* typische Problem, daß der zu einem beliebigen Zeitpunkt bestehende Informationsstand immer geringer sein wird als der eigentlich gewünschte bzw. für notwendig erachtete. Solche Entscheidungen werden also mit einem *Defizit an zweckorientiertem Wissen* getroffen.

Zu Beginn des Lebenszyklus ist die *Information* über die entstehenden Kosten, die Leistung und die Lebensdauer eines Systems niedrig, mithin genau dann, wenn Entscheidungen mit den weitreichendsten Konsequenzen fallen. Wegen der Komplexität und der Dynamik der Umwelt ist der Informationsgrad nie vollständig. Er ist aber auch zu Anfang des Lebenszyklus nicht gleich null. Denn ein gewisses Maß an fachlichem und methodischem Wissen liegt immer vor. Im Konzept der Lebenszykluskosten beruht das fachliche Wissen auf dem Vorliegen von Referenzsystemen und das methodische auf den einsetzbaren Gestaltungsvariablen, insbesondere dem Technik-Mix (Methoden, Instrumente, Modelle).

Neben einer gewissen Anfangskenntnis über das System ist auch eine Unkenntnis zulässig, die es im Zeitverlauf abzubauen gilt. Die zunächst vorliegenden Informationen stützen sich im wesentlichen auf Fremddaten, die im weiteren Verlauf durch Eigendaten ergänzt bzw. ersetzt werden.

Ähnliche Aussagen lassen sich über die *Festlegung der Systemkonfiguration* machen. Zu Anfang des Lebenszyklus gibt es eine große Anzahl denkbarer Systemkonfigurationen. Das endgültige System liegt erst mit Abschluß der Realisierungsphase fest. Zwischendurch ist das System ohne Beachtung rechtlicher Konsequenzen in den Beziehungen zwischen Systemnutzer und -hersteller grundsätzlich änderbar und wird auch häufig modifiziert. Das Ausmaß der Änderungsmöglichkeiten hängt wiederum von der jeweiligen Phase des Lebenszyklus ab. Es ist zunächst nahezu unendlich, nimmt sehr schnell ab und geht gegen Ende der Realisierungsphase auf ein Minimum zurück.

Ein ebensolcher Verlauf zeigt sich auf bei der *Betrachtung der Kosten*. Wie schon mehrfach hervorgehoben, wird über den weitaus größten Teil der Kosten schon zu Beginn des Lebenszyklus entschieden. Entsprechend vermindern sich die Alternativen, mit denen die Kosten noch beeinflußt werden können bzw. deren Realisierung ist sehr kostenintensiv. Die insgesamt in den ersten Phasen des Lebenszyklus tatsächlich entstehenden Kosten sind demgegenüber im Vergleich zur Betriebsphase relativ gering. Mithin öffnet sich eine große Schere zwischen Kostenverursachung und Kostenbindung.

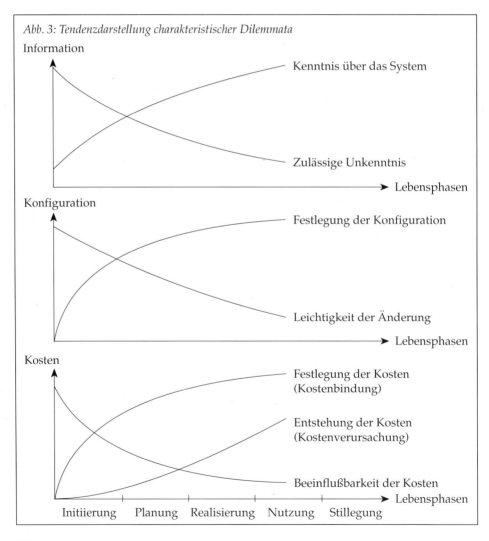

Abb. 3: Tendenzdarstellung charakteristischer Dilemmata

Diese hier als Dilemmata bezeichneten Zusammenhänge sind in Abbildung 3 dargestellt. Aus dieser Sichtweise zieht das Konzept der Lebenszykluskosten seine Begründung. Allen Teilbetrachtungen ist gemein, daß sich die gravierenden Änderungen zu Anfang des Lebenszyklus ergeben. Diese werden durch die starken positiven bzw. negativen Steigungen in der Abbildung tendenzmäßig verdeutlicht. Der Ansatz des Konzeptes der Lebenszykluskosten liegt dahin, daß gerade diesen Phasen hohe Aufmerksamkeit gewidmet wird. Die abgebildete Kluft zwischen anfänglich geringer Kenntnis des Systems, frühzeitiger Festlegung der Systemkonfiguration und der Kosten bei großer Unkenntnis über die Beeinflußbarkeit der Kosten und abnehmender Leichtigkeit der Änderung des Systems läßt sich natürlich nicht vollkommen beheben. Sondern das Konzept der Lebenszykluskosten fordert, *die zur richtigen Zeit (d. h. phasenabhängig) richtigen Handlungsweisen* zu ergreifen. Handlungsweisen sind damit nicht a priori als richtig oder falsch zu klassifizieren, sondern höchstens als zum jeweiligen Zeitpunkt zweckmäßig oder unzweckmäßig. Mit dem Kriterium der Zweckmäßigkeit erfüllt man gleichzeitig die Forderung nach einer möglichst großen Übereinstimmung von Problemkomplexität und Modellkomplexität, welche als „Law of Requisite Complexity" bezeichnet wird.

2.4 Basisstrategien zur Beeinflussung der Lebenszykluskosten

Das Konzept der Lebenszykluskosten fordert eine aktive Gestaltung der Entscheidungsvariablen Leistung, Zeit und Kosten des Systems. Beispielsweise lautet eine mögliche Forderung, die Zuverlässigkeit von sozio-technischen Systemen zu erhöhen. Angenommen wird, daß daraus eine zumindest kompensierende Entlastung der Instandhaltungsmaßnahmen folgt. Dieses Beispiel verdeutlicht einen wesentlichen Ansatzpunkt des Konzeptes: eine Erhöhung der Zuverlässigkeit führt häufig zu erhöhten Kosten in den Anfangsphasen des Systems. Die geringere Inanspruchnahme von Instandhaltungsmaßnahmen senkt demgegenüber die Kosten der Betriebsphase. Das Konzept der Lebenszykluskosten fordert somit eine Senkung der Folgekosten und nimmt dafür eine Erhöhung der Anfangskosten in Kauf.

Dieser Zusammenhang scheint zunächst einleuchtend und quasi automatisch. Formal beschreiben die mit einer Beeinflussung der Anfangs- und Folgekosten verbundenen Maßnahmen einen Zielkonflikt, der nur durch Kompromiß zu Lasten einer der beiden Forderungen lösbar zu sein scheint. Dieser Zielkonflikt kann aber nicht einfach hingenommen werden, sondern bedarf zumindest einer Relativierung bzw. sollte ganz im Gegenteil in Frage gestellt werden.

Erstens hat die Vorgehensweise rein logisch dort ihre Grenzen, wo ein Anstieg der Anfangskosten durch eine Senkung der Folgekosten nicht mehr kompensiert werden kann. Rechnerisch könnte man zwar unterschiedliche Systeme bzw. unterschiedliche Konfigurationen von Systemen mit der Break-Even-Analyse evaluieren. Bei der Entscheidung sind aber die bestehenden Ungewißheiten über z. B. die Lebensdauer von Systemen und die sich ergebenden Umweltzustände zu beachten. Realiter gibt es daher keinen exakt quantifizierbaren Entscheidungspunkt, sondern höchstens Präferenzbereiche für Systeme bzw. Konfigurationen und einen Ungewißheitsbereich, der weiterer Überlegungen bedarf. Eng damit verbunden ist zum zweiten die Notwendigkeit der Differenzierung zwischen verschiedenen Präferenzordnungen. Wichtig sind hierbei insbesondere die Zeit sowie die Risiko- und Unsicherheitspräferenzordnung der Entscheidungsträger. Diese können – neben einer verhaltensmäßig motivierten Tendenz zur Verschleierung der Folgekosten – rational darlegen, warum ganz im Gegenteil niedrigere Anfangskosten unter Inkaufnahme höherer Folgekosten angestrebt werden können. Drittens kann die von Entscheidungsträgern im Prinzip als wünschenswert erachtete Erhöhung der Anfangskosten zumindest kurzfristig durch nicht behebbare Budgetbeschränkungen begrenzt werden.

Diese und andere denkbare Argumente lassen es sinnvoll erscheinen, den *Zusammenhang zwischen Anfangs- und Folgekosten* systematischer darzustellen.

Zunächst kann man durch plausible Überlegungen *vier Hypothesen* über den Zusammenhang zwischen Anfangskosten (AK) und Folgekosten (FK) aufstellen.

1) *Hypothese 1:*
   Steigende Anfangskosten führen zu sinkenden Folgekosten.

   Kurzdarstellung: $\quad$ AK $\uparrow$ $\to$ FK $\downarrow$
   Schlagwort zur Kennzeichnung der Strategie: Kostenminimierung

2) *Hypothese 2:*
   Sinkende Anfangskosten führen zu sinkenden Folgekosten.

   Kurzdarstellung: $\quad$ AK $\downarrow$ $\to$ FK $\downarrow$
   Schlagwort zur Kennzeichnung der Strategie: Kostenoptimierung

3) *Hypothese 3:*
   Sinkende Anfangskosten führen zu steigenden Folgekosten.

   Kurzdarstellung: $\quad$ AK $\downarrow$ $\to$ FK $\uparrow$
   Schlagwort zur Kennzeichnung der Strategie: Preisoptimierung

4) *Hypothese 4:*
   Steigende Anfangskosten führen zu steigenden Folgekosten.

   Kurzdarstellung: $\quad$ AK $\uparrow$ $\to$ FK $\uparrow$
   Schlagwort zur Kennzeichnung der Strategie: Verschwendung

Diese Zusammenhänge sollen im folgenden erläutert werden. Aus dem im bisherigen Verlauf Gesagten ergibt sich, daß die mit den Hypothesen 1 und 2 ausgedrückten Konsequenzen im allgemeinen als vorteilhaft und die beiden mit den anderen Annahmen verbundenen Folgen als nachteilig angesehen werden.

Hypothese 1:

Die als Kostenminimierung gekennzeichnete Strategie ist die *traditionelle Hypothese* des Konzeptes der Lebenszykluskosten. Das absolute Kostenminimum ist natürlich nie bekannt, sondern als eine ideelle Größe (Forderung) zu verstehen. Nachteilig an diesem traditionellen Sustitutionsprinzip ist, daß nicht mehr versucht wird, gleichzeitig neben einer Senkung der Folgekosten Möglichkeiten zur Reduktion der Anfangskosten anzustreben. Die Kostenminimierung fragt nicht nach der Notwendigkeit der Höhe der Anfangskosten bzw. nach den diesen zugrunde liegenden Entscheidungen. Sie kann demnach eigentlich nur zur *zweitbesten Lösung* führen.

Hypothese 2:

Konsequent zu Ende gedacht eröffnet die Hypothese 1 den Weg zur zweiten Hypothese, die als Kostenoptimierung bezeichnet wurde. Sie greift die gerade geäußerte Kritik auf und fragt nach der Begründung der Höhe der Anfangskosten. Sie kann damit als *neue Sichtweise* verstanden werden. *Hauptansatzpunkte* sind die Eigendynamik von Systemen und das oft unnötige Streben nach Perfektion in der Planungs- und Realisierungsphase. Insbesondere eine (zu) lange Planungs- und Realisierungszeit führt tendenziell zu häufigen Änderungen der Systemkonfiguration, so daß sich das ursprünglich geplante immer mehr vom nachher realisierten System entfernt. Diese Änderungen sind zudem wesentliche Ursache der Inkompatibilität von im Rahmen von Verträgen gemachten Zusagen und verhindern unter Umständen eine systematische und effiziente Kontrolle von Abweichungsursachen.

Hypothese 3:

Die dieser Annahme zugrunde liegende Strategie war Preisoptimierung genannt worden und ist der Anfangspunkt aller Gedanken zum Konzept der Lebenszykluskosten. Die Kritik basiert auf der *dominierenden Gewichtung der Anfangskosten* bei der Beschaffung und dem Absatz von Systemen. Rationaler Grund der Betonung der Anfangskosten kann das falsch verstandene, weil kurzfristige Streben nach Wirtschaftlichkeit sein. Wesentliche irrationale Ursachen für eine solche Vorgehensweise sind in kognitiven und motivationalen Verhaltensweisen zu sehen. Daneben ist auf die Beschränkungen durch knappe Budgets hinzuweisen.

Hypothese 4:

Die vierte Hypothese „Verschwendung" ist keine Strategie im eigentlichen Sinn, da sie dem *Rationalprinzip* eindeutig widerspricht. Sie ist vielmehr Folge von falsch zu bezeichnenden Maßnahmen. Ein plastisches Beispiel ist das Dualsystem des Krankenhausfinanzierungsgesetzes. Hierin ist festgelegt, daß die Investitionen (Anfangskosten) von Bund, Ländern und Gemeinden und die Betriebskosten (Folgekosten) von den Krankenkassen übernommen werden. Damit besteht keine Veranlassung, gemeinsame Ansätze zur Kostenreduktion zu entwickeln.

Des weiteren können höhere Anfangskosten zu höheren Folgekosten führen, wenn Systeme durch höhere technische Standards schadensanfälliger werden, da menschliches Versagen eine bedeutende Rolle spielt. Die vier Hypothesen sind in Abbildung 4 zusammengefaßt. Die vierte Hypothese ist zwar denkbar und – wie das Beispiel des Dualsystems gezeigt hat – auch tatsächlich empirisch nachweisbar, jedoch soll sie im weiteren Verlauf keine Rolle spielen. Gegenwärtig scheint sich der Trend von der Hypothese 3 zur Hypothese 1 zu vollziehen. Zukünftig ist eine Entwicklung in Richtung auf Hypothese 2 zu erwarten.

Abb. 4: Zusammenhang zwischen Anfangs- und Folgekosten

FK \ AK	sinkend	steigend
sinkend	Hypothese 2: Kostenoptimierung	Hypothese 1: Kostenminimierung
steigend	Hypothese 3: Preisoptimierung	Hypothese 4: „Verschwendung"

3. Ansätze zur Handhabung

3.1 Relevante Gestaltungsvariablen

Hat man die Sinnhaftigkeit einer lebenszyklusorientierten Denkhaltung akzeptiert, so kann der im folgenden vorgestellte Bezugsrahmen die isoliert bestehenden Ansätze zur Gestaltung der Lebenszykluskosten wirksam integrieren und dem Praktiker Handlungsempfehlungen geben.

Zunächst erscheint ein Suchraster zur Systematisierung der Gestaltungsvariablen sinnvoll. In Anlehnung an LEAVITT sollen hier *vier Variablen* unterschieden werden, nämlich die Technik, die Aufgabe, die Organisation und der Mensch (vgl. LEAVITT 1965, S. 1144 ff.).

Unter *Technik* werden die Methoden, Instrumente und Modelle subsumiert, die zur Erreichung der Ziele des Konzeptes der Lebenszykluskosten herangezogen werden können.

Methoden bezeichnen geordnete Vorgehensweisen zur Lösung eines Problems. Die Technik der Lebenszykluskosten greift auf einen breiten Methodenfundus zurück. Diese Methoden lassen sich schwerpunktmäßig den Entscheidungsvariablen Leistung, Zeit und Kosten zuordnen.

Die *erste Gruppe von Methoden* befaßt sich z. B. mit der Quantifizierung des Nutzens von Systemen, der sich aus dem Vergleich von Ursachen und positiven und/oder negativen Wirkungen ergibt. Hierzu zählen die Methoden der Kosten-Wirksamkeits-Analyse, der Kosten-Nutzen-Analyse und der Nutzwertanalyse. Eine *Verbesserung der Leistung bestehender Systeme (Value Analysis, Wertanalyse im engeren Sinn) bzw. eine Gestaltung bei entstehenden Systemen (Value Engineering, Wertgestaltung)* ist Absicht der Wertanalyse. Sie zielt ab auf die Analyse und das Erreichen von Aufgaben/Funktionen zu niedrigeren Kosten bei konstanter oder verbesserter Leistung (Funktionskostenoptimierung).

Als zweite Gruppe sind *Methoden* notwendig, die sich mit dem *Problem der Systemzeit* befassen. Charakteristisches Merkmal komplexer Systeme ist die Ungewißheit der den Entscheidungen zugrunde liegenden Informationen. Wichtig ist z. B., ob sich Entscheidungen bei einer Änderung der zugrunde gelegten Prämissen als stabil erweisen. Anzuführen sind hier insbesondere die Methoden zur Handhabung der Ungewißheit (Sensitivitätsanalyse, Risikoanalyse, Break-Even-Analyse, Entscheidungsbaummethode) und die Methoden der Investitionsrechnungen.

Methoden der Kostenprognose als dritte Gruppe hängen unter anderem von der zur Verfügung stehenden Information ab und lassen sich z. B. mit Hilfe der Merkmale Output und Input von Kostenprognosen und den erforderlichen Transformationsregeln systematisieren.

Die *Instrumente* als Teil der Technik kennzeichnen die physischen oder anschaulichen Mittel der Informationsverarbeitung, die häufig zur Methodenunterstützung herangezogen werden. Insbesondere lassen sich die Probleme der Lebenszykluskosten in der Regel nur mit Computerunterstützung behandeln. Die elektronische Datenverarbeitung ermöglicht zugleich die Nutzung von *Lebenszykluskosten-Modellen*.

Die Techniken finden Anwendung auf die *Aufgaben* der Lebenszykluskosten. Darunter sind alle Aktivitäten zu verstehen, die der Zielerreichung des Konzeptes dienen. Es empfiehlt sich, die Aufgaben phasenbezogen zu zerlegen. Dies bedeutet nichts anderes, als daß die Aktivitäten von der jeweiligen Phase des Lebenszyklus abhängen. Idealtypisch werden die einzelnen phasenbezogenen Aktivitäten in einem logischen Phasenschema schrittweise durchgeführt. Somit tritt neben das zeitliche Schema des Lebenszyklus als logisches Schema der *Problemlösungszyklus*.

Ebenso wie beim Lösungszyklus werden auch die einzelnen Teilschritte des Problemlösungszyklus unterschiedlich konkretisiert und detailliert. Die verschiedenen Ansätze weisen insoweit Gemeinsamkeiten auf, als zu Anfang des Prozesses die Definition von Zielen und Restriktionen erfolgt, dann nach Lösungsalternativen gesucht wird, diese evaluiert werden und die beste Alternative implementiert wird.

Hier wird ein Problemlösungsschema bevorzugt, das die Teilphasen Problemstellung, Lösungsfindung, Optimierung und Implementierung unterscheidet. Somit sind idealtypisch in jeder der zeitlichen Teilphasen Initiierung, Planung, Realisierung, Betrieb und Stillegung des Lebenszyklus die logischen Teilphasen Problemstellung, Lösungsfindung, Optimierung und Implementierung des Problemlösungszyklus zu durchlaufen.

Der Zusammenhang zwischen Lebenszyklus und Problemlösungszyklus ist in Abbildung 5 dargestellt. Die durch die Striche angedeuteten Beziehungen sollen

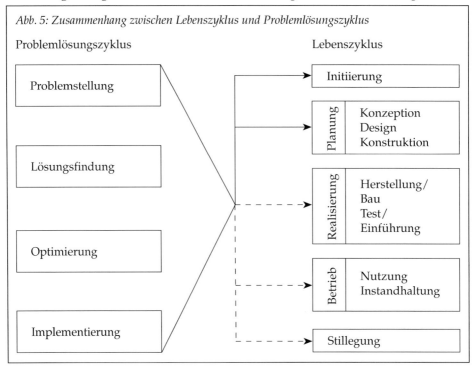

Abb. 5: Zusammenhang zwischen Lebenszyklus und Problemlösungszyklus

tendenziell verdeutlichen, daß dem Problemlösungszyklus in den Phasen Initiierung und Planung die größte Bedeutung zukommt.

Zu einer umfassenden Gestaltung der Lebenszykluskosten liegen somit vor:

- Gestaltungsvariablen, speziell der Problemlösungszyklus
- zeitliche Variablen als Phasen des Lebenszyklus
- inhaltliche Ebenen (Leistung, Zeit, Kosten).

Dies ist in Abbildung 6 in Würfelform dargestellt.

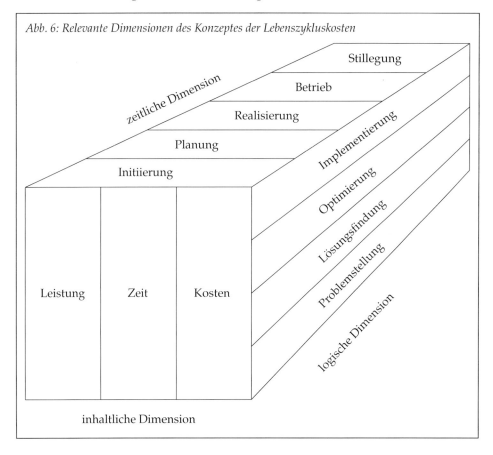

Abb. 6: Relevante Dimensionen des Konzeptes der Lebenszykluskosten

Im nachfolgenden soll nun systematisch versucht werden, von den Entscheidungsvariablen Leistung, Zeit und Kosten auszugehen und dabei in Anlehnung an den Lebenszyklus Probleme zu diskutieren (Problemstellung), Lösungsvorschläge zu erarbeiten und möglicherweise zu bewerten (Lösungsfindung und -optimierung).

3.2 Ansätze zur Handhabung der Gestaltungsvariablen Leistung

Bei einer logischen Vorgehensweise interessieren bei der Gestaltungsvariablen Leistung die Leistungsfähigkeit und die Leistungsbereitschaft von Systemen.

Die *Leistungsfähigkeit* eines Systems wird in den Anfangsphasen des Lebenszyklus festgelegt und unter Umständen mehrfach modifiziert. Mit diesen Problembereichen beschäftigen sich die ersten Ausführungen.

Bei der Gestaltung der Leistungsfähigkeit eines Systems geht es primär um die Systemkonfiguration als eine spezifische Kombination aus Hard- und Softwareelementen. Zu verhindern ist hier eine Tendenz zur Perfektionierung von Systemen (Gold-Plating).

Diese Forderung mündet in eine zeitlich optimale Gestaltung der Initiierungs- und Planungsphase eines Systems. Hinweise hierzu liefert die *Early-Learning-Hypothese*. Diese besagt nämlich, daß bereits mit relativ geringen Kosten und nach kurzer Zeit der Problemanalyse ein überproportionaler Informationszuwachs erzielt werden kann (vgl. WILDEMANN 1982, S. 159). Daraus läßt sich ableiten, daß in den Anfangsphasen eines Systems, in denen noch relativ wenig Ressourcen gebunden sind, mehr Alternativen zu untersuchen sind bzw. der Problemlösungszyklus mehrfach durchlaufen werden sollte, wenn nur eine Systemkonfiguration betrachtet wird.

Bekannte und erprobte Methoden, die in diesen Phasen eingesetzt werden sollten, sind Feasibility-Studies (Durchführbarkeitsstudien) und Wertanalysen.

Da speziell bei Großsystemen nicht davon ausgegangen werden kann, daß das System während der nachfolgenden Phasen unverändert bleibt, ist ein weiteres Augenmerk auf die Beurteilung und Handhabung von Leistungsänderungen zu legen.

Leistungsänderungen sind a priori neutral zu beurteilen. Sie können sowohl geplant als auch ungeplant auftreten und wünschenswert respektive nicht wünschenswert sein. Die Ursachen für Leistungsänderungen liegen zumeist an einem Zuwachs an zweckorientiertem Wissen (Information) und/oder am technischen Fortschritt.

Zur Handhabung von Leistungsänderungen sollen zwei interessante Ansätze charakterisiert werden, nämlich Design-to-Cost und Pre-Planned-Product-Improvement.

Der Name des *Design-to-Cost (Kostenentwurf)* kommt aus der öffentlichen Hand. Design-to-Cost stellt phasenbezogene Kostenobergrenzen dar, die dem Entscheider als Entscheidungsschwelle und dem Techniker als Entwurfsbeschränkungen dienen.

Als inhärente Methode im Rahmen des Design-to-Cost werden die *Vergleichsrechnungen (Trade-Off)* genannt. Hierbei werden allgemein mehrere Größen (meist Leistung und/oder Kosten) einander gegenübergestellt und die Auswirkungen von isolierten oder gegenseitigen Variationen untersucht. Gebräuchlich ist der Vergleich der Auswirkung von Kosten- und Leistungsänderungen. Vorgegebene Kostenobergrenzen und Mindestleistungen definieren dabei einen „Lösungsraum", innerhalb dessen ein ständiger Vergleich zwischen den Kosten und den in der Planungsphase erarbeiteten Alternativen durchzuführen ist.

Der Ansatz des Design-to-Cost im Konzept der Lebenszykluskosten ist zwar ursprünglich gedacht zur anfänglichen Abstimmung der Entscheidungsvariablen Zeit und Kosten (und mit Abstrichen Zeit), kann aber insbesondere auch bei der Handhabung von Leistungsänderungen Anwendung finden.

Ein Ansatz, der primär auf die Problematik von Leistungsänderungen ausgerichtet ist, ist die *Pre-Planned-Product-Improvement* (P^3I).

Die P^3I ist Anfang der achtziger Jahre im US-Verteidigungsministerium konzipiert worden. Ziel ist, die Zeit bis zur Einführung eines neuen Waffensystems dadurch zu verkürzen, daß man eine relativ ausgereifte Technologie einsetzt. Bei der Gestaltung des Systems wird aber schwerpunktmäßig darauf geachtet, daß neue Technologien in das System nach seiner Realisierung eingeführt werden können. Somit ist P^3I eigentlich ein Versuch, die Anpassungsfähigkeit von Systemen zu erhöhen.

Aufgaben der P^3I sind im einzelnen:

1) Verkürzung der Anschaffungs- und Entwicklungszeit eines neuen Systems oder zusätzlicher Kapazität,
2) Verringerung der gesamten Anschaffungs-, Betriebs- und Unterstützungskosten,
3) Ausdehnung der wirtschaftlichen Lebensdauer,
4) Bekämpfung der militärischen Obsoleszenz,
5) Reduzierung der technischen, kostenmäßigen und zeitlichen Risiken,
6) Erreichen eines stetigen Wachstums von der anfänglichen Systemzuverlässigkeit bis zur Zuverlässigkeit reifer Systeme,
7) Verringerung der logistischen Probleme, die mit der Einführung neuer Systeme verbunden sind.

Im Rahmen der *Leistungsbereitschaft* sind die Aussagen über die Instandhaltung von Systemen relevant. Die mit der Instandhaltung von Systemen verbundenen Kosten machen unter Umständen einen größeren Teil der Lebenszykluskosten aus.

Die Entscheidungen, die während der Betriebsphase wirtschaftliche Nachteile und/oder Instandhaltungskosten zur Folge haben, fallen in die Planungsphase eines Systems. Hieraus folgt das unmittelbare Interesse des Systemnutzers gegenüber dem Systemplaner.

Allgemeine und teilweise populistische Aussagen zur Instandhaltungsproblematik (z. B. Badewannenkurve als Charakterisierung des typischen Ausfallverhaltens von Systemen) sollen und können hier nicht gemacht werden. Jedoch ist hervorzuheben, daß in der Instandhaltung ein großes Kostensenkungspotential liegt.

Bei der Bewertung von Instandhaltungsmaßnahmen geht es im wesentlichen darum, Anlagenausfall- gegen Instandhaltungskosten abzuwägen. Tendenziell gilt, daß die Anlagenausfallkosten sinken, je höher die Leistungsbereitschaft ist. Eine höhere Leistungsbereitschaft erreicht man entweder durch eine höhere Intensität der Instandhaltung oder durch eine entsprechende Konfiguration des Systems. Beide Möglichkeiten können mit Kostensteigerungen verbunden sein. In der Terminologie der Lebenszykluskosten handelt es sich bei der ersten Alternative um einen Vergleich verschiedener Arten von Folgekosten, bei der zweiten Alternative um das Abwägen zwischen Anfangs- und Folgekosten.

Zur Gruppe der Maßnahmen zur Erhöhung der Zuverlässigkeit und Verfügbarkeit von Systemen zählen:

- Vereinfachung,
- Erhöhung der Qualität,
- Verbesserung der Informationsverarbeitung,
- Ausdehnung der Tests,
- Erhöhung der Redundanz.

Diese die Folgekosten senkenden Maßnahmen steigern in der Regel die Anfangskosten, so daß sich ein theoretisches Optimum formulieren läßt.

3.3 Ansätze zur Handhabung der Gestaltungsvariablen Zeit

Für den Praktiker am interessantesten sind sicherlich die Aspekte, die sich mit der optimalen Dauer der Planungs- und Realisierungsphase sowie der Betriebsphase beschäftigen.

Mathematische Versuche der Ableitung eines solchen Optimums werden als wenig fruchtbar angesehen. Relevante Erkenntnisse ergeben sich aber aus Tendenzaussagen über die Folge von Abweichungen von einer als wünschenswert erachteten Dauer einzelner Phasen bzw. das Verhältnis der Dauer einzelner Phasen zueinander.

Bezüglich der Abweichung von der optimalen *Dauer der Planungsphase* sind folgende Hypothesen zu finden:

1) Ein Terminverzug von 10 % zu Anfang der Planungsphase ist mit 28 %iger Kostenerhöhung zu beheben.
2) Ein Terminverzug nach Ablauf von 70 % der Planungszeit ist nur mit 40 %iger Kostenerhöhung zu beseitigen.
3) Eine Verdoppelung der Planungszeit bewirkt eine Erhöhung der Kosten um den Faktor 6.

Abweichungen von der geplanten *Realisierungsdauer* haben für ein beträchtliches Intervall um die geplante Realisierungszeit – nämlich im Bereich zwischen der Hälfte bis zur Verdoppelung der ursprünglich vorgesehenen Zeit – positive Auswirkungen. Danach liegen die erzielten Leistungsdaten selbst bei einer Verkürzung der Realisierungszeit nur geringfügig unterhalb der geplanten Leistung, da die wesentlichen Kriterien des Systems bereits fixiert sind. Aus demselben Grund kann auch durch eine Ausdehnung der Realisierungszeit von mehr als 30 % bis 50 % keine weitere Verbesserung der Leistung erzielt werden.

Aussagen über das *optimale Verhältnis der Planungs- zur Realisierungsphase* lauten wie folgt:

1) Abnehmende Realisierungszeiträume beanspruchen progressiv zunehmende Planungszeiträume.
2) Die zunehmende Wirksamkeit vieler Ursachen und Kosteneinflußgrößen verursacht mit den wachsenden Planungszeiträumen steigende Planungskosten.
3) Zunehmende Projektkomplexität und Arbeitsteilung erfordern zunehmende Planungskosten.

Letztlich scheint interessant das „Gesetz der zeitlich optimalen Vorleistung", das Empfehlungen über die Verteilung der Aktivitäten in der *Planungs- und Realisierungsphase* gibt. Demnach gilt, je vollkommener ein Großsystem geplant wird, desto größer ist der Anteil der Planungszeiten an der gesamten Systemplanungs- und Systemrealisierungszeit. Eine Ausdehnung der Planungszeit erhöht dabei bei nur geringfügig erhöhten Planungskosten die technologische Reife des Systems und reduziert die Realisierungskosten.

Globale Aussagen zur optimalen Dauer der *Betriebsphase* lassen sich noch viel schwieriger treffen (eine Zusammenfassung empirischer Untersuchungen findet sich bei WÜBBENHORST 1984, S. 71 ff.).

Ein Beispiel für die Wirkung interner Einflußfaktoren kann in den Maßnahmen der *Instandhaltung* gesehen werden, die die Leistungsbereitschaft von Systemen erheblich beeinflussen können. Die Auswirkungen der Instandhaltung sind daher in die Überlegungen zur Ermittlung der optimalen Betriebsdauer einzubeziehen. Während man lange davon ausging, daß der Anlagenverschleiß zu monoton steigenden Betriebs- und Instandhaltungskosten führt, sagen Ergebnisse der neueren Verschleißforschung (Tribologie), daß es keine Entwertung infolge Gebrauch gäbe, die sich nicht reparieren ließe und nicht als Instandhaltung berücksichtigt werden könne. Damit führt der Verschleiß zu keiner Verringerung der Nutzungsdauer des Systems.

Andere Einflußgrößen, die sich im Gegensatz zur Instandhaltung nicht quantitativ berücksichtigen lassen, liegen z. B. darin, daß die Systemplaner zur rechtfertigenden Unterstützung ihrer Entscheidung von einer längeren Lebensdauer ausgehen. Weiter ist es durchaus möglich, daß das Ende der Betriebsphase nicht exakt bestimmbar ist.

3.4 Ansätze zur Handhabung der Gestaltungsvariablen Kosten

Hinsichtlich der Gestaltungsvariablen Kosten sollen mit der Problematik der Anwendung von Kostenprognosen sowie der Handhabung von Kostenabweichungen wiederum zwei Schwerpunkte gesetzt werden.

3.4.1 Anwendung von Kostenprognosen

Bei der *Anwendung von Kostenprognosen* ist grundsätzlich darauf hinzuweisen, daß es keine in absolutem Sinn zufriedenstellenden Methoden gibt. Alle Methoden haben den Nachteil, daß sie entweder zu teuer und/oder zu zeitintensiv und/oder zu ungenau sind. Man kann im Höchstfall von einer zu einem bestimmten Zeitpunkt geeigneten Methode sprechen.

Für die *Auswahl und Bestimmung einer geeigneten Prognosemethode* werden im einzelnen folgende Kriterien herangezogen:

1) Zwecksetzung
2) Aufgabenumfang
3) Zeitpunkt der Kostenprognose im Lebenszyklus
4) Benötigte Information
5) Erwartete Genauigkeit
6) Intersubjektivität
7) Prognoseverbindlichkeit
8) Aggregationsgrad
9) Systematik
10) Geschwindigkeit der Erstellung
11) Prognoserichtung
12) Branche
13) Benutzer.

Mit Hilfe dieser Kriterien läßt sich die in der Praxis bekannte *Kosten-Kapazitäts-Funktion* beispielsweise durch folgende Merkmalsausprägungen kennzeichnen:

1) Zwecksetzung: Planung
2) Aufgabenumfang: Generierung von Systemalternativen
3) Zeitpunkt: Initiierungsphase
4) Benötigte Information: Fremddaten
5) Erwartete Genauigkeit: +/− 30 bis +/− 50 %

6) Intersubjektivität: Kosten-Kapazitätsexponent ist für bestimmte Systeme empirisch „gesichert"
7) Prognoseverbindlichkeit: vorläufige Prognose
8) Aggregationsgrad: ganzes System
9) Systematik: ad-hoc-Prognose
10) Geschwindigkeit der Erstellung: schnell
11) Prognoserichtung: Top-down
12) Branche: vorzugsweise Chemieanlagen
13) Benutzer: Systembenutzer.

Im folgenden werden nun *drei Basisansätze* gebildet. Als wichtige Systematisierungskriterien werden angesehen der Zeitpunkt der Prognose im Lebenszyklus und die Zwecksetzung. Damit wird dem Tatbestand Rechnung getragen, daß die Ausprägung aller weiteren Kriterien stark von der Phase des Lebenszyklus abhängt und zu einem bestimmten Zweck durchgeführt wird. Abbildung 7 stellt die Basisansätze zusammen, wobei ergänzend die erwartete Genauigkeit aufgezeigt wird.

Abb. 7: Basisansätze von Kostenprognosen

Bezeichnung	Zeitpunkt im LZ	Zwecksetzung	Erwartete Genauigkeit
Größenordnungsprognose	Initiierungsphase	Alternativenbestimmung	+/- 30 bis +/- 40 %
Konzeptionelle Prognose	Konzeptionsphase	Aufstellung von Budgets	+/- 10 bis +/- 15 %
Detaillierte Prognose	Design-/Konstruktionsphase	Steuerungs- und Kontrollzwecke	+/- 5 %

1) Größenordnungsprognosen zur Alternativenbestimmung in der Initiierungsphase

Allen Methoden ist gemeinsam, daß sie stark von den subjektiven Erfahrungen der an der Prognose Beteiligten abhängen. Die Subjektivität und Urteilsfähigkeit ist gleichzeitig eine ihrer gravierenden Nachteile. Weiter wird bemängelt, daß die Prognoseergebnisse schwer zu validieren und von geringer Genauigkeit sind. Auf vollkommen neue Systeme seien die Methoden nicht anwendbar, bei ähnlichen Systemen stellt sich die Frage, zunächst wirklich analoge Systeme zu finden. Den Nachteilen stehen ebenso einsichtige Vorteile gegenüber. Größenordnungsprognosen sind leicht anwendbar, geben schnell und kostengünstig Auskunft über die erwarteten Lebenszykluskosten und dienen der Überprüfung der Plausibilität und zur Ergänzung der Ergebnisse anderer Methoden in späteren Phasen.

Größenordnungsprognosen bedienen sich im allgemeinen *Kostenschätzbeziehungen (Cost Estimating Relationships, CER).* Einfache Kostenschätzbeziehungen für Größenordnungsprognosen können sein „Kosten-zu-Kosten"-Beziehungen (Kostenschätzungen in Abhängigkeit von anderen Kostengrößen) und „Nicht-Kosten-zu-Kosten"-Beziehungen (Kostenschätzungen in Abhängigkeit von Leistungskriterien, Gewicht, Größe usw.). Zur ersten Gruppe zählen sowohl Methoden, die auf die Verwendung von Indizes zurückgreifen, als auch Methoden, die auf bestimmte Komponenten bzw. Faktoren zurückgreifen. Methoden der zweiten Gruppe sind bespielsweise die Kilo-Kosten-Methode, die Regel-der-6-Zehntel, sowie die Kosten-Kapazitätsfunktion (vgl. WÜBBENHORST 1984, S. 237 ff.).

2) Konzeptionelle Prognosen zur Aufstellung von Budgets in der Konzeptionsphase

Konzeptionelle Kostenprognosen bauen meist auf komplexeren Kostenschätzungsbeziehungen auf, so daß etwas vereinfachend Kostenschätzbeziehungen (also die Transformationsregel) schon als parametrische Kostenprognosen bezeichnet werden. Der Rückgriff auf explizite, vorliegende Schätzbeziehungen wird als ein wesentlicher Vorteil genannt, da hierdurch subjektive Verzerrungen vermieden werden können. Man kann extensiv auf Daten von Referenzsystemen zurückgreifen und schnelle und kostengünstige Prognosen durchführen, ohne auf allzu detaillierte Informationen über das neue System angewiesen zu sein. Parametrische Kostenprognosen können mit EDV-Unterstützung erstellt werden und sind insgesamt problemlos durchzuführen. Die Nachteile ergeben sich dadurch, daß die Verwendung parametrischer Kostenprognosen auf ähnliche Systeme beschränkt bleibt und selbst dann die Kostenschätzbeziehungen noch an den technologischen Fortschritt, veränderte Produktivität usw. angepaßt werden müssen. Auch liegen oft keine zuverlässigen Daten vor. Aus alten Systemen abgeleitete Kostenschätzbeziehungen können Ineffizienzen für das neue System als erstrebenswert erscheinen lassen, wenn die historischen Daten z. B. von Systemen stammen, die nicht unter der Sichtweise des Konzeptes der Lebenszykluskosten konzipiert wurden.

Der wesentliche Unterschied zwischen konzeptionellen und Größenordnungsprognosen besteht darin, daß als Inputinformationen verstärkt Daten von Subsystemen des neuen Systems dienen, auf die dann Transformationsregeln (Kostenschätzbeziehungen) analoger Systeme angewendet werden. Außer der Tatsache, daß die Methoden für konzeptionelle Kostenprognosen auf der detaillierten Ebene der Subsysteme ansetzen, bleiben die Vorgehensweisen in etwa gleich. Somit kann man auch hier in Kosten-zu-Kosten- und Nicht-Kosten-zu-Kosten-Beziehungen trennen.

3) Detaillierte Prognosen zur Steuerung und Kontrolle in der Design- und Konstruktionsphase

Im Gegensatz zu den beiden vorangegangenen Basisansätzen bauen detaillierte Prognosen auf der Kenntnis der Elemente des Systems auf. Der Einsatz der Bottom-up-Methoden ist nur möglich, wenn sehr genaue Vorstellungen über das System bestehen. Die hohen Anforderungen an die Informationsverarbeitung ist eine der wesentlichen Beschränkungen dieser Methode. Weitere Nachteile liegen in der extensiven Inanspruchnahme zeitlicher, monetärer und unter Umständen personeller Kapazitäten. Es besteht zudem die Gefahr, daß der Informationsinput subjektiv verzerrt ist, z. B. werden die Anforderungen an die Leistungsfähigkeit der Beteiligten oft unterschätzt. Problematisch ist auch, daß detaillierte Prognosemethoden einen derart komplexen Aufbau haben können, daß der Vorgang der Prognose schwer nachzuvollziehen ist und sie inflexibel gegenüber Systemänderungen sind, andererseits es oftmals nicht auffällt, wenn Systemelemente bei der Kostenprognose vergessen werden. Wird diesen Problemen Beachtung geschenkt, so liegen die Vorteile detaillierter Prognosen in ihrer hohen Genauigkeit, in der besseren Sichtbarmachung alternativer Systemkonfigurationen, in der Möglichkeit, konkrete Simulationsstudien und Sensitivitätsanalysen durchzuführen und nicht zuletzt darin, daß Zusammenhänge zwischen Anfangs- und Folgekosten deutlicher herausgearbeitet werden können.

Grundlage für detaillierte Kostenprognosen bilden *Nicht-Kosten-zu-Kosten-Beziehungen*. Die Kosten einzelner Subsysteme, z. B. Arbeitspakete, werden durch die Quantifizierung der Mengenansätze erreicht. Beispielsweise ergeben sich Personalkosten als Produkt aus Belegungszeit und Stundensatz. Auf der Prognoseebene liegen im allgemeinen recht verläßliche Informationen über die Kostengrößen vor. Der größere Teil der Ungewißheit geht zurück auf das zu lösende Problem einer möglichst vollständigen Erfassung und einer möglichst genauen Prognose der Mengenansätze. Denn wie schon bei der Darstellung der Nachteile der Methoden der detaillierten Kostenprognose angedeutet wurde, liegen die häufigsten Ursachen für die zumeist auftretenden Kostenunterschätzungen im Auslassen von Systemelementen (Tätigkeiten oder Objekten), der Unterschätzung von Materialmengen und Personalerfordernissen. Speziell zur Vermeidung von Auslassungen und Doppelzählungen empfiehlt sich der Einsatz von Arbeitsstrukturen (Work-Break-Down-Structures) bzw. Kostenstrukturen (Cost-Break-Down-Structures).

3.4.2 Handhabung von Kostenabweichungen

Erfolgversprechende Versuche zur *Handhabung von Kostenabweichungen* sollen auf einer fundierten Analyse und Beurteilung der Ursachen aufbauen. Denn nur dann lassen sich adäquate Gegenstrategien aufbauen und ein reines Kurieren an Symptomen wird vermieden.

1) Sach-logische Gründe für Kostenabweichungen und Strategien der Handhabung

Sach-logische Gründe können sein der *technische Neuerungsgrad* des Systems oder *Änderungen der Konfiguration*. Häufig ist der technische Neuerungsgrad ein wesentlicher Grund zur Änderung der Konfiguration eines Systems und führt auch häufig zu Kostensteigerungen. Allerdings ist der technische Neuerungsgrad, der sich während der Planungs- und Realisierungsphase ergibt, an sich kein Nachteil. Er führt aber dann zu Problemen, wenn er ausschließlich zur Ausdehnung der Leistungsmerkmale des Systems und damit der Leistungsziele herangezogen wird.

Eine *Handhabung von Kostenabweichungen* aus diesem Ursachenkomplex stellt sich wie folgt dar.

Der Einfluß *technischer Neuerungen* sollte ex-ante berücksichtigt werden. Damit kann man verhindern, daß sie ausschließlich zur Ausdehnung des Leistungsziels herangezogen werden. Vorschläge, wie sie etwa aus dem Einsatz des Pre-Planned-Product-Improvement abgeleitet werden, weisen in die richtige Richtung.

Änderungen der Konfiguration sind zu Anfang des Lebenszyklus natürlich und führen somit quasi automatisch zu Kostenabweichungen. Wichtig ist dabei, daß man versucht, sich schnellstmöglich Klarheit über die Auswirkungen der Änderungen zu verschaffen. Diese sind zu Anfang des Lebenszyklus ja durchaus wünschenswert und werden unter anderem dadurch begünstigt, daß sie in der Initiierungs-, Konzeptions- und auch noch Designphase vergleichsweise wenig Kosten verursachen, weil keine Systemhardware (Geräte, Maschinen usw.) beschafft wurde.

Damit hat zu Anfang des Lebenszyklus die *Flexibilität der Entscheidung* Vorrang gegenüber der Genauigkeit von Kostenprognosen, so daß Kostenänderungen gegenüber den anfänglichen Annahmen zulässig sind. Nachdem aber eindeutige Ziele formuliert sind, sollten Kostenprognosen als verbindliche Aussagen verstanden werden. Kostensteigerungen sind demnach zu vermeiden.

2) Sozio-logische Gründe für Kostenabweichungen und Strategien der Handhabung

Sozio-logische Gründe gehen zurück auf die unterschiedlichen Personen, die am Systemlebenszyklus beteiligt sind, nämlich die Systemplaner, -hersteller und -nutzer. Verursacht man aus Gründen der Vereinfachung eine Trennung in kognitive und motivationale Ursachen, so kann man im ersten Fall die häufig zu beobachtende Tendenz anführen, mehr Aufgaben in Angriff zu nehmen, als man mit den zur Verfügung stehenden Ressourcen durchführen kann bzw. Aufgaben als leichter anzusehen, als sie es realiter sind. Dieser Überoptimismus führt in der Regel zu Kostensteigerungen.

Zentrale Aussage bei der Beurteilung der motivationalen Gründe ist, daß Kostenprognosen nicht (nur) aus rein sach-logischen Zusammenhängen abgeleitet werden, sondern unter Umständen auch stark von den jeweiligen Zielen der Beteiligten abhängen. Kostenabweichungen werden demnach bewußt in Kauf genommen. So können Kostenunterschätzungen insbesondere im Interaktionsprozeß zwischen Systemhersteller und -nutzer auftreten, wenn die Minimierung der Realisierungskosten dominierendes Kriterium der Auftragsvergabe ist.

Einen Beitrag zur *Reduzierung der Kostenabweichungen*, die auf kognitive Gründe zurückzuführen sind, liefert die Aufteilung des gesamten Lebenszyklus in einzelne Teilphasen und die möglichst frühzeitige Desaggregierung des Systems in objekt- oder funktionsorientierte Subsysteme. Denn durch ein solches Vorgehen wird die Problemkomplexität geringer, das heißt, es werden überschaubarere Subsysteme geschaffen.

Motivationale Grundursachen für Kostenabweichungen werden so lange auftreten, wie eine kurzfristige, die Minimierung der Anfangskosten fördernde Sichtweise dominiert und eine Leistungsbewertung dieses Verhalten begünstigt. Somit sind Anreizsysteme zu entwickeln und/oder zu fördern, deren Beurteilungskriterien eine langfristige Komponente beinhalten.

3) Methodische Gründe für Kostenabweichungen und Strategien der Handhabung

Auf methodische Gründe wird immer dann gerne verwiesen, wenn man von den inhaltlichen Problemen von Kostenprognosen ablenken will. Sie lassen sich zurückführen auf die Anwendung geeigneter Prognosemethoden und die Gewinnung und Verarbeitung von Informationen. Die Kritik fußt darauf, daß die Prognosemethoden nicht an das vorhandene Datenmaterial angepaßt werden.

Ansätze zur *Handhabung* waren Ziel der Ausführungen über die Anwendungen von Prognosemethoden.

4) Zeitliche Gründe für Kostenabweichungen und Strategien der Handhabung

Zeitliche Gründe können im Zeitpunkt der Prognose, in der Dauer des Lebenszyklus und in der Zeitpriorität liegen. Hinsichtlich des *Zeitpunktes der Prognose* ist davon auszugehen, daß Abweichungen um so geringer werden, je später die Prognose erfolgt. Aus der *Dauer des Lebenszyklus* oder *einzelner Phasen* ergeben sich eine ganze Reihe von Ursachen, von denen hier die Inflation und Verzögerungen aus dem rechtlich-sozialen Umsystem genannt werden sollen. Der Faktor *Zeitpriorität* liegt letztlich dann vor, wenn ein System mit fixierter Leistung in möglichst kurzer Zeit realisiert werden soll und die Systemkosten variabel sind.

Relevante Ansätze zur *Handhabung von Abweichungen* betreffen zum einen Kostenabweichungen, die sich auf durch das rechtlich-soziale Umsystem bewirkte Zeitverzögerungen zurückführen lassen. Hierbei empfiehlt es sich, frühzeitig Konsensbildungsaktivitäten herbeizuführen. Dabei ist zu berücksichtigen, daß daraus abgeleitete Maßnahmen ebenfalls Ressourcen binden und eine angestrebte Akzeptanz bzw. Duldung unter Umständen nicht von Dauer ist (vgl. PFOHL/WÜBBENHORST 1982, S. 561 ff.).

Die als weitere Ursache für Kostenabweichungen angeführte Zeitpriorität ist unter der Betrachtungsweise des Konzeptes der Lebenszykluskosten natürlich negativ zu beurteilen und möglichst zu vermeiden.

5) Monetäre Gründe für Kostenabweichungen und Strategien der Handhabung

Bei den monetären Gründen soll primär dargestellt werden, inwieweit *Budgetvorgaben* Kostenabweichungen bedingen können, ohne hier auf unterschiedliche Techniken der Budgetierung und den Prozeß der Budgeterstellung eingehen zu wollen. Bei der Vergabe großzügig bemessener Budgets, die eher den Charakter von Kostenobergrenzen haben sollten, besteht die Tendenz, diese möglichst voll auszuschöpfen. Sie führt damit zu Kostensteigerungen im Vergleich zu einem denkbaren besseren Zustand.

Präferiert man aus eben diesem Grund die Vorgabe knapper Budgets, so können ebenfalls Kostensteigerungen entstehen. Denn knappe Budgets bewirken z. B., daß weniger qualifizierte Vertragspartner ausgewählt werden, daß schlechteres Material Verwendung findet, daß einzelne Aktivitäten zeitlich gestreckt werden müssen, daß die Verantwortlichen ihre Zeit primär der Rechtfertigung von Änderungsvorschlägen widmen, anstatt technische Probleme zu lösen. Auf längere Sicht wirken diese Faktoren kostensteigernd. Wenn man Kostensteigerungen als unvermeidlich unterstellt, ist die Annahme irrig und kurzfristig, dann die geringsten Steigerungen hinnehmen zu müssen, wenn man das System mit den niedrigsten Anfangskosten auswählt.

Die Wahrscheinlichkeit des Auftretens von Kostensteigerungen kann gemildert werden, wenn einzelne Teilbudgets fixiert sind und die monetären Mittel leichter transferiert werden können. Es wird deshalb empfohlen, über alternative Möglichkeiten der Auftragsvergabe nachzudenken. Beispielsweise könnte es von Nutzen sein, den Anbieter zu berücksichtigen, der unterhalb einer vom Auftraggeber gesetzten Kostenschwelle (Price Threshold) am kompetentesten zu sein scheint. Gegenüber einer Vorgehensweise, die den Anbieter berücksichtigt, der das billigste Angebot bei einer ausreichenden Kompetenz (Competence Threshold) erstellt, ergeben sich zwei Vorteile. Erstens und wohl am bedeutsamsten werden einige der kompetenten Anbieter nicht auf Grund bedeutungsloser Angebote ausgeschieden. Zum zweiten nimmt – unter der Voraussetzung, daß die Kostenschwelle realistisch ist – der Anreiz zu motivationalen Kostenprognosen ab. Kennen die Auftraggeber diese Erwartungshaltung, so sind zusätzlich noch Nebeneffekte denkbar. Die Auftraggeber können auf Probleme aufmerksam gemacht werden, die sie innerhalb ihrer Anfrage nicht berücksichtigt haben. Außerdem kann sich ein potentieller Auftraggeber ermutigt fühlen, mit Parallelangeboten auf sein Know-how und Gestaltungsalternativen hinzuweisen.

6) *Management-bezogene Ursachen für Kostensteigerungen und Strategien der Handhabung*

Unter management-bezogenen Gründen kann man alle die Ursachen zusammenfassen, die im Kontrollbereich des Managements liegen. Dazu gehören unter anderem eine mangelhafte Konzeptformulierung, eine mangelhafte Systemdefinition, Überspezifikation, verspätetes Einführen von Änderungen, übermäßige Dokumentationsanforderungen, verspätete Projektentscheidungen, die Vorgabe unrealistischer Plantermine und eine mangelhafte Leistungskontrolle. Die management-bezogenen Ursachen stellen mehr dar als eine einfache Summe der zuvor genannten fünf Gruppen von Abweichungsursachen. Daher wird das Management auch als *Kostenbestimmungsfaktor höheren Grades* bezeichnet, das gleichsam die integrierende Klammer zur Analyse der Abweichungen darstellt.

Wie bei allen Problemen in Organisationen ist eine grundlegende Möglichkeit zur Reduzierung von Kostenabweichungen darin zu sehen, daß das *Top-Management* diesem Komplex seine Aufmerksamkeit schenkt. Beispielsweise sind im Konzept der Lebenszykluskosten angepaßte Beurteilungssysteme nicht ohne Unterstützung der Unternehmensspitze zu realisieren. Vorschläge, die sicherlich dazu beitragen, Kostenabweichungen zu reduzieren, sind in dieser Hinsicht die Bildung einer Lebenszykluskosten-Gruppe und die frühzeitige Zuweisung von Kompetenz und Verantwortung an eine Person.

4. Mensch im System der Lebenszykluskosten

Mit den bisherigen Ausführungen wurde versucht, Möglichkeiten zur Handhabung der Lebenszykluskosten technokratisch aufzuzeigen. Abschließend soll noch kurz grundsätzlich auf die *Gestaltungsvariable Mensch* eingegangen werden (vgl. PFOHL/WÜBBENHORST 1983, S. 154 und WÜBBENHORST 1986, S. 93).

Der Mensch spielt als beeinflussender Faktor der Lebenszykluskosten eine bedeutende Rolle. Wesentliche Erkenntnisse liegen vor über den Einfluß auf die Betriebsphase eines Systems. Hauptansatzpunkt ist, daß teilweise zwischen 40 und 70 % der Systemfehler auf die menschliche Komponente zurückzuführen sind.

Demzufolge beschäftigt sich ein ganzer Forschungszweig mit der Frage, wie man durch geeignete Maßnahmen die Leistung (Fähigkeit, Bereitschaft) von Systemen in bezug auf den Menschen optimieren kann. Dies ist Aufgabe des *Human Reliability-Engineering (menschliches Zuverlässigkeits-Engineering).*

Ansatzpunkte zur Erhöhung der Leistung lassen sich nach verschiedenen Gesichtspunkten klassifizieren, z. B. nach zeitlichen Aspekten (vor der Betriebsphase, während der Betriebsphase), dem Haupteinflußbereich (Leistungsfähigkeit, Leistungsbereitschaft) usw. (vgl. WÜBBENHORST 1984, S. 168 ff.).

Die ganze Tragweite der Gestaltungsvariablen Mensch läßt sich aber nur dann vollständig erfassen, wenn man die *drei Dimensionen* „Kennen, Können und Wollen" betrachtet.

Kennen bezeichnet die Kenntnis vom Konzept der Lebenszykluskosten. Dies ist eine notwendige Voraussetzung und soll hier nicht weiter problematisiert werden.

Können bezeichnet darüber hinaus die Befähigung der Beteiligten, die Kenntnisse des Konzeptes in die erforderlichen Aktivitäten umzusetzen. *Kognitive Probleme* können unter Umständen eine solche Notwendigkeit verschleiern. Beispiele für kognitive Probleme sind in der selektiven Aufnahme- und Verarbeitungskapazität von Informationen begründet. Sie bewirken unter anderem eine Negation oder Verharmlosung der Folgekosten durch die Entscheider.

Wollen bezeichnet letztlich die Bereitschaft, das Konzept einzusetzen. Die hier vorhandenen *motivationalen Probleme* sollten nicht unterschätzt werden. Da sowohl Systemplaner als auch Systemnutzer und Systemhersteller eigene Ziele im Lebenszyklus eines Systems verfolgen, sind Strategien des *Gaming* weit verbreitet.

Dies sollte abschließend deutlich machen, daß neben aller Sachlogik des Konzeptes der Sozio-Logik eine besondere Bedeutung zukommt.

Literatur

LEAVITT, H. J. (1965), Applied Organizational Change in Industry, in: MARCH, J. G. (Hrsg.) Handbook of Organizations, Chicago 1965

PFOHL, H.-CH./WÜBBENHORST, K. L. (1982), Einflüsse externer Anspruchsgruppen auf die strategische Planung von Elektrizitätsversorgungsunternehmen, in: Die Betriebswirtschaft 1982, S. 561 ff.

PFOHL, H.-CH./WÜBBENHORST, K. L. (1983), Lebenszykluskosten-Ursprung, Begriff und Gestaltungsvariablen, in: Journal für Betriebswirtschaft 1983, S. 142 ff.

WILDEMANN, H. (1982), Kostenprognosen bei Großprojekten, Stuttgart 1982

WÜBBENHORST, K. L. (1984), Konzept der Lebenszykluskosten. Grundlagen, Problemstellungen und technologische Zusammenhänge, Darmstadt 1984

WÜBBENHORST, K. L. (1986), Life Cycle Costing for Construction Projects, in: Long Range Planning 1986, S. 87 ff.

Autorenverzeichnis

Rolf Bäurle

Jahrgang 1938, Dipl.-Ing., Dipl. Wirtschaftsingenieur. Studium des Maschinenbaus (Dipl.-Ing.) an den Universitäten Stuttgart und Berlin mit anschließendem Aufbaustudium für Betriebswirtschaft (Dipl.-Wirtschaftsingenieur) an der Universität München. Seit 1968 Tätigkeit als Unternehmensberater mit Schwerpunkt auf Organisations-, Logistik- und Strategieberatung, und zwar zunächst über zehn Jahre bei Roland Berger & Partner GmbH in München. In dieser Zeit Aufstieg vom Projektleiter über den Geschäftsbereichsleiter zum Partner des Unternehmens; heute geschäftsführender Gesellschafter der eigenen Beratungsgesellschaft Rolf Bäurle & Partner GmbH.

Vor der Tätigkeit als Unternehmensberater mehrere Jahre Leiter der Industrial Engineering der EFFEM-Division des Mars-Konzerns und von 1981 bis 1986 Alleingeschäftsführer eines Maschinenbau-Unternehmens mit 1250 Beschäftigten. Beratungsschwerpunkte: Strategische Projekte in den Bereichen Marketing, Logistik und Produktion. Führungs-, Organisations-, Rationalisierungs- und Ergebnisverbesserungsprojekte in den Funktionen Entwicklung, Verkauf, Produktion; darunter viele Implementierungsprojekte mit nachweisbaren Ergebnisverbesserungen.

Reinhold Barth

Jahrgang 1943, Dipl.-Ing., Studium der Elektrotechnik an der Universität Stuttgart. Einführung von DV-Systemen in den Bereichen elektrische Energieverteilung, Fertigung, Lager- und Transportanlagen und zur Automatisierung von Entwicklungslabors. Projektleitung bei der Einführung von Produktionsplanungs- und steuerungssystemen (PPS). Mehrere Jahre in leitenden Funktionen der Materialwirtschaft und des Produktionsmanagements in der Investitionsgüterindustrie. Derzeit bei einem namhaften Hersteller von DV-Systemen tätig als Projektmanager/Berater für die Bereiche Unternehmensplanung, Logistik, Fertigungssteuerung, Materialwirtschaft und Total Quality Management.

Dr. Axel Dycke

Jahrgang 1959, Dipl.-Kfm., begann nach dem Studium der Betriebswirtschaftslehre und Promotion 1988 seine Berufstätigkeit bei der Bertelsmann AG, Gütersloh, im Bereich „Zentrales Berichtswesen und Planung". Dort ist er heute Leiter der Abteilung „Methoden und Systeme".

Dr. rer. pol. Wilfried von Eiff

Jahrgang 1947, Diplom-Ökonom, ehemals wissenschaftlicher Assistent und Berater am Forschungsinstitut für Industriewirtschaft (Professor Dr. Schweitzer) in Tübingen. Von 1977 bis 1980 Funktion des Verwaltungsdirektors der Universitätskliniken in Gießen. Seit 1980 in verschiedenen leitenden Positionen des Organisations- und Informationsmanagements im VW-Konzern tätig (u.a. Leiter Organisation/Systemplanung technische und kommerzielle Informationssysteme sowie CAD/CAM-Koordination). Lehrbeauftragter an der Universität Würzburg (Wirtschaftsinformatik, Organisation, Personal-Management). Besondere Forschungsgebiete: Informationsmanagement, insbesondere Kosten/Nutzen-Aspekte beim Einsatz von CAx-Technologien; Organisations-Psychologie; strategisches Controlling; Unternehmens-Marketing; Medizin-Ökonomie und Ethik. Wichtigste Veröffentlichungen: Organisations-Entwicklung, Berlin 1979; Unternehmensplanung, München 1979; Entscheidungen in Industrieunternehmen, München 1977; Medizintechnische Logistik, Landsberg/München, 1987; Organisation. Erfolgsfaktor der Unternehmensführung, Landsberg 1991.

Gerhard Lock

Jahrgang 1945, Dipl.-Wirtsch.-Ing., studierte in Karlsruhe Wirtschaftsingenieurwesen. Nach leitenden Tätigkeiten in der Konzernrevision und im Controlling bei der Deutschen Lufthansa AG verantwortlich für Entwicklung und Einführung der Management Informations Systeme. Seit Mitte 1991 bei der Global Logistics System GmbH als Geschäftsführer verantwortlich für Entwicklung und Betrieb eines Logistik-Informationssystems für den Luftfrachtmarkt.

Ulrich Lohmann

Jahrgang 1947, Dipl.-Kfm., studierte Betriebswirtschaft an der Universität Münster. Nach Abschluß des Studiums begann er seine berufliche Laufbahn 1973 bei John Deere, einem amerikanischen Konzern der Landmaschinenindustrie. Nach mehreren Positionen in Rechnungswesen und Informationsverarbeitung wurde er 1981 kaufmännischer Leiter im Werk Zweibrücken. Seit 1986 ist er Bereichsleiter Rechnungswesen und Controlling bei der GARDENA Kress + Kastner GmbH. Seit 1988 beschäftigt er sich intensiv mit der Anwendung der Prozeßkostenrechnung und der Neuorientierung des Controllings – hin zu einem flexiblen, bedarfsgerechten sowie entscheidungs-, ziel- und strategieorientierten Instrument der Unternehmenssteuerung, um es den Entwicklungen der Märkte und Technologien sowie der Entscheidungskomplexität anzupassen.

Hans-Peter Rau

Jahrgang 1949, Dipl.-Wirtschaftsingenieur, nach Offizierslaufbahn bei der Bundeswehr Studium des Wirtschaftsingenieurwesens an der TH Darmstadt von 1971 bis 1978. Fertigungsingenieur bei der AEG, Frankfurt von 1978–1979. Leiter Kostenrechnung bei der Krones AG, Regensburg von 1980–1981. Leiter Controlling bei Anschütz & Co. GmbH, Kiel, einem Unternehmen der Zeiss-Gruppe, von 1982 bis 1987. Leiter Zentralbereich Controlling und Prokurist der Krupp MaK Maschinenbau GmbH, Kiel seit 1987.

Dr. Roland Rick-Lenze

Jahrgang 1948, Dipl.-Kfm., nach Abschluß des Studiums der Betriebswirtschaftslehre an der Universität Mannheim Beginn des beruflichen Lebensweges 1973 bei der Firma TRILUX-LENZE GmbH + Co. KG, Arnsberg, im Bereich Finanz- und Rechnungswesen. Der Arbeitsschwerpunkt lag zunächst hauptsächlich auf der Konzeption und Realisation moderner Kostenrechnungssysteme, der Erzeugniskalkulation, neuerer Investitionsplanungsverfahren und moderner Informationsverarbeitungssysteme. 1979 Leitung des Geschäftsbereiches Finanz- und Rechnungswesen, 1983 zusätzlich verantwortlich für den Bereich Materialwirtschaft, 1985 Berufung als Geschäftsführer der TRILUX-LENZE GmbH + Co KG, verantwortlich für den Geschäftsbereich Controlling, Materialwirtschaft und Logistik, 1986 Promotion an der Universität Dortmund.

Dr. Christof Schulte

Jahrgang 1960, Dipl.-Kfm., Studium der Betriebswirtschaftslehre an der Universität Passau, 1984–1988 Wissenschaftlicher Mitarbeiter bei Prof. Dr. Horst Wildemann, Universität Passau, dort 1988 Promotion. Seit 1984 Beratungstätigkeit, 1988–1990 Referent bei der Bertelsmann AG (Konzernplanung und Konzernpersonalwesen), seit März 1990 Geschäftsbereichsleiter der Rolf Bäurle & Partner GmbH, Management Consultants, im Januar 1991 Berufung zum Partner. Beratungsschwerpunkte: Strategische Projekte in den Bereichen Marketing, Investitionspolitik und Fertigungsorganisation, Logistik, Kooperationspolitik; Führungs-, Organisations-, Ergebnisverbesserungs- und Rationalisierungsprojekte in den Bereichen Vertrieb, Produktion und Logistik, Controlling, Personal; Implementierungsprojekte.

Wichtigste Veröffentlichungen: Logistik, Wege zur Optimierung des Material- und Informationsflusses, München 1991; Personal-Controlling mit Kennzahlen, München 1989; Mitarbeiterorientierte Organisationsgestaltung durch Fertigungssegmentierung, in: ZfO 4+6/90; Produzieren Sie zu viele Varianten? in: Harvard Manager II/89; Kostenallokation in der Holding, in: ZfB 10/1991.

Dieter Wäscher

Jahrgang 1940, Dipl.-Kaufmann, Studium an der Ludwig-Maximilians-Universität München, heute als Abteilungsdirektor bei der Maschinenbaugruppe W. Schlafhorst AG & Co. in Mönchengladbach verantwortlich für Betriebswirtschaft, Planung und Controlling. Er beschäftigt sich seit Jahren mit der Prozeßkostenrechnung und Identifizierung der gemeinkosten-treibenden Faktoren. Dies führte bereits 1982 zur Einführung einer prozeßorientierten Kalkulation und damit verbunden zu einem prozeßorientierten Gemeinkosten-Controlling auf Basis einer geschlossenen Prozeßkostenrechnung in dem von ihm vertretenen Unternehmen.

Von ihm stammt die erste grundlegende Veröffentlichung zu diesem Themenkreis in der Zeitschrift für Betriebswirtschaft in 1987 (Heft 3) mit dem Thema „Gemeinkosten-Management im Material- und Logistikbereich". Zahlreiche weitere Veröffentlichungen zu den Themen Prozeßkostenrechnung, prozeßorientierte Kalkulation, strategisches Gemeinkosten-Management und prozeßorientiertes Gemeinkosten-Controlling.

Dr. Klaus L. Wübbenhorst

Jahrgang 1956, Dipl.-Kfm., nach Abitur und 2jähriger Bundeswehrzeit Studium der Betriebswirtschaftslehre an der Gesamthochschule in Essen. 1981 Abschluß als Diplom-Kaufmann. Zwischen 1981 und 1984 Promotion zum Dr. rer. pol. Weitere Ausbildungsschwerpunkte an der Manchester Business School, der Universität Nizza und der Harvard Business School. 1984 bis 1991 Mitarbeiter des Unternehmensbereiches Druck- und Industriebetriebe der Bertelsmann AG. Nach verschiedenen Managementfunktionen Geschäftsführer der Druck- und Verlagsanstalt Wiener Verlag in Himberg bei Wien von 1987 bis 1991. Seit September 1991 Mitglied des Vorstandes der KBA-Planeta AG in Radebeul bei Dresden.